U0137884

流动的语言、时空与知识

来华留学生跨文化体验研究

宋 旸 ——— 著

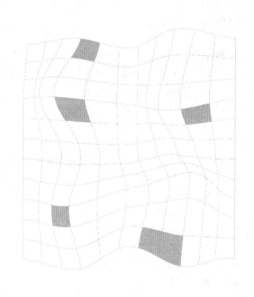

华东师范大学出版社
·上海·

图书在版编目（CIP）数据

流动的语言、时空与知识：来华留学生跨文化体验研究 / 宋旸著. — 上海：华东师范
大学出版社，2023
ISBN 978-7-5760-4674-8

Ⅰ.①流⋯　Ⅱ.①宋⋯　Ⅲ.①中华文化—影响—留学生教育—研究　Ⅳ.① G648.9

中国国家版本馆 CIP 数据核字（2024）第 029176 号

流动的语言、时空与知识
——来华留学生跨文化体验研究

著　者	宋　旸
责任编辑	赵万芬　顾晓清
审读编辑	陈锦文
责任校对	郭　琳　时东明
装帧设计	刘怡霖

出版发行	华东师范大学出版社
社　　址	上海市中山北路 3663 号　邮编　200062
网　　址	www.ecnupress.com.cn
客服电话	021-62865537
网　　店	http://hdsdcbs.tmall.com/

印刷者	苏州工业园区美柯乐制版印务有限责任公司
开　本	787×1092　16 开
印　张	16.25
字　数	259 千字
版　次	2024 年 4 月第 1 版
印　次	2024 年 4 月第 1 次
书　号	ISBN 978-7-5760-4674-8
定　价	128.00 元

出 版 人　王焰

（如发现本版图书有印订质量问题，请寄回本社调换或电话 021-62865537 联系）

目录

第四章　交错的空间

第五章　穿梭的语言

第六章　中文的挑战

第十章　融汇的体验

第十一章　学科的差异

第十二章　结论

前　言

　　人际流动与教育公平一直是当今社会关注的焦点议题，而来华留学生跨文化交际研究则扮演了连接这两个议题的桥梁角色。随着全球化的深入，越来越多的国际学生选择中国作为他们学术和职业发展的目的地。这一趋势既反映了中国作为世界第二大经济体和教育强国的崛起，也反映了国际学生对中国文化、语言、教育体系和学科知识的浓厚兴趣。

　　中国在全球教育流动中的特殊地位和历史化视角的重要性不容忽视。其悠久的历史和丰富的文化传统为来华留学生提供了独特的学术和文化体验，促进了跨文化交际的发展。中国大力支持国际学生来华留学，使得国际学生流动方向更趋多元，也为亚洲范围内区域性的跨文化交流和教育互鉴提供了契机。通过历史化视角，我们能更好地理解中国的教育体系和文化传统如何经历了不同历史时期的发展，在跨国的学术和文化交流过程中演化成今天的样貌，进而如何影响国际学生的学术和社交经验。

　　然而，在来华留学生的数量不断增加的同时，跨文化交际的挑战也随之而来。留学生们需要适应不同的文化、语言和社会背景，这对他们的学术成功和生活满意度来说至关重要。教育公平的实现，不仅要求提供适当的教育资源和机会，还需要确保所有学生都能够在跨文化环境中获得平等的支持和机会。

　　本研究旨在深入探讨来华留学生在跨文化交际过程中面临的挑战和机遇，为来华留学生提供更好的支持，推动全球教育流动的发展，构建更加包容和互联互通的教育世界。我们将从教育公平的角度探讨如何提供更好的支持和资源，以帮助留学生克服跨文化交际的障碍。我们也将从人际流动的角度考察，分析留学经历如何影响个体的成长和发展，为高等教育国际化政策的制定提供建议。

本书的研究目标

本书通过线上线下民族志方法，结合批评话语分析、福柯身份认同轴心理论、批评认识论视角、社会语言层级理论、结点分析等理论和方法，研究一所"双一流"建设高校国际政治专业开设的英语硕士项目中的全日制来华留学生跨文化身份认同。本书的研究目标包括：

第一，本书在批评性中国高等教育国际化语境下开展，以具有代表性的高校为单位展开深度民族志个案研究，企望有效弥补国内外研究在研究场景、研究对象和议题上的不足。

第二，本书旨在修正现有研究对跨文化概念的本质主义定义，避免东西方文化的二元对立论，从而着眼于采用多元互补的批评性跨文化交际理论资源，从话语、空间、语言、知识和身份认同等角度揭示宏、中、微观三层面的动态辩证关系对跨文化交际过程的影响。

第三，本书将微观课堂研究与宏观教育政策研究有机融合，并基于中国特定的社会文化发展语境，对高等教育国际化和高等教育西化作出基于案例研究的理论性区分，为现有政策研究提供新的研究视角与观点。

第四，在应用研究方面，本书将有助于提高中国高校英语授课项目质量和国际化水平，尤其是国际学位课程项目设计和教学过程中的跨文化敏感度，以吸引全球更多优秀留学生来华就读本科和硕士学位。

此外，本书也将有助于理解来华就读专业学位的留学生的来华学习动机、跨文化学习经历和职业发展规划等情况。

本书的结构

第一章对高等教育国际化和跨文化交际这两个核心概念展开溯源，并综述国际流动与跨文化交际相关的文献，分析现有研究的局限和不足。

第二章介绍本书采用的跨文化交际理论分析框架、案例情况和研究方法。

第三章到第七章依次聚焦来华留学生跨文化体验的话语、空间、语言、知识和身份认同议题。

第三章从与文化相关的宏、中、微观话语角度切入，探讨影响来华留学生和本地学生间跨文化交际的多维因素。该章运用批评话语分析方法，研究政策话语、高校留学生招生宣传话语、城市宣传话语、校园跨文化活动和人际互动话语对"跨文化"的多元界定，分析这些话语之间的冲突与张力，并对高校跨文化教育和活动设计提出建议。

第四章从空间角度理解来华留学生的跨文化交际体验，尤其是相关的语言意识形态与语言实践。在跨文化交际研究中，"空间"不仅指物理场所，更涵盖跨文化交际主体与环境中的互动和表意行为。空间视角有助于突破个体与社会的二元分析，通过强调表意资源分布和空间构建，阐释个体与社会结构的动态关系。该章引入社会语言学层级理论，从空间角度理解、分析校园和城市中来华留学生的语言态度、语言实践和跨文化学习体验。

第五第六两章从语言视角出发，运用"超语实践"理论研究来华留学生如何综合运用中、英文和其他表意资源开展校内外跨文化交际和专业学习。第五章关注来华留学生在主案例中使用英语作为国际通用语的超语实践，以及其他语符资源在不同社会空间中参与跨文化交际的情况，通过三位来华留学生的个案，展示他们如何运用英语参与上海的国际化都市生活，改善学校的留学生管理，以及在课内外学习学科知识等。第六章的焦点转向全中文[①]授课学位项目中来华留学生的超语实践，并聚焦国际教学中师生如何运用超语实践来应对语言和内容的双重挑战。

第七章研究的重心从语言转移到中外师生的跨文化知识建构与协商。该章以陈光兴的"亚洲作为方法"为视角，运用质性访谈数据分析全英语授课国际硕士项目中来华留学生的学科知识学习与语言使用之间的关系，进一步理解受访师生如何调用知识体系。基于研究发现，该章对全英语教学研究提出建议，并修正"国际化"这一核心概念的定义。

第八章以身份认同为视角，探讨学生的跨文化交际与身份认同的关系，特别关注高等教育国际化的核心议题——批判性思维培养。具体来说，该章探讨批判性思

---

① 2020 年教育部把原本孔子学院负责机构国家汉语国际推广办公室（简称"汉办"）改名为"中外语言交流合作中心"，"对外汉语教学"自此改称"国际中文教育"，此后在国际教育背景下统称"中文"。本书依此惯例，全书使用"全中文授课""国际中文"等表述。详见 http://edu.people.com.cn/n1/2020/0707/c1006-31773248.html。

维在国际化背景下的跨文化定位，以福柯的自我形成轴心理论构建分析跨文化身份认同的分析框架，并基于案例展示中外学生批评性自我形成的多样性及成因，进而提出在亚洲场景下的跨文化身份认同研究方法和理论建议。

与批评国际化的目标相对应，第九章到第十一章采用批评国际化研究中的去殖民化理论视角，研究全英语授课国际硕士项目和全中文授课国际硕士项目中师生的去殖民化语言与知识实践，并在微观动态的互动层面探讨文化在去殖民化过程中扮演的角色。第九章和第十章关注本土学科的国际化教学，研究案例仍是全英语授课的国际学位项目，但重点是"中国哲学"。先秦到宋明间的中国哲学代表着珍贵的人类智慧，这源远流长的学脉传统在现代大学中转化为专业学科时，涉及历史和知识因素。通过实证研究，这两章将整合亚非拉理论家的观点构建理论框架，呈现师生的去殖民化教学策略，探讨来华留学生的学术语言和学科知识学习与全球知识生产地缘格局及历史的关系，为全英语授课项目的认识论去殖民化提供思路与建议。第十一章进一步对"超语实践"这一概念从去殖民化角度展开理论建构。通过对四个人文社科院系的全中文授课国际项目师生的多轮访谈和辅助民族志数据的系统分析，阐释授课教师和来华留学生如何共同调度和运用分散而多元的物质语符表意资源，构建去殖民化知识建构的超语空间。

第十二章按主题总结全书研究结论，并对"双一流"建设高校来华留学生管理与培养、跨文化教育和国际学位建设提出意见与建议。最后探讨本书的研究不足与未来研究方向。

致　谢

本书的完成得到了很多人的帮助。最要感谢的是所有参与本研究的来华留学生、中国学生、任课教师、来华留学生事务管理的行政领导和工作人员。他们的热心帮助和无私分享使得这项持续六年多的研究能够顺利开始，并不断深入扩展。

民族志研究的参与性和经验性也使得我在学术研究过程中拓展了对我国高等教育国际化研究的体认，在亲身参与跨文化交际过程的同时，也反思自身的跨文化体验，修正文化思维定式和发展主义相关的现代性理解。来华留学生的多元经历和对在华学习生活的思考也拓展了我的认知边界，让我对世界不同国家地区的语言使用、文化习俗、教育制度和学科发展等都有了更加深入的了解。教师们的分享也让我从学科历史、个体学术经历和教育政策的角度来理解如何应对国际化教学的多元生态及挑战，在潜移默化中帮助我增进对学术和教学工作的理解。在这个意义上，开展这项研究使我在大学教师的职业道路上走得更加坚定从容，也让我觉得自己在学术的道路上无比幸运，常怀感恩。

在学术研究的过程中，诸多良师益友对本书所汇报的研究提出过改进的建议和智识上的启发。首先要感谢的是我在香港大学教育学院读博期间的导师 Angel M. Y. Lin（练美儿）教授。她在批评理论、后殖民和批评性后现代理论、应用语言学和社会语言学等多领域的深厚造诣为我提供了广阔的研究视野。2021 年 10 月到 2022 年 10 月，我得到国家留学基金委资助，在加拿大西蒙菲沙大学访学一年。访学期间住在 Angel 家里，也因此时常在做饭、家务、撸猫和购物的日常生活中讨论各种学术问题，让我能够感受到一位资深学者的生活和学术可以如此有机地融合在一起。那段时间也是我工作以后学术成长的关键期，得以专注而平静地完成相关论文的写作、投稿与发表，以及本书初稿过半的写作工作。不仅如此，在我博士毕业之后开始转入来华留学生的研究过程中也多次在国际会议和邮件往来中得到 Angel 的指点。虽然从 2014 年底博士毕业算起已经过去了八年，我们的师生缘分却一直以各种形式绵延下去。每每想到我在学术道路上遇到困惑的时候有人可问，就总被一种稳定心绪的安全感笼罩。

由于本书相当一部分内容来自我主持的 2018 年全国教育科学"十三五"规划教育部青年课题，项目开题、中期和结项时得到了复旦大学外文学院曲卫国教授、卢丽安教授、国际交流学院彭增安教授和文科科研处肖卫民副处长的多次指点。他们的建议和批评不仅为我开拓了学术思路，也促使我从跨学科的角度来思考高等教育国际化与跨文化交际研究的交叉关系，寻找兼具理论贡献和实证观照的研究路径。

本书的内容整合了我前期发表的多篇期刊论文。论文期刊所在的国内外出版方，包括商务印书馆、劳特里奇和施普林格等，均为本书提供了作者版权和使用的便利。其中几篇的论文合作者也慷慨地同意让我使用其中我主导贡献的内容与相关数据。在此附上本书散落在各章使用的已发表论文和书章的相关信息：

1. 宋旸，LIN A M Y. 来华留学生教学语言的超语实践研究 [J]. 语言战略研究，2021, 6 (2), 56-66.

2. SONG Y. "Does Chinese philosophy count as philosophy?": Decolonial awareness and practices in international English-Medium-Instruction programs in China [J]. Higher education, 2023. 85, 437-453.

3. SONG Y. Translanguaging as sociolinguistic infrastructuring to foster epistemic justice in international Chinese-medium-instruction programs [J]. Applied linguistics review, 2022. 1-25. https://doi.org/10.1515/applirev-2022-0140

4. SONG, Y. Translanguaging as decoloniality-informed knowledge co-construction: A nexus analysis of an English-Medium-Instruction program in China [J]. Applied linguistics review, 2022. 1-16. https://doi.org/10.1515/applirev-2022-0020

5. SONG Y, XIA J. Scale making in intercultural communication: Experiences of international students in Chinese universities [J]. Language, culture, & curriculum,

2021. 34(4), 379-397.

6. SONG Y. "Uneven consequences" of international English-medium-instruction programmes in China: A critical epistemological perspective [J]. Journal of multilingual and multicultural development, 2021. 42(4), 342-356.

7. SONG Y. Forming critical selves through lived experiences of interculturality in an internationalizing university in China [J]. Asia pacific journal of education, 2020. 40(3), 299-314.

8. SONG Y, LIN A M Y. Students' intercultural experiences in an internationalizing university in Shanghai: A critical discursive perspective. In Sandra R. Schecter and Carl E. James (Eds.), *Critical Approaches toward a Cosmopolitan Education* (pp. 209-223). London: Routledge, 2021.

9. SONG Y, LIN A M Y. Translingual practices at a Shanghai university [J]. World Englishes, 2020. 39(2), 249-262.

在上述论文写作和发表的过程中，我有幸结识了相关领域的多位专家学者，在国际会议、专刊约稿、编纂和学术讨论过程中给我带来启发。他们是英国伦敦大学学院的李嵬教授和祝华教授，英国雷丁大学的 Rodney Jones 教授，芬兰赫尔辛基大学的 Fred Dervin 教授，澳大利亚新南威尔士大学的高雪松教授，美国加利福尼亚大学的 Jerry Won Lee 教授，新西兰奥克兰大学的张军教授和王丹萍副教授，香港教育大学的谷明月教授，香港浸会大学的莫家豪教授，香港大学的杨锐教授，东南大学的韩亚文教授，上海财经大学的艾斌教授，同济大学的沈骑教授，清华大学的董洁教授，汕头大学的方帆教授，上海外国语大学的赵蓉晖教授、朱晔教授和余华副教授，云南大学的李佳教授，北京航空航天大学的任伟教授，复旦大学的沈园教授、杨雪燕教授、郑咏滟教授、王升远教授、程弋洋教授、丁妍副教授和陈钰副教授。他们从不同的学科视角对我的研究提出了宝贵的意见和指导，使我获益良多。

随着研究的进展，我也在学术共同体里认识了不少"小伙伴"。她们敏锐的思想和活跃的表达给我带来了合作讨论的团体感、学术上的答疑解惑和日常交流的愉悦，间歇也不乏对本书写作的加油鼓劲。在此特别感谢北京外国语大学的刘杨老师、瑞典查尔莫斯技术大学的欧婉瑜老师、中国人民大学的姜艳老师、华东理工大学的马萧老师、云南大学的游天龙老师、安徽工业大学的夏锦湲老师、英国斯旺西大学的屠梦薇老师、英国华威大学的许玲玲老师和复旦大学的马莹老师。

本书的出版有幸得到了复旦大学外文学院学术出版基金的资助。在此特别感谢院长高永伟、党委书记薛海霞、英文系主任陈靓和学术委员会对本书写作和访学工作的大力支持与关心。我也非常感谢朱建新副院长在今年把《跨文化交际》这门本科必修课交给了我。在教学过程中，我有更多机会反思和提高自己对专业知识的认识，和学生们分享和讨论学科前沿。在此也要感谢复旦英语专业的刘欣悦同学、刘颖杰同学和徐诗轶同学参与部分数据采集和文献整理工作。

在付梓过程中，华东师范大学出版社社科部的顾晓清老师和多位编辑对本书付出了心血，也为我提供了诸多指引。本书初稿有幸得到曲卫国教授和彭增安教授的审阅。他们对本书的结构、文献的综合性、论述的严谨度和文字的可读性提供了诸多修改建议与意见，帮助我提升书稿质量。

最后，我非常感谢父母对我的包容和理解。家父还帮忙梳理了书稿的文字。如果没有他们的耐心支持与鼓励，我可能无法在交稿的限期之前顺利完成本书的写作。

第一章　高等教育国际化背景下的来华留学生跨文化交际研究

本章属于文献综述类章节，通过系统梳理国内外相关研究，为本书的研究确立理论定位和方法论定位，并明确能够对现有文献做出何种补充和实证贡献。在学科归属上，本书的研究横跨高等教育、社会语言学和跨文化交际三个领域。作为高等教育的子领域，高等教育国际化研究在批评性理论视角上比后两个领域更早关注到地缘政治与去殖民化的历史性问题与对策，因此为跨文化交际研究提供了新鲜的理论资源，也为国际学生流动的宏观研究提供了丰富的文献参考；在微观层面的跨文化互动分析方面，社会语言学为跨文化互动的微观动态分析则提供了方法论支撑。第一节将追溯"高等教育国际化"概念的流变，尤其是对国际化界定的批评转向。第二节将综述高教国际化文献中关于国际学生全球流动的相关研究，并逐渐将视线转移到来华留学生的相关文献，进而发现现有研究的局限和可改进之处。第三节将追溯"跨文化交际"概念的流变，并在五种主要理论传统的互鉴中定位批评性跨文化交际研究，进而确立本书对"跨文化交际"的理论与方法论定位。第四节将综述高等教育国际化背景下留学生相关的跨文化交际研究，进而发现现有研究的局限和可改进之处。

第一节　高等教育国际化概念溯源

现如今，高等教育国际化已经是新闻报道和日常生活中的常见词汇。在高等教育领域，"国际化"通常和师生跨国流动以及教育资源、办学模式和教学体系的跨国传播联系在一起。二十多年前，英国和澳大利亚的政府报告使用"无国界"（borderless）一词来强调概念、学科和地理边界的模糊化，也将此作为高等教育的重要特征（Knight，2003：2）。在学术界，高等教育国际化的定义也与"跨国"息息相关。例如，Knight（2004：11）将高等教育国际化定义为"将国际、跨文化和全球维度整合到高等教育的目标、功能或实践的过程"。

De Wit, Hunter, Egron-Polak 和 Howard（2015）则进一步细化了高等教育国际化的目标，将国际化定义为"有意识地将国际、跨文化或全球维度融入高等教育的目的、功能和实践的过程，以实现预期的学术、社会文化、经济和（或）政治目标"（p. 43），并在后续的解释中强调国际化"旨在提高全体师生的教育和研究质量，并为社会做出有益贡献"（p. 44）。这一改良版的定义将国际化认定为一种通往目标的过程，并假设国际化对教育和社会有益，也鼓励研究者关注不同参与者为什么、怎么样以及在何种程度上推动了国际化进程。

然而，该定义也受到了不少学者的质疑，认为它太过理想化，忽视了资本主义全球扩张带来的高等教育竞争——英美高等教育模式在全球的强势地位使得不少国家的高教国际化并非以自愿的方式展开，而是被资本和竞争裹挟的不得已行为，进而加剧当地高等教育对欧美中心办学模式和知识体系的依赖，带来更加严重的教育资源与教育机会的不平等。Jones 和 de Wit（2014）也强调，"在当前的全球知识社会中，高等教育国际化的概念本身已经全球化，要进一步考虑它对政策和实践的影响，因为全球范围内的更多国家和各种类型的机构都参与了这一进程"（p. 28）。修正后的定义着力避免将高等教育国际化看做全球化的副产品，而是将其看做"全球南方"和"全球北方"不同地区政府、高校、国际组织和个人共同参与塑造的过程（Crãciun, 2018; Mok, 2007; Perna, Orosz, Gopaul, Jumakulov, Ashirbeko, and Kishkentayeva, 2014)。这一定位也避免了在国际化定义的前提假设中将全球化看做中性的经济行为，而是批判地看待其欧美中心的历史性和延续性在高等教育全球化进程中的角色。

从批评性高等教育国际化的角度出发，大部分研究者着重反思欧美中心主义在大学模式传播和知识生产范式上的历史性影响，力图在殖民主义和冷战的全球瓦解大局之下，寻找摆脱这些历史阴影的高等教育国际化新路径。课程国际化专家贝蒂·利斯克（Betty Leask）在其 2015 年的著作中写道，现今国际化学位项目所需的不是一个全球标准化的课程，而是能够培养学生的批判态度、知识和技能，使他们能够在一个不断变化、日益复杂和相互关联的全球社区中有效谋生，并为社会做出贡献。De Wit 和 Jones（2022）呼吁应当避免将国际化等同于西化，尤其要避免英美教育体制的在地复制和英语作为学术语言的再生产。Stein（2020）提出，"如今，高等教育领域对国际化的批判正处于一个转折点，片面的概念需要更新，并深刻地考虑新世界和高等教育秩序以及旧殖民的持续性"（p. S27）。如表 1.1 所示，Stein（2020）基于批评性国际化的三类目标将其分为三种类型：

表 1.1 Stein（2020）提出的批评性国际化的三种类型

批评性国际化类型	描述
全球公共利益	- 重新构建国际化以实现全球公共利益 - 运用自由主义变革理论。通过扩大机会和准入解决不平等 - 关注调整政策和实践，创造平衡的成本、质量和准入，推崇在校国际学生和教师群体的多样性
全球团结	- 旨在通过再分配解决剥削问题 - 通过集体行动解决竞争问题，直面权力说实话来消除沉默 - 重视边缘化知识来解决认知不平等问题 - 以多种反压迫变革理论为指导，如反资本主义、跨国女性主义和后殖民主义 - 关注解决全球范围内历史性和持续性的权力不平等
另类国际化	- 以去 / 反 / 后殖民主义、废奴主义和土著批评为指导 - 强调制度性支配形式不仅是物质和认知的，还是本体论的，认可特定的存在方式并排除其他方式 - 与反压迫变革理论有所不同，不规定变革应该发生什么或如何发生 - 强调放弃优越感和分离感，肯定彼此和地球的相互依赖关系和责任

第一类批评性国际化借鉴了自由主义变革理论，增进不同国别文化之间的跨文化理解来试图解决文化偏见问题，在重建国际平等对话、缩小教育差距的基础

上，通过高等教育国际化来实现"全球公共利益"。支持这一方法的高教国际化学者最早也是积极投入"全球南方"发展的外交和教育工作者，对标 2030 年联合国可持续发展目标。他们常常认同发展主义对西方政治经济模式的推崇，更多采取一种商业和人力资源自主的方式，间接助力资本主义的全球扩张，因此导致了"全球南方"在全球资本供应链上的受剥削地位和本土教育智慧的失语（Ramaswaymy，Marciniuk，and Csconka，2021）。这一类批评性国际化的核心困境就在于没有解决"全球公共利益"由谁来确立的问题，而往往默认现有的"欧美公共利益"就等同于"全球公共利益"。

第二类批评性国际化旨在通过再分配来消解殖民主义留下的结构性不平等问题，通过直面权力说实话来避免弱势边缘群体的失语状态；在知识生产方面也非常重视边缘化知识，并有意识地将其纳入学校教育的正式教学内容，一次性解决知识不平等问题。这一系列的举措都重在战略性地调动现有资源，揭示历史性原因带来的权利不平等，改善和消除高等教育场景中的剥削与压迫关系，如呼吁减少国际学生学费涨幅，创造教育资源获取的平等性，从而实现"全球团结"。

第三类批评性国际化通常被称为"另类国际化"，以去/反/后殖民主义、废奴主义和土著批评为指导。虽然它也受到一些反压迫方法的影响，但其得出的结论与前两种方法截然不同。去殖民化主义的变革理论强调，制度支配方式不仅局限于物质和认知，还涉及存在方式——也就是说，它认可某些方式，同时排除其他方式。与反压迫变革理论不同，去殖民化主义不追求具体的变革方案。虽然这些理论和实践有助于认识持久存在的殖民模式，提出难题，并引导我们思考其他可能性，但固守不变的解决方案只会让它们再次落入殖民权力之中。也就是说，这些固定的解决方案只能从殖民主义带来的结构性不平等的内部做一些微调和改善，而不能从根本上撼动现有的高等教育机制和知识生产模式。因此，这一方法重点不在于彻底改变特定政策或做法，而在于认识我们与彼此及地球的紧密相互关系和责任，摒弃可能已根深蒂固的优越感和隔离感。

同时，Stein（2020，2021）还指出，不同国家可能会根据自身情况综合运用上述方法。例如，一些国家可能会关注推动全球公共利益，同时也会借助国际化来提升自身软实力，这种综合策略反映了国际化中不同的选择和挑战。通过理解这些批评性国际化方法，我们可以更好地制定适合自身国家和教育体系的国际化策略，实现更加多元、平等和持久的国际化努力。

针对全球知识生产的欧美中心主义，浙江大学的吴寒天老师基于创新撒播理论，聚焦大学在全球知识生产和传播中的角色，提出了一种"走出去-请进来"的高等教育国际化分类（Wu, 2019, 2021；Wu and Zha, 2018）。在该分类模型中，高等教育系统被视为知识生产世界体系的子系统，可以分为中心、半边缘和边缘（Wallerstein, 2004）。高等教育国际化的发展阶段还包括两种类型："走出去"和"请进来"。前者指的是将本地产生的知识和高等教育模式和规范输出到国外的过程；相比之下，后者指的是"接受或从外部创新中学习的过程"（Wu and Zha, 2018：264）。例如，"走出去"导向的高等教育国际化可能包括使用国内语言作为国际学术通用语的扩展扩散活动，将本地高等教育模式和标准输出到其他国家，以及通过重定位扩散活动出口本国的高等教育项目，实施与高等教育相关的文化外交项目，招募国际学生，增强国家软实力；"请进来"导向的高等教育国际化通常是相反的实践，例如在学术用途中使用非本地语言，以及送学生出国接受教育。

这一模型捕捉了高等教育国际化过程中全球知识生产和传播的动态，并特别关注半边缘国家（如巴西、中国、印度和韩国）所代表的世界一流大学（WCUs）如何采取"走出去"的策略，增强其在教育领域的国际软实力。根据 Nye（2008：167）的说法，这里的软实力被定义为通过"无形的权力资源，如文化、意识形态和制度"来影响其他国家的能力。Wu（2018）也指出，半边缘国家的世界一流高校通常会采取"请进来"和"走出去"两种策略的混合策略，以实现向中心国家转变的目标。

香港大学教育学院院长杨锐教授在其重要专著（*The Third Delight*）中对国际化采用了人本主义的界定。该书认为，国际化的目标在于追求知识进步的普遍性；尽管知识有时候受到背景的制约，但基于人类共同纽带的知识进步是全球性的事业。历史上，大学曾在中世纪的西方社会具有国际化的倾向，而中国古代文献中也可见孔子跨国传道的例子。学术研究需要跨越国界的国际化方法，促进对复杂国际关系的批判性思考。大学的责任是培养师生跨文化能力，增强对全球政治、经济和文化变化的认识。同时，杨锐老师也对全球知识生产不平等持批评立场：

> 任何关于国际化的讨论都无法避免讨论大学的本质，以及其在传播和创造文化和知识形式方面的作用。……在这里，本地知识与全球知识交锋，以不同的方式表现出不同的世界。我们如何看待世界各地的大学及其彼此之间的关

系，显然取决于我们如何理解文化、知识、教育和国际关系。

（Yang，2002：76）

在探讨包括中国在内的非西方、发展中国家的高教国际化挑战时，Yang（2002）提出了以下四点建议：一是现代大学在国际化和区域化方面相互影响，区域化也可以成为国际化进程的一部分，通过区域领导地位促进国际化；二是多极化的世界为发展中国家大学避免边缘化提供机会（Mok and Montgomery，2021）；三是英语在国际交流中发挥着重要作用，许多南方学者在国际期刊上发表英语论文，但亟需提升本土语言作为学术语言的地位；四是互联网的潜力逐渐显现，为许多不发达国家提供更多的知识获取机会。与批评性国际化的三种类别相比较，Yang（2002）对"公共利益"作出了基于人本主义的界定，并凸显了发展中国家的去殖民化自觉与主体能动性。此外，其对不同国家高等教育互相依赖、可持续发展的立场与De Wit, Hunter, Egron-Polak和Howard（2015）的改良版国际化定义不谋而合。

在跨文化互鉴方面，杨力苈等青年学者通过"超立场比较法"（transpositional, comparative methodology）研究中西哲学核心理念对国际高等教育的异同，探索具有国际借鉴和互补价值的"公共的善"的概念（Shen，Yang，and Yang，2022；Yang，2010，2014，2023；Yang and Yang，2022）。系列质性调研则分析了中国高校人文社科学者在知识生产上的去殖民化尝试与挑战，以及政策导向与学术实践之间的张力等（Li and Yang，2020；Xu，2020，2021；Zheng and Wu，2022）。

新冠疫情来袭后，全球范围内的高教国际化受到了不同程度的冲击。Li和Eryong（2022）系统综述了后疫情时代我国高等教育国际化的研究成果，其核心观点包括：（1）中国高等教育国际化的关键议题集中于文化多样性、中文推广和国际合作等；（2）在地国际化成为应对疫情挑战的策略之一；（3）虚拟国际化带来新机遇，但需解决相关跨文化体验和教学质量的挑战；（4）从"国内大循环为主体，国内国际双循环相互促进"的新发展格局出发，提出加强高校团队体系、教育模式和人文教育等方面的对策，以促进国际化高等教育的质量和效益；（5）综合考虑全球治理和政治体制等因素，推动高等教育国际化取得更大成效。这些要点突显了中国高等教育国际化的策略性和复杂性，及其在全球化背景下的重要性。与批评性高教国际化相呼应，现有研究也突出了知识生产、多元文化传统、学术语言实践等在我国高教国际化当代进程中不可分割的交织关系及可采取的国际化策略。由此可见，跨文化交际在批评性国际化界定和研究中占据着重要的地位。

第二节　高等教育国际化政策影响下的国际学生来华流动

国际学生流动是高等教育国际化的重要组成部分。2013年国家启动"丝绸之路经济带"和"21世纪海上丝绸之路"（简称"一带一路"）共同发展倡议，为推动区域国家教育合作提供契机。2015年10月，国务院颁布《统筹推进世界一流大学和一流学科建设总体方案》。"一带一路"倡议和"双一流"建设方案共同推动了中国高等教育国际化的迅速发展，在校留学生人数则成为高等教育国际化的重要指标之一（Peters and Besley，2018；宗晓华，李亭松，2020）。据教育部统计，2019年来华留学生人数已超过44万，其中来华就读专业学位的达184 799人。我国已成为亚洲第一、全球第三的留学目的国。2020年正式印发的《教育部等八部门关于加快和扩大新时代教育对外开放的意见》，强调我国高等教育的国际话语权和竞争力应当进一步提高，通过建立来华留学教育高水平学科群，建立特色学科和精品课程，打造"留学中国"品牌项目，吸引国际优秀学生来华留学（刘凯，宋紫倩，2021；陆菁，凌慧，潘修扬，2019）。

宏观方面的高教国际化研究则更加重视中国在全球跨国教育资源分配与经济发展格局中的位置（贾兆义，2021；毛芳才，方宝，2020；Yang，2022；杨启光，王伟豪，2021）。中国的高等院校顺应国家战略目标，招收来自世界各地的留学生。同时，北京、上海、广州和深圳作为超大规模一线城市也吸引了大批能使用英语交际和就业的国际移民，极大程度地丰富了所在城市来华留学生所能接触到的语言文化资源的多样性。而中国内部语言文化多元并存，外加不同地区经济发展和人口组成的不均衡，使得来华留学生面临的跨文化挑战千差万别（Li and Yang，2020）。针对这一情况，一些研究按接受来华留学生的高校类型和地区分析了北京、兰州、武汉、重庆、广西和新疆等地高校的来华留学生中文学习和跨文化适应问题（付京香，叶翠英，2014；胡炯梅，李小青，2016；柳茜，李泉，2017；刘运红，2015；周丽华，2018；张轶，周茜，苟朝莉，2021；王祖嫘2016）。

在来华留学动机方面，现有文献发现，留学生选择来华学习的原因多为经济和文化因素，包括中国的经济发展前景和丰富就业机会、来华学习的奖学金机会（陆晓静，2021；魏浩，袁然，赖德胜，2018）、二代华裔移民的文化寻根愿望和中文学习热等（蔡宗模，杨慷慨，张海生，吴朝平，谭蓉，2019；方宝，武毅英，2016；唐静，2017）。杨力苈（2016）发现，尽管来华学习的学位生和研究生数量有所上升，其比例与非学位生和交换生相比占比仍较少。这从侧面反映出，相关学位课程项目的国际化水平不足，教学和学术吸引力有待提高。中国高校需提升课程项目质量，以吸引世界范围内的优质生源来中国完成本科和（或）研究生学位（程伟华，张海滨，董维春，2019；刘进，2020a，2020b；俞玮奇，曹燕，2015）。

另有研究关注"一带一路"倡议下来华留学生教育的使命、挑战与对策等（陈强，文雯，2018；吕越，王梦圆，2022；曲如晓，董敏，2023），尤其关注多语言与多文化背景的留学生生源对我国高校国际化教学与科研提出的新要求（陈丽，伊莉曼·艾孜买提，2018；程立浩，刘志民，2023；顾莎莎，2019；哈巍，陈东阳，2019）。蔡文伯，闫佳丽（2020）分析了"一带一路"沿线国家来华留学生与中国对外直接投资的关系，从宏观国家战略的角度看待来华留学新趋势。

一、高等教育国际化背景下的语言政策研究

在吸引留学生源方面，使用哪种教学媒介语，成为高等教育研究的重要内容之一。英语作为教学媒介语，通常是指在非英语国家使用英语教授专业学科内容的教育语言政策与实践（杨华，刘飞兵，2022；Rose，McKinley，and Zhou，2019；Wang，2017；王文文，王文玲，刁训刚，2019）。这些国家的高校不断增设英语作为教学媒介语（EMI）的课程（Kirkpatrick，2017）。欧洲、亚洲和中东均广泛开设英语授课学位项目，也带动相关研究稳步发展（Dimova，Hulgren，and Jensen，2015；Saarinen and Nikula，2012）。中日韩和东南亚各国的研究均发现，EMI 项目常欠缺必要的师资及教师语言培训，对英语作为学术通用语也缺乏必要的教学意识和研究关注（He and Chiang，2016；李洁，孙进，2014；Rose，McKinley，and Zhou，2019；Macaro，Curle，Pun，An，and Dearden，2018；Macaro and Han，2020；Macaro，Sahan，and Rose，2021）。同时，现有英语作为教学媒介语的文献批判英语作为国际学术通用语的霸权地位，也因此反对将高教国际化简化为课程英语化（Galloway，Numajiri，and Rees，2020）。高教国际化研究者更重视的是，如何在英语授课项目中开展课程大纲和教学内容的国际化，特别是增加跨文化视角和增进留学生与本地生的跨文化互动（Leask，2015）。

英语学位课程项目日益成为高校吸引留学生来华学习的主要策略（Macaro，

Curle，Pun，An，and Dearden，2018；Macaro and Han，2020）。相关问卷调查研究发现，来华留学生对高校国际英语课程满意度较低，问题集中在教师英语水平、教学方法和跨文化交际等微观实践方面（An and Chiang，2015；Bolton and Botha，2015；Botha，2015，2016；Ding，2016；丁笑炯，2018；马佳妮，2018，2020）。Zhang（2017）研究了我国高等教育语言政策，尤其是英语作为授课语言的实施情况，并从高等教育国际化发展的角度提出，学科水平的发展与英语授课项目的开发存在一定的不平衡性，应促进不同学科相关课程和学位项目的均衡发展。全英语授课国际课程的质性研究则发现当地教师和留学生的英语水平难以胜任相关的全英语课程教学（He and Chiang，2016；Gu and Lee，2018；Zhou，McKinley，Rose，and Xu，2021），并质疑留学生是否能通过就读全英语授课学位项目实现所期望的社会资本积累和就业竞争力提升（Hu and Lei，2014）。除微观的课堂实践外，宏观教学媒介语政策研究则发现现有项目对学生英语水平的参差不齐缺乏关注，且对不同地域的教育资源分配不均和来华留学生情况的多元性应给予更多关照（Wen，Hu，and Hao，2018；Zhang，2018）。Rose，McKinley 和 Zhou（2019）对我国多地高校全英语授课国际课程的调研发现，学生在课堂中普遍存在学术写作及其规范方面的挑战。其他一些研究则更加侧重全英语授课课程学生的多语背景，强调留学生课内外语言实践的多语和跨语言属性（Jenkins and Mauranen，2019）。

此外，高等教育国际化研究者更重视如何在英语授课课程中开展课程大纲和教学内容的国际化，特别是增加跨文化视角和增进留学生与本地生的跨文化互动（Leask，2015）。Rose，McKinley 和 Zhou（2019）对中国多地高校全英语授课课程的调研发现，学生在课堂中普遍存在英语学术写作及其规范方面的挑战。另外一些研究则更关注"边缘"发展中国家和"中心"发达国家的来华留学生在全英语授课国际学位项目中的结构性教育不平等问题，呼吁授课教师通过改善教学方法和丰富教学语言实践，来创造更加平等的课堂教学环境（Han and Dong，2023）。Li，Li和 Ren（2020）着力研究来华留学生的中文跨文化语用能力发展与社交网络之间的关系。

近年来，国际中文教育和中文的国际传播被纳入国家语言能力建设的重要维度（郭熙，2020；陆俭明，2019；赵世举，2015；张天伟，2020）。在国际中文教育政策层面，因与"一带一路"倡议相关的来华留学教育政策，使得来华留学生的语言文化背景日趋多元化，也对来华攻读高层次专业学位留学生的培养提出了更高的要求（丁安琪，2015）。"十四五"国际中文教育发展规划的政策研究，将学术中文及其教学的研究放在重要位置，着力培养攻读研究型学位的来华留学生完成"专业层次的阅读和学术论文的写作"（吴勇毅，2020：2）；同时，完善学术中文教学体系也有助于提升国际中文教育学术话语权（柴省三，刘涛，万莹等，2021；崔希亮，2018；赵杨，2019）。在实证研究方面，陈钰（2019）系统考察了留学生在留学目的国依托在地学术学习社群开展学术学习，并形成学习者身份建构和协商的过程。

除了英语授课国际硕士项目外，我国还开设了大量的中文为教学媒介语言（Chinese medium instruction，缩写为 CMI）授课的国际硕士项目。近期对比研究发现，中、英文授课项目在教学语言规划上相对独立且单一，在课程设计上几乎完全集中于内容教学，缺乏对留学生学术英语和学术中文学习需求的考虑（Song，2019；Wan and Gao，2020；Zhang，2018）。尽管中文授课国际硕士项目旨在推动中文成为仅次于英语的第二大国际学术通用语，但对如何展开留学生的学术中文教学尚未见系统的教学关注和研究（李宇明，唐培兰，2020）

在国际中文教学领域，现有研究主要基于二语习得理论等对教学现状展开分析，而对教学法和非语言类的中文教学场景缺乏关注。海外少量研究，则关注了北美大学生把中文作为第二语言的学术社会化过程，即着重分析华裔或其他背景的北美学生如何通过课内外学术活动，逐渐掌握作为第二语言的外语，但并不涉及以中文为媒介语的学科知识学习（Duff and Doherty，2019）。亚洲相关的留学生学术语言社会化研究非常有限，主要集中于中外联合办学高校中国学生的英语学术社会化过程，并论证了中文作为中国文化载体，在中外学生跨文化交际过程中起到的权力制衡作用（Ou and Gu，2020，2021）。

二、高教国际化与知识生产的全球不平等

高等教育国际化研究运用去殖民化和后殖民理论资源（例如 Connell，2007；Mignolo，2011；Spivak，1996），从批评性角度研究高等教育国际化发展过程中的权利不平等问题。其研究重点主要集中于以下两个方面：一是全球知识生产不平等的地缘政治格局，二是在课堂内外教学过程中的知识公平问题。就前一个方面，目前文献主要运用去殖民化理论，从发展主义和现代性的殖民属性切入，分析全球知识生产不平等的历史成因和后果。Mignolo 和 Walsh（2018）认为，尽管全世界的

被殖民国家已经取得了独立，但殖民性，作为现代性的一部分，不仅存在着，而且随着西方资本主义的全球化被持续不断地合理化、自然化和普遍化，渗透到世界不同地区和国家。现代性和殖民性一体两面的关系也通过物质——话语资源不断得到强化。比较典型的例子是，二战之后的世界地缘政治格局常用的划分范畴，例如发展中国家与发达国家，第一、第二和第三世界，以及后来出现的"全球南方"和"全球北方"（Mignolo，2011）。其中，"全球南方"和"全球北方"并不是按照南半球和北半球的地理划分，而是一种分析隐喻，意指全球由于资本主义发展和殖民等历史原因造成的经济、物资和教育等资源分配不均衡（Mohanty，2003：505）。Connell（2017）指出，这种"南—北"差异也直接体现在与全球知识经济密切相关的大学发展史上，尤其是全球最负盛名的知识生产中心都集中在了"全球北方"（p. 6）。Altbach 和 de Wit（2016）发现，欧洲各国因为没有深度卷入冷战，抓住时机扩张和加强了"西方高等教育模式和系统的主导地位、英语的影响、外国培训的影响、西方科学产物、西方思想和西方社会结构的主导地位等"（p. 7）。

关于非政府组织和高等教育机构的研究则发现，全球范围内高校"竞争热"促使世界各地高校效仿英语国家和欧洲的高等教育考评与排名标准等。这种"竞争热"基于发展主义逻辑产生，即认为世界各国高等教育发展只有一条单一线性的阶梯形进步轨迹，而"全球北方"则必然出现在这个阶梯形序列的顶端（Stein，2017；Stein，Andreotti，and Suša，2019a）。非英语国家在不同程度上内化了发展主义逻辑，并渴望得到负有盛名和影响力的知识生产中心的认可，直至成为其中一员（Naidoo，2016；Shahjahan and Morgan，2016）。

除了揭示全球知识生产不平等的地缘政治格局，现有文献还提出了挑战这种不平等的方法，比如在高校课程大纲中纳入本土知识和民族知识传统等，并发掘其全球普遍价值（Andreotti，2007；Connell，2017；Montgomery，2019）。在针对欧洲中心的知识公平建构方案中，"去区域化"（deprovincialization）是指不在教育领域将本土知识专门化或看做反压迫抗争的替代性资源，而是发掘其与当下问题与概念建立更广阔的联结，并带动概念重构的过程（Ndlovu-Gatsheni，2018：217）。这也呼应了 Stein（2021）提出的"阈限视角"（liminal perspective）——一方面要将现行的高等教育国际化实践和高校相关运作机制历史化和去自然化，另一方面也不支持强行推翻现行制度，而是从内部通过自我省察和实验另类的教育形式，达到批评性改造的目的。

以上综述的宏观研究也为知识公平的微观质性研究提供了理论资源。知识公平是指在课程大纲设计和教学实践中纳入多元的知识类型和形式，并认为它们具有同等的价值（Aman，2018）。Hayes（2019）提出"双重国家压迫"这一概念来描述非英语国家赴德留学的国际学生，在德国大学里同时承受两种压力：一是要适应并认同德国高校的学术文化，二是要学会英语为媒介语的学术规范和英语国家视角的知识生产成果与方式。相关研究也提出，在用批评性教学法来宣传国际化教学的场景中应当把留学生看做知识分享者，而非单向学习知识的被动接受者（Andreotti，2007；Madge, Raghuram, and Noxolo，2015）。这些研究也强调，现有国际化研究中"本地"与"国际"的二元对立，容易导致将原本多元的留学生和本地生看做内部同质的两个群体，而忽略了个体多样性对教育理念和方法的需求（Buckner and Stein，2020；Jones，2017）。

总体而言，关于来华留学生的国内外高等教育文献从宏观、中观和微观三个层面回应了批评国际化研究对全球高等教育地缘政治不平等的问题，也突出了来华留学生在华学习经历的独特之处。在宏观层面，我国现代高等教育经过一个多世纪的摸索与变革，旨在吸收发达国家现代大学教育经验的同时，反思和运用本国文化智慧，走出自主创新的道路。在中观层面，不同高校因为接受来华留学生历史、师资和教育资源分配、招生宣传渠道等因素上的差异，使得各个地区的高校来华留学生情况差异很大。目前研究较为集中的是边疆地区和华中与华南的主要高校，而对北上广深这样的国际大都市的"双一流"建设高校相关的留学生来源的多元性还没有针对性的深度案例研究。在微观层面，现有批评性研究紧随高教国际化概念化的发展，重视理清知识、语言和文化三大元素对来华留学生在华学习体验的影响和交织关系。这也对来华留学生的跨文化交际研究提供了研究视角的指引。

就理论运用而言，去殖民化理论虽然在宏观政策探讨中得到了一定的应用，但在微观质性研究中，并没有看到研究国际生和本地生在课堂内外如何开展动态知识协商和反思性实践的内容。更重要的是，这些动态知识协商不能用本土知识、西方知识、传统文化等既定范畴进行先入为主的描述，因为这些概念本身就受到了知识生产地缘政治的影响，并内化了其不平等的差序格局。迄今为止，很少有从微观切入，关注地缘政治历史、现行高教国际化政策、课程设计、师生个体等多重主体动态互动关系的高教国际化批评性研究。

第三节 跨文化交际概念溯源

跨文化交际对应的英语术语主要有三：一是在 20 世纪国际关系和区域研究兴起时的"跨文化交际"（Cross-cultural communication）。该类研究通常以国别文化为单位开展研究，旨在通过人类学家的观察与调研来总结对象国的国别文化特征，为本国外交和商务人士在对象国的工作提供学术参考和培训支持。二是在建构主义和后现代理论兴起时出现的"跨文化交际"（Intercultural Communication）。这类研究逐步摆脱了以寻找特定社会群体的文化特征为目标的研究方式。三是在后现代理论基础上发展出的"跨文化交际"（Transcultural communication）。前缀"超"（trans-）强调多种文化属性如何形成在人际互动和个体实践过程中多种文化话语或特征交织杂糅，转化为一种流动而综合的身份认同资源。这三种跨文化交际研究目前都有相关研究者在推动发展，呈并存之势。

在这一系列学科发展过程中，跨文化交际学者对文化的界定可以被分为四个主要的类型，包括组成型文化观、语符型文化观、过程型文化观和批评性文化观（参 Zhu，2019，第 10 章）。

组成型文化观认为文化是由一系列特征组成的；基于这些特征也就可以找到与之相对应的社会群体。如表 1.2 所示，持组成型文化观的学者主要是上述第一类跨文化交际研究的奠基人和推动者。他们对文化特征的界定通常采用多元维度的对比方法，如霍夫斯特德的文化特征维度就采用了多组二元对立的维度展开。这样的文化特征构成法简明易懂，也为不同国别文化或群体文化的比较研究提供便利的参考标准。然而，不少研究者也批评组成型文化观掩盖了背后的意识形态目的和全球范围内的权力不平等，并强行认为同一社会群体内部成员的文化特征是整齐划一的，因而抹杀了个体的独特性和差异性（Dervin，2012；Scollon and Scollon，2001）。在权力关系方面，由于全球资本主义扩张带来了欧美中心的社会体系与商业运营模式的全球传播，一些符合资本主义运作规律的文化特征在特定社会群体中常常受到推崇，比如追求基于线性时间规划的效率和准时，鼓励冒险和个体创业等。当这些文化特征和价值体系相勾连之后，就使得不符合这些价值体系的社会群体与个人的文化特征常常被掌握权力的机构和个人贴上负面标签（Piller，2017）。

表 1.2　组成型文化理论代表性学者及文化特征维度举例

组成型文化理论 代表性学者	文化特征维度举例
吉尔特·霍夫斯特德 （Geert Hofstede）	- 个人主义 vs 集体主义 - 高权力距离 vs 低权力距离 - 男性气质 vs 女性气质 - 高不确定性规避 vs 低不确定性规避 - 长期导向 vs 短期导向
沙洛姆·施瓦茨 （Shalom Schwartz）	- 自我指导 - 享乐主义 - 普世主义
爱德华·霍尔 （Edward Hall）	- 高语境 vs 低语境 - 多元时间 vs 单元时间 - 近距离文化差异 vs 远距离文化差异

　　组成型文化观最大的问题是容易陷入文化本质主义的窠臼。在文化研究领域，斯图亚特·霍尔（Stuart Hall）在其著作《文化的对话：文化研究与社会的理论》中提出了对文化本质主义的批判。霍尔强调文化本质主义倾向于将文化视为固定、自包含的实体，而忽视了文化的多样性和变化性。此外，批评性跨文化交际研究者也非常警惕由殖民史带来的文化他者化（othering）问题，而组成型文化观的本质主义倾向和二元对立的文化维度是他者化成立的必要非充分条件。另一个必要条件分别二元对立的文化本质特征之间的不平等的关系。例如，现代和落后作为一对二元对立的文化特征。当有权的群体或个人认定"现代"优于"落后"，并将"落后"的标签贴到特定社会群体上时，"落后"的社会群体就有可能被"他者化"而处于劣势地位。社会学家爱德华·赛义德（Edward Said）在其著名著作《文化与帝国》中明确指出："文化的表达方式常常是以'自我'和'他者'的对立为基础的"（Said，1993：9）。在这本书中，他深入探讨了西方如何构建了对东方的陌生和驯化，从而强调了跨文化的他者化现象的存在。语言学家珍妮·威廉斯（Jenny Williams）和安德鲁·切斯特曼（Andrew Chesterman）则突显了语言在他者化中的关键作用，强调语言不仅仅是交流的工具，还承载着文化和认同。他们认为，当某种语言被视为"主流"或"标准"时，其他语言往往被边缘化，加剧了跨文化交际中的他者化现

象（Williams and Chesterman，2002：7）。从批评性反思的角度入手，心理学家戈登·阿勒泽（Gordon Allport）在他的著作《自我的结构》中强调，通过接触不同文化和群体，可以减少偏见和歧视。他提倡跨文化教育和积极的跨文化交际策略，帮助个体更好地理解和尊重不同文化背景，从而减少他者化的影响（Allport，1954：282）。因此，在跨文化交际教育和研究中，分析和解释他者化在政府话语、公共话语和日常话语中的呈现与再生产也是非常重要的消除文化歧视与对立的方法。

辩证型文化观就是组成型文化观的修正版。它通过引入辩证法来部分消解组成型文化维度中的二元对立关系。如表1.3所示，辩证型文化观的主要类型包括以下六对关系：群体文化——个体的辩证、个人——情境的辩证、差异——相似的辩证、静态——动态的辩证、历史/过去——现在/未来的辩证，以及优势——劣势的辩证（Martin and Nakayama，2010）。这里的辩证性着重揭示文化在关系中的演变过程和多种辩证关系类型并存的复杂性，并以此突破组成型文化观的本质主义（essentialism）倾向。

表 1.3　辩证型文化观的主要辩证关系类型

（总结自 Zhu，2019：203）

辩证关系类型	描述
群体文化—个体	有些行为是每个人特有的，而有些行为代表了整个文化中的趋势。每个人都属于一个文化群体，但也要看重每个人作为独特的个体
个人—情境	在不同情境下，某些沟通方式保持相对稳定，而其他方式则会因情境的不同而变化
差异—相似	人们在不同的群体中有很多差异，但同时也有很多相似之处
静态—动态	文化的某些方面保持相对稳定，而另一些方面会不断变化
历史/过去—现在/未来	我们通过现在的观点看待过去，同时现在发生的事情也需要考虑到过去的影响
优势—劣势	有些人可能在某些情况下有优势，但在其他情况下可能会面临劣势

语符型文化观来自于文化人类学的阐释性研究范式。与科学主义的实证研究范式不同，人类学的阐释性研究范式旨在通过研究者参与式的观察、共同生活、文本搜集和交谈等方法，事无巨细地捕捉生活的细节，并从中挖掘出文化如何被研究参

与者理解、实践并帮助他们认识和创造眼中的世界、互动中的他人和自我等（Zhu，2019：204）。之所以成为语符型文化观，是因为人际互动和个体行动都需要大量语言符号资源和物质资源的共同参与。

过程型文化观有两个基本假设：一是文化是一种过程，二是文化是一种（媒介性的）行动（Zhu，2019：204）。这一文化观的代表理论主要有阿德里安·霍利迪（Adrian Holliday）提出的"小文化"（small culture）和罗恩·斯科伦（Ron Scollon）与苏茜·斯科伦（Suzie Scollon）提出的跨文化交际话语分析法。Holliday（1999/2011：205）将"小文化"定义为"一个动态的、持续的社群建构过程，使社群成员能够理解并在这些情境中有意义地运作"。"小文化"的"小"并不是指对象群体的规模大小，而是提供了一个微观动态的分析视角和理解角度。这一分析视角"将'文化'与依靠激发凝聚力的行为而形成的小型社会群体或活动联系起来，从而避免了对文化、民族、国家或国际的刻板印象"（Holliday，1999：237）。

斯科伦夫妇提出的跨文化交际话语分析法更侧重文化的社会行动属性和语符在跨文化活动中的媒介性。这一过程型文化观与语符文化观的基本假设和研究方法也十分契合。与霍利迪的"小文化"分析视角类似，话语分析法从微观角度入手，从话语体系、意识形态或世界观、交流方式以及社会化过程四个方面分析互动参与者基于何种共享性来寻找群体认同，协调和适应非共享的沟通特征等。

从批评性文化观出发，Blommaert，García，Kress，Larsen-Freeman，Adami 和 Sherris（2018：18）在他们的文章中将文化界定为"用来描述在一个从事特定形式社会行动的人群中有效运作的微型霸权集合"。基于这一定义，跨文化交际的核心目标就是揭示微观层面的权利不平等是如何运作的，从而为弱势群体争取权益。以上四种文化观并非彼此独立，本书第二章第一节将基于不同文化观的互补关系，提出批评性文化观指导下的跨文化交际概念界定和理论视角。

第四节　来华留学生跨文化交际研究现状与局限

近年来，国外相关教育政策研究将国际学生和本地生的跨文化互动看做高等教育国际化在学生培养方面的重要目标（Leask，2015；Jones，2017；Wen，Zhou，and Hu，2022）。现有文献指出，在世界不同区域的国际化校园里，国际学生和本地学生的交流并不会因为学生群体多元化而自然发生（Brown and Denson，2011；

Yu and Moskal，2019）。Zhu，Handford 和 Young（2018）发现，在英国和美国的跨文化交际教材中，充斥着以国家为界限的文化刻板印象，缺乏对文化的批判性、解释性观点。同时，机构基础设施设计、课外活动、辅导服务等社会资源被认为是促进学生跨文化体验的非正式课程，这些资源与学生的跨文化互动情况密切相关（Arthur，2017；Hendrickson，2018；Leask，2009，2015）。

国外相关文献据研究范式可分为三类。第一类文献将亚洲和西方文化视为具有固定特征的对立体，并依据这些固定特征对亚洲留学生在英美等西方国家高校的身份认同进行实证主义研究。亚洲文化常被等同于儒家文化，而现有研究将儒家思想对亚洲学生在英美高校身份认同的影响又可分为"劣势"说和"优势"说。"劣势"说认为亚洲学生普遍不愿在课堂发言、学术表现低下是受儒家文化影响，如要面子、缺乏批判性思维能力、过度重视知识背诵等（Ballard and Clanchy，1991；Dippold，2015；Zhao and Coombs，2012）；"优势"说则认为儒家文化中的坚韧、尊重权威和谦虚等品质有利于学生展开深度学习（Cortazzi and Jin，1996）。这类研究容易忽视学生个体学习成长经历、经济条件、家庭背景和个性等对亚洲留学生跨文化身份认同的影响（Gu，2021；Jin and Cortazzi，2006，2017；Hu，2009）。

该类研究通常运用社会心理适应视角，借助文化冲击和文化接触假设理论，来解释亚洲（主要是中国）学生在适应英美高等教育规范和体系的过程中以及在课内外与本地学生交往时遇到的困难（Spencer-Oatey and Xiong，2006）。这些研究倾向于符合"大文化"（Holliday，2011）的本质主义观点。这里的"大"是指对文化分类的范畴采用宽泛的群体特征为基准，即"根据从可能包含的多种候选对象中提取出的规定特征来识别个体属于特定文化群体"（Tian and Low，2014：284）。有研究者对这类跨文化交际研究提出批评，认为它忽视了国际学生和本地学生群体的国际文化和语言多样性，呼吁后续研究将英美高等教育模式的全球传播和标准化看做是导致语言文化不平等的原因（Machart，Dervin，and Gao，2015；Tian，Dervin，and Lu，2020）。

第二类文献属于批评理论视域下的建构主义研究，主要分析亚洲留学生在英美等西方国家高校留学生跨文化身份建构中的权力关系（Morita，2004，2009；Morita and Kobayashi，2008；Zappa-Hollman，2007；Zappa-Hollman and Duff，2015）。这类文献摒弃了东西方文化二元对立的观点，研究强调对跨文化身份建构过程进行细致的动态分析，强调跨文化概念的流动性，并认为跨文化课堂互动是亚洲留学生身份认同的重要实践形式（Dervin，2011；Holliday，2013，2017）。这些研究通常将跨文化身份认同界定为"一种开放、适应和变革的自我—他者取向"（Kim，2008：364）。虽然大多数相关研究主要集中在中国留学生在英美大学的情况，但他们的发现也揭示了国际学生面临的共同挑战及多元影响因素，例如社会文化、政治经济、个性和跨文化战略资源等，并呼吁制定高校国际化与留学生管理的改革政策（Heng，2018；Wu，2015）。

以上两类研究存在以下不足：一是研究场景几乎都是英美等西方国家高校。随着全球高等教育国际化的迅猛发展，中国正成为越来越多国际留学生的求学目的国。在全球高教国际化背景下的现有文献中，很少有针对来华就读国际学位项目留学生的跨文化体验与身份认同研究。二是研究对象大多只集中于亚洲留学生，且多以英美国家学生作为西方国家学生的代表，将东西方国家学生看做先天不同的文化群体。三是大多数研究将高等教育国际化等同于学术范式和办学制度的西化，因此多将研究目标定在如何帮助亚洲留学生顺利适应英美高校课堂学术文化，缺乏对西方高校国际学位项目设置、教学考评模式、国际化政策等的批判性思考。

第三类研究与前两类研究相较算是新兴的趋势。这类研究旨在探讨宏观、中观和微观维度在学生跨文化经验中的相互作用（Elliot, Vbaumfield, Reid, and Makara, 2016；Kudo，Volet，and Whitsed，2018）。Kudo，Volet 和 Whitsed（2019）指出，先前关于学生跨文化体验的实证研究存在三个主要局限，包括"对关键概念（如跨文化互动，接触，关系，交往，友谊）模糊或宽泛的操作化""以狭隘个体为焦点的研究占主导地位"，以及对"特定环境中跨文化关系发展的关注不足"（p. 101）。在跨文化交际和话语分析领域，其他相关研究（Collins，2018；Kudo，2016）考察了在英国和日本的机构政策中，"文化""跨文化"和"国际"的概念是如何被运用、修改和再生产，学术人员和学生中又是如何看待和参与相关校园实践的。现有研究揭示了以国家为单位的本质主义文化理论在高校等教学机构政策实践中不能忽视的影响力，同时也重视跨文化学生身份认同形成的动态、混合和实践性视角对跨文化交际动态性和复杂性的分析。更为重要的是，这类研究有助于揭示塑造学生跨文化体验的机构（特别是新自由主义大学制度）和个人的主体性直接的张力及其互动关系。

关于中国的高教国际化研究，考察了关于来华留学生的接收政策和理念的历史演变（Ma and Zhao，2018；Kuroda，2014）以及来华留学生在中国国际化大学的学习和生活经验。实证研究发现，在中国学习的大多数来华留学生表示与中国学生互动机会有限（Akhtar，Pratt，and Bo，2015；Wu，Hu，and Hao，2017）。Tian 和 Lowe（2014）对美国留学生在华的跨文化经验展开历时定性研究，发现所有受访学生都经历了 Kim（2008）提出的压力——适应——成长循环的跨文化适应三阶段。在国家文化框架（即使用"中国文化""美国文化"这样的国别文化概念展开跨文化交际分析）下，Li（2015）对中国一所国际化高校来自四个国家的五名来华留学生进行了定性研究，发现语言熟练程度以及学生对本国文化与东道国文化之间距离的感知和协商，是塑造他们跨文化互动情况的主要因素。Qu（2018：375）通过制定短期海外交流申请和组织学生发起的协会的策略，考察了本地学生和来华留学生在构建国际化大学过程中的主动性。虽然前述的研究都强调了国际和本地学生之间的跨文化交流应该通过正式和非正式的课程来促进，但存在两个主要的研究局限性：（1）现有文献中"文化"的定义主要依赖于国家文化概念，以及（2）跨文化交际涉及的机构与个人主体地位定位及其互动关系，涉及塑造学生跨文化体验的相关政策、课程和学生主动性。但现有相关研究对这些情况尚缺乏关注。

部分文献从社会心理学视角出发，借助 Kim（2008）提出的文化适应三阶段，来研究来华留学生在大学里的文化同化过程（Tian and Lu，2018）。Li（2015）运用"媒介化空间"概念来分析来华留学生个体的跨文化经验，如何通过非官方机制的第三空间建构得以实现，并探讨媒介在其中的作用。另外一些研究则从社会建构和社会认知视角出发，分析来华留学生的来华动机、短期在华交换经验对他们关于中国和中国文化的看法有何影响，以及来华留学生如何通过网络资源学习中文和中国文化等（Dervin，Du，and Härkönen，2018）。

相关的批评性质性和民族志研究主要考察家庭内部、大学行政机制、国家政策和国际权力结构等对来华留学生的影响。香港和台湾的高校国际留学生和跨境学生研究则重视学生在跨文化体验和语言意识形态关系方面的考量（Gao，2014；Gu and Li，2019；Lin，2018）。Ou 和 Gu（2018，2020），用批评民族志方法研究内地一所中外合作办学大学中外学生的学术社会化和跨文化交际体验。而对非中外合作办学高校留学生的跨文化交际体验则较少从社会建构角度切入展开分析，也较少关注其与学生语言实践的关系。内地高校来华留学生的批评性跨文化交际研究通常按照来华留学生的来源国情况展开（Wu and Hou，2023；Yuan，Sude，Chen，and Dervin，2021）。例如，Lin 和 Kingminghae（2018）以及 Yang（2018）分别考察了来自泰国和印度的留学生在中国高校学习期间如何通过技巧综合运用社会教育资源，为自己毕业后的发展开拓社会上升渠道，实现自己的人生目标。Li，Ai和Xu（2021）则研究了缅甸留学生在中国边境高中学习时对中文学习的重视和跨文化身份认同的协商。Xu（2023）和Xu，Stahl和Cheng（2022）则研究了非洲国家的来华留学生如何积极投入中文学习，积累对自身未来职业发展有利的"中国资本"。Dervin和Yuan（2022）则在一所民族大学研究了该校来华留学生通过广泛接触我国多民族学生而改变了自身对中国文化的一些思维定式，并能够理解中国多民族文化的现状与跨文化体验的多元性。

中文文献中的来华留学生跨文化研究主要集中于四个方面——（1）来华留学生在华学习过程中的跨文化适应（文雯，刘金青，胡蝶等，2014；朱国辉，谢安邦，许美德，2013），（2）来华留学生的中国文化认同（曲如晓，李婧，杨修，2016），（3）作为跨文化国际传播主体的来华留学生（卢鹏，2022），以及（4）对来华留学生开展的跨文化教育（侯磊，2016；张琳琳，赵俊峰，2014）。

国内高等教育国际化学者分析了不同来源地的留学生的在华适应问题，例如非洲留学研究生的学术适应（崔希涛，何俊芳，2021）以及美国、非洲、南亚和中亚等国家、地区来华留学生的学习现状与政策优化建议等（陈秀琼，林赞歌，2017；胡瑞，朱伟静，2019；刘宏宇，贾卓超，2014；李雅，2017；卢炜，2015；潘晓青2014）。对跨文化适应的理论文献与国际文献基本一致，但注重发现不同来源地区和来源国学生所遇到的不同类型的跨文化挑战，因而在研究对象的多样性方面有较好的覆盖。此外，新近研究也关注到跨文化适应性指导对来华留学研究生学业的影响（孔兰兰，李新朝，李瑾，2022），以及新媒体交流平台在留学生跨文化适应过程中的作用（马红，刘巍，2018）。例如，匡文波，武晓立（2019）发现，在华留学生微信使用受同伴压力和文化接受程度等因素影响，对社会文化适应在语言、交际、学习适应等方面有积极影响，动机、期望和社会成员态度对心理适应有正向作用，突显了微信在跨文化适应中的关键作用。刘志敏、唐佳璐和林泳连等人（2020）以上海市E大学为案例，采用"城市——院校——专业"三重文化和制度脉络作为研究框架，通过对20位留学生在华生活与学习体验的情境特征进行刻画分析，揭示了他们的文化适应呈现多样化特征，同时指出高校在留学生教育、管理和服务上的问题，需要进行系统性升级和更新。

关于来华留学生中国文化认同的研究主要分析来华留学生通过何种途径了解中

国文化（李加军，2022），以及对中国人的刻板印象认知受到哪些媒体和人际交往等因素的影响（史媛媛，佐斌，谭旭运等，2016）。该类研究主要基于组成型文化观的基本假设展开，运用他者化和国别文化的概念指导案例分析。也有少数研究引介文化间性的概念为来华留学生跨文化教育提供新思路（刘学蔚，2016；赵彬，朱志勇，2019）。

第三类研究借用传播学理论，将来华留学生看做跨文化传播主体，研究中国文化和中国形象的对外传播方式与效果（宋海燕，2021）。彭增安和张梦洋（2021）探讨了国际中文教育多元主体问题，指出中国文化国际传播的主体不仅包括国家和机构，还包括多种类型的个人，如孔子学院的院长、公派教师、汉语教师志愿者、海外华人和汉学家，还有常常被忽视的来华留学生群体。牟蕾、吴勇毅和李婷（2019）的实证调研发现，来华留学生作为"中国故事国际讲述者"具有积极的中国形象认知和传播意愿，国际汉语教育应加强中国故事融入课堂教学，关注教师话语方式，提升留学生感知体验，以充分发挥他们的意见领袖作用。舒笑梅，董传礼（2021）通过来华留学生问卷调查和对 YouTube 排名前十的中国自媒体博主的综合分析，提出短视频的跨文化传播需改进内容、渠道和方式，以拓展我国国家形象的国际认知维度。还有一些研究重视特定类别的中国文化国际传播情况，如中医药的跨文化传播和美食纪录片在来华留学生群体中的接受情况等（官翠玲，高山，2021；姜可雨，2019）。这类研究受到国别为单位的组成型文化观影响，在发掘文化的动态性、内部异质性，以及来华留学生群体的多元性方面还可以展开进一步探索。

最后一类研究主要致力于发现来华留学生跨文化教育的问题及教学方法。谭旭虎（2014，2020）从跨文化交际课程设计和国家政策等多层面分析了我国留学生跨文化教育的现状和问题，指出国家相关政策缺乏对跨文化交际能力培养的明确说明，使得政策和实际教学工作之间存在脱节的情况，也亟需在跨文化教育的系统性方面做更多工作。汪长明（2014）就宏观社会因素展开讨论，提出社会支持和制度建设对来华留学生跨文化体验的重要性，而不能仅仅依赖学校教育和校园生活。基于课堂的跨文化教育研究则主要围绕两大话题展开，一是"中国概况"教材编纂和教学设计（杨瑞玲，2020），二是借鉴计算机辅助学习和教学法的相关理论，探索如何有效利用网络技术手段开展跨文化课程建设（田美，陆根书，2023；王松，2018；朱敬，苏岩，朱艺华等，2019）。在"文化"概念的界定和理解方面，大多数课程设计重在介绍中国文化的内涵与外延，因此较为依赖国别为单位的组成型文化观，对文化间性的探讨和跨文化体验的研究尚需更多前沿理论支持。

　　就理论视角而言，目前的来华留学生批评性跨文化交际研究尚有三点不足：一是现有文献大多采用批判组成型文化观的话语分析法或布尔迪厄的象征资本理论来协助分析，对宏、中、微观三层面的动态辩证关系的分析在理论资源的选取上较为单调和集中；二是现有研究基本从来华留学生的来源国或种族特征入手展开案例筛选，而不是以学校为单位展开案例研究。这使得相关研究更偏向于聚焦来华留学生的个体生命轨迹，而对高校留学生管理政策与实践、校园与城市的语符与文化资源分配等因素与个体生命轨迹的交织关系缺乏鸟瞰式的研究覆盖和系统梳理；三是现有跨文化研究对项目类型和相关的媒介语使用情况在跨文化交际中的影响重视度不高，也因此对语言、知识和文化三者的互塑关系不够重视，尚未从历史化的知识与语言的地缘政治不平等角度对相关案例展开阐释。在第二章中，本书将从理论视角、研究路径与方法三个方面对以上不足作出回应。

第二章 理论视角、研究路径与方法

在进入案例研究的分析前，本章将系统介绍本书的理论视角、研究路径和数据采集与分析方法。第一节将逐一介绍本书采用的五种批评性跨文化交际分析理论视角，并对应到不同章节的研究侧重点，以帮助读者对全书结构有系统把握。第二节将介绍本书所使用的案例筛选过程和案例具体情况。第三节将介绍本书的四项案例研究及具体的数据采集与分析方法。

第一节 理论视角与研究路径

基于前一章的系统综述，我们选取批评性跨文化交际理论指导全书各章的案例分析。本书将"文化"定义为动态的、情境性的、在特定社会文化空间中展开，并将跨文化交际定义为"话语性的、浮现性的、不可预测的交际者表意实践"（Zhu，2014：13）。"跨文化性"（interculturality）也是一种研究方法上的定位，即将研究切入点定位在参与者如何通过语言使用展开互动，从而构建特定的跨文化身份（Zhu，2014：209）。如图2.1所示，本书以批评性文化观与语符型文化观和过程型文化观呈交集关系。首先，为了揭示微观霸权在人际互动中如何运作并与特定社会价值观或交际方式相契合，批评性跨文化交际研究倾向于遵循人类学的阐释传统，采用民族志研究方法对跨文化交际现象展开"深描",并重视物质资源和多模态语符资源在跨文化互动中的参与。其次,上述介绍的过程型文化观的代表理论家本身就是批评性跨文化交际研究者。他们力图寻找微观和宏观分析视角之间的动态辩证关系,以人际互动的微观视角为切口,分析宏观权力机制与不平等如何通过意识形态相关的话语体系塑造跨文化交际的人机互动过程及参与者反向重塑权力关系的交际策略与多种类型的个体能动性。因此,批评性跨文化交际研究也采用过程型文化观作为前提假设展开研究。最后,批评性文化观的跨文化交际研究对组合型文化观持批判态度。这类研究通常会运用批评性话语分析法揭示文化定式和他者化及其话语机制(Kramsch, 2021; Zhu, Jones, and Jawarska, 2022)。除了解构国家文化和社群文化,本书中的批评性文化观也会运用批评世界主义、后殖民理论和去殖民化理论等来建构捕捉微观动态文化特性的理论分析框架。

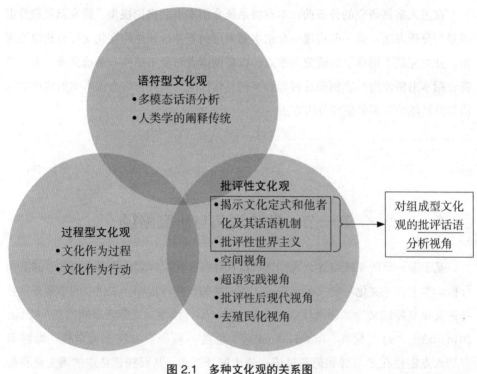

图 2.1　多种文化观的关系图

本节将简要介绍各章节所使用的批评性跨文化分析理论视角,包括批评话语分析视角、空间视角、超语实践视角、批评性后现代视角和去殖民化视角。这五种视角的共通之处在于打破高等教育国际化研究中对宏观、中观和微观层面的结构性划分，强调个人、机构、国家、国际组织等的多边角力与配合，进而解释影响来华留学生跨文化体验的多元主体及其动态关系。同时，如图 2.2 所示，这五种研究视角各有侧重，但都将"文化"放置在多重社会、政治、经济和历史因素的关系网络中开展研究。

本书的研究问题包括：

（1）来华就读国际全英语和全中文授课国际硕士项目的全日制留学生的跨文化互动策略和模式是什么？

（2）来华留学生的跨文化互动情况与学生个体此前的跨文化学习、成长经验、来华动因、社会文化价值观、对国际学术规范和学术文化的理解、国家及院校的高等教育国际化政策等因素有何关联？

（3）如何提升国际学位项目的多元文化包容性以改善来华留学生的学习体验和学习效果，提升我国"双一流"建设高校在吸引和培养优秀人才方面的国际竞争力？

一、话语视角

社会语言学家和语言人类学家罗恩·斯科伦在跨文化交际领域做出了重要贡献。他提出通过跨文化交际的话语分析法，分析文化相关的"话语体系"如何建构和塑造跨文化交际的动态过程和互动规范。话语体系涵盖"文化中的互动模式、话语规则以及用于文化构建意义的各种资源，包括语言和非语言的资源"（Scollon，1998：15）。他认为，"话语体系"影响人们如何表达思想、建立关系、传达情感以及在社会中扮演的角色。因此，话语体系不仅塑造了交际规范，还是文化意义和社会秩序的核心结构。他也强调话语体系的动态性——"话语体系是一个历史产物，是一个持续的过程，也是一种不断变化的构建意义的方式"（Scollon and Scollon，2001：15）。这意味着话语体系会随着社会变迁、技术发展和文化互动而发生变化，影响人们的交际方式和意义构建。基于罗恩·斯科伦的话语体系理论，我们在第三章中试图从话语视角分析语言、文化、社会结构与国家政策之间错综复杂的关系，进而了解他们是如何渗透到来华留学生的校园生活和跨文化交际的方方面面的。

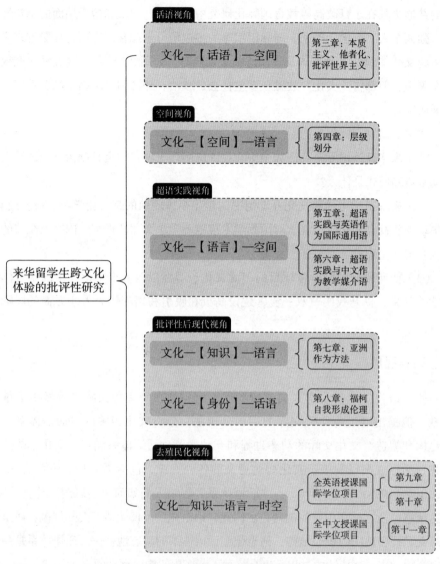

图 2.2　理论视角与研究路径

二、空间视角

近年来，在社会语言学和应用语言学领域，空间（space）被认为是研究全球时代社会主体在跨国流动的情况下进行语言实践的研究切入点。空间既被社会主题所建构，又具有社会建构功能（Dong, 2020）。一方面，空间是通过语言资源的运用而被建构起来的，而所用到的语言资源具有全球和地方属性。另一方面，空间又有建构功能，即特定空间内的语言活动本身受到社会规约和语言意识形态的影响，而空间内可配置的语言资源及相关的社会规约也会塑造社会主体的交际活动，从而参与空间社会意义的建构过程。这些社会规约又随着社会主体的元语用话语而得到加强和再生产。跨地域空间则是指"跨文化交际所发生的空间；不同语言和社会文化背景的人们在这样的空间中通过运用多种语符资源，协商权力关系，展开跨文化交际"（Ou and Gu，2020：1）。

语言层级这一理论概念最早来自于社会地理学的分析。该概念后被引入社会语言学来研究社会主体在不同社会空间之间动态流转时语言资源指向意义的价值界定（Blommaert，2007，2010）。一个空间的社会意义主要取决于它和其他空间的关系。同一空间因为不同的空间参照系而拥有不同的层级价值。早期研究通常认为空间层级具有一定的差序稳定性，即国际空间高于地方空间，中心空间高于边缘空间。层级概念也因此最早被用于分析这些差序空间之间的地理社会和地缘政治不平等关系，因为空间里的语言资源所对应的社会经济价值主要依赖于这些较为稳定的社会结构。语言资源的层级价值也因此在特定人群的普遍认识中保持比较稳定的共识。例如，在大都市语言景观的研究中，休闲消费街区的英语店铺标识常被作为比本地语言更具经济价值的语言资源（Blommaert，2010）。在跨境学生的跨文化交际研究中，Gu（2012）发现赴港求学的内地学生在研究访谈中也普遍认为本地语言资源的价值排序中，英语高于粤语和普通话，因为英语是全球通用学术语言，也是象征跨国流动可能性的象征资本。

近期关于社会语言学层级的研究则将层级作为实践的范畴（Canagarajah，2016；Gu，2021），并强调社会主体作为层级划分者的主体地位（Blommaert，Westinen，and Leppänen，2015）。分析焦点也随着概念界定的变化，不再只关注社会语言资源约定俗成的指向价值，也不再认为这些指向价值是绝对稳定的，而是随着社会人口的急速流动和动态构成发生相对的价值界定。个人也因此成为层级价值界定的主体和重要参与者（Canagarajah，2013a，2013b；Ou and Gu，2020；Tran，2016）。在留学群体的研究场景中，Badwan 和 Simpson（2022：284）提出用生态学的研究视角来分析留学生个人经验中的不可预测因素，如情感、经济、社会活动等，对其关于资深留学体验的批评和反思的影响。换言之，层级变成个体能动性的一部分，即留学生可以基于多重因素，自主判断并作为跨分层级的施动者，而不是被动接收特定社会空间中稳定的语言资源层级排序。本书的第四章从空间建构和建构空间的角度来理解和分析来华留学生与本地学生、本地居民的跨文化交际。

三、超语实践视角

超语实践（translanguaging）是指交际参与者综合运用多种语言和模态的表意资源，展开交际，表达意义，塑造自我身份的持续性过程（García and Li，2014；Li，2011；Li and Ho，2018）。前缀"超"（trans-）主要包含两层含义：一是超越单一命名语言的人为界限，强调不同语言及语言变体、文类和风格在社会活动中的模糊边界和动态互渗关系；二是因为语言实践的动态综合特征，读写素养（literacy）本身也具有多元性和情境性。此处的语符资源不仅包括不同种类的单一命名语言及其变体，也包括肢体语言、图像、符号、声音等。语符资源的综合运用超越了既定的语言类别、感官和模态范畴的限制，呈现多感知和多模态的动态过程性，也由此带来丰富的创造力。同时，超语实践强调语言作为一种实践及其附带的变革能力（Li，2018）。从知识建构的角度看，不同类型的语符资源受到历史、政治经济和社会文化因素的共同作用，在交际过程中的地位并不平等。基于对这种不平等地位的批评性认知，超语实践的主体可以有意识地质疑特定语言（如英语）的霸权地位，打破单一语言规范，通过富有创造性的超语实践提高少数语言使用者的社会政治地位，重塑身份认同（沈骑，李嵬，2021；赵焱等，2021）。

超语实践这一概念，最早是岑·威廉姆斯（Cen Williams）在英国威尔士地区进行英语教学中的师生双语互动研究时提出并使用的（Williams，1994；Lewis，Jones，and Baker，2012）。最初是指自上世纪80年代以来的双语课堂教学中，为了帮助学生更有效地接受知识而展开的双语或多语混合使用行为（Lewis，Jones，and Baker，2012）。经过二十多年的发展，超语实践已从双语和多语教学中的语言现象，逐步发展为具有特定本体论和认识论基础的语言研究理论，并被应用于认知语言学、教育语言学和社会语言学等多个研究领域（Li，2018）。

高等教育国际化背景下的超语实践研究，关注多语教学环境和学生的多语语言背景，重视国际化教学场景作为语言文化"接触带"的独特属性，着重分析课堂内外教学和日常活动中多模态与多重语言资源的综合参与。现有研究文献主要聚焦于英语授课课程、双语授课课程和内容与语言学习相结合（CLIL）的课程（García and Li，2014；Lin and He，2017）。

英语作为教学媒介语情境下的超语研究，主要分析英语作为国际通用语和本土语言，如何被师生综合运用到课堂教学实践（Galloway，Numajiri，and Rees，2020；Jenkins and Mauranen，2019）。该类研究通常采用批评性的研究视角，旨在打破传统英语作为外语的教学场景中英语为母语者在英语使用标准设定方面的霸权地位，突出英语作为学术语言的动态构建属性，鼓励多语言文化背景师生充分调动自身的多重表意资源，通过合理的教学设计，反思并挑战全球教育资源和语言资源的不平等分配（Phillipson，1992；Song，2021；Yang P.，2018，2022）。尽管机构层面对英语作为教学媒介语通常采用单一语言意识形态指导下的管理政策，教师和学生则通常能够调动自身掌握的多模态和多语资源展开教学（Jenkins and Mauranen，2019；Song and Lin，2020）。这一发现也从侧面印证了人类语言活动就实践层面来看具有"超语言"属性。正如超语实践的众多研究显示，社会主体通过综合运用多语符、多模态和多感知的表意资源开展交集；在教学环境中，师生通过超语实践展开知识和语言的教学（García and Li，2014；Tai，2021a，2021b）。

双语和CLIL教学场景中的超语研究，则将重点放在学科知识教学中如何通过超语实践帮助学习者掌握目标语言（通常为英语）的学科语言，更好地完成学科内容的学习（Cenoz and Gorter，2020，2021；Lin and He，2017）。现有研究主要集中于欧洲、中国香港和东南亚多语社会的中学课堂，并指出高等教育国际化场景中开展超语教学在政策和机构等层面的诸多挑战（He and Chiang，2016；Carroll and Mazak，2017）。西班牙和中国的相关研究均指出，内容型课程教师对内容教学的关注远多于语言，但都认为如果采用CLIL的方法，可能会有助于提高学生的学习效果（Roothooft，2009；Qiu and Fang，2019）。

国内的高教国际化超语实践研究尚处于起步阶段。Wang和Curdt-Christiansen（2018）研究了中国一所高校中、英双语课程中的超语实践类型，发现宽松的教学环境和教师的语言支持，对学生在课堂上的超语实践具有重要的鼓励和促进作用；并据此对现有双语教学课堂的单一教学媒介语言政策与实施提出改进建议，以帮助学生发展多语语言观，完成英语作为国际通用语和相关学科知识的课堂学习。在课堂教学中，中文通常被教师用于翻译专业术语，总结上述内容和提供当地例证等。Wang（2019）系统研究了香港的中文作为第二语言的超语教学，指出超语教学有利于调动学生的多语资源，提升学生的中、英双语学术素养。本书的第五章和第六章将分别讨论全英语和全中文授课学位项目中来华留学生的超语实践。

同时，最新的超语实践研究关注知识建构过程的批评性特质。García，Flores，Seltzerk，Li，Otheguy 和 Rosa（2021）发表了"去殖民化宣言"，呼吁超语实践学者更加关注在多语教育语境中少数语言使用者所遭受的结构性歧视，从而通过超语教学改变现状。这些学者运用葡萄牙著名去殖民化理论家博阿文图拉·德索萨·桑托斯（Boaventura de Sousa Santos）的深渊线（abyssal line）隐喻，深入挖掘殖民历史如何在全球扩张并塑造了现如今的知识生产地缘政治的不平等格局。殖民化（colonization）一词强调了殖民国家和帝国对被殖民国家与地区的土地、物质与人力资源的剥夺与利用；而殖民性（Coloniality）则是指"求知、存在与人际连接的殖民模式持续再生产；即便权力与治理的形式结构已经正式去殖民化，这样的殖民模式也依旧不改"（Stein，Andreotti，Ahenakew，and Hunt，2022：199）。去殖民化（decoloniality）就是对不同形式的殖民逻辑持续再生产的高度反思与批评（Mignolo and Walsh，2018）。

知识生产的全球不平等也与英语作为学术通用语的世界传播有关（Canagarajah，2023）。已有文献发现，这样的南北知识不平等在亚洲和非洲不少全英语授课学位项目中被复制和强化，其形式包括直接照搬美国的课程大纲、教材和相关教学法等；而学生也不自觉地接受了课程大纲中的知识偏见，屈从于英语作为教学媒介语的欧美中心主义知识观，因此被裹挟到知识不平等的再生产过程中（Gu and Lee，2019；Kester and Chang，2022）。针对这一现状，超语实践学者旨在通过超语教学法提升以本地或少数语言为媒介的地方知识的地位，将其整合到学校教育中（García and Kleifgen，2020）。批评性英语作为媒介语的研究，注重全英语教学课程和项目所在高校的多语环境，批判英语国家和欧洲现代性与殖民性一体两面的共生关系带来的英语霸权，也由此关注非英语为媒介的知识生产及其在全球高等教育国际化中的边缘地位（Heugh，2021；Mignolo and Walsh，2018；Tsou and Baker，2021）。Paulsrud，Tian 和 Toh（2021）在《英语作为教学媒介语和超语实践》一书中，多次展现了东亚和欧洲高等教育场景中教师运用超语教学法在学科内容教学中摆脱美国中心主义的成功案例。De Costa，Green-Eneix 和 Li（2021）则强调，在英语作为教学媒介语的跨国联合办学场景下，学校和教师须在课程大纲设计过程中注重知识正义，谨防加剧英语的知识霸权地位。

也有文献指出，超语实践研究应该更加重视多语表意资源在知识生产中的跨时空多样性，而不是简单将知识的地缘政治地位与该地区的语种对应起来。Heugh

（2021）提出"超知识实践"（transknowledging）这一概念，突出去殖民化立场指导下的超语实践所涉及的知识交换。超知识实践是指"正式和非正式的超语实践及其所带来的知识体系间的双向交流"（Heugh，2021：44）。超知识实践与桑托斯提出的"超文化翻译"概念相呼应。超文化翻译是"一种动态过程，其中包括异质性的语言和非语言的作品之间复杂的互动，还有超越文字和话语为中心的框架之间的交流"（Santos，2014：215）。"翻译"一词突出不同政治历史语境中生成的、以不同语言为媒介的知识之间存在差异，而"跨文化"则更强调翻译过程中对不同文化及其知识体系的互相赋权。本书的第十章和第十一章将探索超语实践在去殖民化跨文化交际研究中的应用。

四、批评性后现代视角

批评性后现代主义在近几十年逐渐兴起，它质疑了现代主义理论的基本前提，挑战了权力、知识和真理的固有结构。让·弗朗索瓦·利奥塔在他的著作《后现代状况》中提到："对所有的相对主义而言，最后一个相对主义是绝对的。"（Lyotard，1991：52）这一论断指出了相对主义可能引发的自我矛盾。因此，批评后现代主义强调文化、语境和话语的多义性，以及历史性变革带来的权力不对等如何带来多义性选项之间的不平等关系。遵循批评性后现代主义理论传统，跨文化交际学者可以将研究重心放在权力关系、身份认同、话语权和社会规范等方面的交错关系上，剖析其如何影响跨文化交际的动态过程与跨文化互动参与者的自我认识。在第七章和第八章中，我们分别使用了"亚洲作为方法"和福柯的自我形成伦理这两种批评性后现代主义的理论，以分析来华留学生如何协调文化、语言和知识的关系，并通过跨文化课堂互动来践行对自我的认知。

（1）"亚洲作为方法"

《去帝国：亚洲作为方法》是传播和文化研究学者陈光兴撰写的文化研究专著。"亚洲作为方法"的表达借用自日本学者竹内好（"作为方法的亚洲"）和沟口雄三（"作为方法的中国"）。陈光兴考虑的核心问题是在全球化背景下，亚洲国家如何能摆脱殖民史、半殖民史和冷战史带来的地缘政治与社会文化后果，不被西方中心的二元对立思维限制自身的文化想象力，也不要复制"殖民——被殖民"这样的权力不对等关系（陈光兴，2006）。为了实现这一目标，陈光兴提出了两个主要的方法论策略：互为参照和文化融合。互为参照的策略是来自沟口雄三关于普适性和特殊性的论述。在反思后殖民时期对欧洲中心主义的批判和对国家内部的民族主义思潮，他提出自我和他者之间应该"以互相客体化为中介过程"，避免潜意识中的"蔑视自己"和"崇拜他者（西方）"的二元态度，转而拥抱平等主义和多元主义的世界观（曾军，2019）。基于这一前提假设，陈光兴提出亚洲内部各国社会应该互为参照，而不是以想象中的西方为参照来指导政治社会发展或指导生产。Chen（2010：212）认为，亚洲多元的历史经验和丰富的社会实践，应该在互相参照的过程中为亚洲现代性发展提供不一样的前景和角度。在具体实践过程中，互相参照需要和"文化融合"（cultural syncretism）策略结合起来使用。文化融合是"一种与臣属主体人群建立身份认同的文化策略"（Chen，2010：99）。这一策略主要是为了改善基于种族、阶层、性别和地缘政治等综合因素的不平等，特别重视那些被大众和权威忽略的知识参照系（Lin，2012：161）。

Lin（2012）首次将"亚洲作为方法"引入到批评性教学大纲设计的研究领域，指出陈光兴的著作可以被用于批评性地检视"教学法和教学大纲设计策略是如何加强了帝国主义和殖民主义文化想象和主体性建构，比如个人对自我的理解、看待自我和他者的方式、世界观等"（Lin，2012：155）。Zhang, Chan 和 Kenway（2015）编纂了运用"亚洲作为方法"的教育研究专著。该书邀请了多位研究者对亚洲多国和澳大利亚高等教育语境中西方中心主义的知识（再）生产展开批评性分析，探索在课程大纲设计和教学法上的新可能。Lim 和 Apple（2018）和 Lee（2019）则将"亚洲作为方法"作为一种方法论策略，帮助学生发展对多元历史、认识论框架和文化想象的批评性意识，共同参与去西方中心的教学设计与实践。

（2）福柯的批评自我形成理论

根据福柯（Foucault，1984a，1984b）的观点，伦理不是将既定的伦理行为准则看做客观事实，而是伦理自我形成或转化的过程。在《性史》中，为了回答性在伦理领域为何以及如何被建构起来的问题，福柯提出了伦理行为的四个轴心面向，具体包括伦理的实质、伦理主体化的方式、伦理工作的开展形式以及伦理行为的目标。伦理的实质是作为伦理行为的核心内容的那部分自我。伦理主体化包括双重含义，一是认识到将既定伦理规范付诸实践过程中主体的能动性；二是个体的存在形式有赖于自我在特定社会情景中设定的伦理目标。总体看来，福柯的伦理轴心论认为，主体变革的能动性与社会规约的结构性力量之间呈现动态互塑关系。

Clarke（2009，2013）将福柯的自我形成理论引入教育研究，并提出了身份认同的四个维度，包括身份认同的实践行为、自我身份的实质界定、身份认同资源的权威性来源和身份认同的终极目标（具体见表2.1）。

表2.1　身份认同维度及其基本定义

跨文化身份认同维度	基本定义
来华留学生跨文化身份认同的实践行为	构建来华留学生跨文化身份认同所依赖的重要学术实践行为，如课堂互动、小组作业等
来华留学生跨文化身份的实质界定	来华留学生基于自身成长和教育经历所认定的跨文化身份的重要素质或定义性特征
来华留学生跨文化身份认同资源的权威性来源	影响来华留学生跨文化身份实质界定的社会规范和通过教育机构、政府等权威渠道传播的社会文化价值观
来华留学生跨文化身份认同的终极目标	从学生个体存在的角度理解当下动态发生的跨文化身份认同过程与自我职业发展和人生目标之间的关系

跨文化课堂互动，是来华就读国际英语硕士项目的留学生身份认同的重要实践方式。同时，跨文化课堂互动的情况与留学生来华学习的动因、个人过往生活学习经历、社会规范、价值观和未来人生规划密切相关。本书第七章采用福柯提出的关于自我的伦理政治视角，将身份认同看做是一个通过反思在特定社会历史环境中的个人历史，从而得以"为自己发声"的过程。

五、去殖民化视角

去殖民化理论家很早以前就指出，当代知识生产的全球地缘政治是在现代性和殖民性轴心中形成，并不断延续发展的（Chakrabarty，2000；Connell，2007；Mignolo，2005；Spivak，1999）。英美-欧洲中心主义和线性发展观，是加强全球知识生产的现代性和殖民性轴心的两种根深蒂固的话语。英美-欧洲中心主义与英语语言霸权相结合，在冷战期间进一步加强了英美和欧洲大学教育模式在全球范围内的"标准"地位，也使得英语成了主流国际学术通用语（Altbach and Wit，2015）。在这一语境中，"全球南方"和"全球北方"被用来"粗略地区分南半球和北半球，（然而）富庶与边缘的国家和社群显然并不以这样的地理框架作为区分的标准"（Mohanty，2003：505）。作为一对隐喻性分析术语，"全球南方"和"全球北方"，不仅强调了殖民主义和帝国主义导致的全球经济、教育、文化资源的不平等分配和不公正的价值评判，还关注这些全球不平等在后殖民时期和全球化资本主义扩张时期的流变与再生产。这样的后续影响也包括知识生产的全球地缘政治不平等（Mignolo and Walsh, 2018; Santos, 2014）。依照线性发展观，"全球北方"的顶尖高校，在欧洲中心的科研和教育评价体系中长期居于高位。这样的高校排行榜也使得一些"全球南方"高校努力依照欧洲中心的评判标准，来参与国际高校排名竞争，并希望能够跻身前列，从而进一步强化了欧美高校在全球高等教育界的优越地位（Shahjahan and Morgan, 2016; Stein, Andreotti, and Suša, 2019b）。这两种话语的传播使得欧洲生产的知识能够脱离自身的地缘历史情境，变成普适性的知识，在世界范围内传播，并占据优势地位。这种结果也被称为"超验性欺骗"（transcendental delusion）（Alcoff, 2017; Dussel, 2014）。

　　"全球南方"的去殖民化理论家，从不平等的权力关系角度，解构了高等教育语境中的欧洲中心主义和线性发展观的话语。例如，马来西亚的著名社会学家赛胡先·阿拉塔斯（Syed Hussein Alatas）就严肃批评了在"全球北方"高校学成归国的部分"全球南方"学者有着"被俘虏的思想"。"被俘虏的思想"是一种"不加批评的、效仿某一外部资源的思想，因此缺乏独立性"（Alatas, 1974: 692）。他所批判的典型学术行为，是直接照搬在英美和欧洲所学到的理论和方法来解释"全球南方"的现象和议题。Hountondji（2009）则批评非洲学者在对非洲的研究中反映出的外来视角，即总要把"全球北方"的学者作为目标受众，讲述迎合这些受众品味的研究故事，而不能扎根非洲本土的核心问题展开深入研究，为本土利益说话。因此，他呼吁"发展出非洲独立的、自洽的研究与知识，用来直接或间接地解决非洲人的切身问题"（Hountongdji, 2009: 121）。

　　除了解构作为现代性黑暗面的殖民性外，知识去殖民化理论家也试图寻找重构之路。在非洲大学去殖民化的研究中，Ndlovu-Gatsheni（2018）和 Mbembe（2016）都强调了知识多元化的重要性，认为要将英美—欧洲知识本地化，增强对非洲本土知识的学术自信，展开超越学科界限的知识间对话，从而构建世界范围内有利知识公平的学术生态。此外，为了反抗英语作为全球学术通用语的霸权地位，肯尼亚著名作家和学者 Ngũgĩwa Thiong'o 选择彻底放弃英语写作，只用非洲本土语言进行学术和文学创作，以增强其作为知识的载体的正当地位。

　　为了实现多元知识并存的目标，陈光兴在其著作《去帝国：亚洲作为方法》中提出了一个批评性的、后现代方法，对亚洲知识生产过程展开去殖民化和去帝国的双重改造。该方法的批评性根基来自马克思主义唯物论。但陈光兴认为马克思主义唯物论，主要讨论早期英国和欧洲资本主义的运作逻辑，并没有加入殖民史和世界范围内资本主义扩张的后续状况角度的分析。因此，他对马克思的理论提出了改良，并将改良理论称作"地缘——殖民历史唯物论"（geo-colonial historical materialism，简称 GHM）。这一理论认为世界历史由几个始终在变化的区域史组成，而这些区域历史之间存在着复杂的关系，并带动互相的变化（Chen, 2010：250）。在其著作中，陈光兴详细解释了"地缘——殖民历史唯物论"的基本论断：

> 将"殖民"上升至"历史"唯物论及"历史——地理"唯物论平行位置的作用在于：（1）将整个历史唯物论认识方案彻底政治化；（2）将历史唯物论更激进地铲除欧美中心主义的因子，更为贴近于真实历史的世界区域（world region）的分析能够形成；（3）在承认殖民资本主义统合性力量的同时，仍需重拾"历史——地理"的特定性（specificities）与在地历史的相对自主性。
>
> （陈光兴，2006：151）

根据陈的论述，GHM 要求去殖民化学者和实践者将历史唯物主义的认识论根基政治化，将欧洲中心主义所描绘的抽象、同质的地缘政治空间去中心化和异质化，并强调在地历史的自主性和动态生成性。"亚洲作为方法"对知识多元化的策略相对较为粗放。因此，我们在这里引入桑托斯在 2014 年著作中所提出的"南方认识论"，来细化陈光兴的两种策略。桑托斯提出了两种知识去殖民化的方法。一种是创造多元知识生态系统，另一种是开展跨文化翻译。这两种策略的目的都是为了避免"深渊思维"，即"凡是不符合科学的求知方法，或学界公认的哲学和神学求职路径的（知识和话语）都是不容理解和不可理解的"（p. 120）。

与陈光兴一样，桑托斯也着力挑战西方和世界其他地方的二元对立，强调归属于不同时间性的多元知识应当呈现一种"极端共存"状态，并体现当代性的多元特质（Santos, 2014：191）。此外，桑托斯还强调，每一种知识都有其内在和外在的局限性，限制了知识探索的范围和角度，因此有必要来创造多种知识传统的对话，从而弥补这些"先天"局限。在强调"极端共存"的同时，"南方认识论"也直面在构建多元知识生态时，不同知识在地位上由于历史社会原因而存在的等级差序，并认为这些差序关系应当被动态地放置在具体的知识对话情境中加以探究，而不是当成固定不变的、放之四海而皆准的事实。这一知识间对话的观点与阿根廷女权主义哲学家玛丽亚·卢戈涅斯（Maria Lugones）的"复杂交际"概念不谋而合。"复杂交际"的参与者"需要对自己的多样性有实际的认识并承认对方的不透明性，不会试图将其同化为自己熟悉的含义"（Lugones，2006：75）。最近的研究也将学术引用看做一种去殖民化的知识间对话形式，鼓励学者有目的地引用来自"全球南方"的学术文献，以及选择性排除一些参考来自"全球北方"的报告，从而对学科归属感和包容性展开去殖民化改造（Lewis，2018）。

跨文化翻译可以被理解为"语言和非语言的异质作品之间复杂互动的活生生的过程，以及目前超越文本中心或话语中心知识框架的交流"（Santos，2014：219）。根据桑托斯的说法，这种现象发生在去殖民化接触带。在那里，"每个参与者同时作为知识和实践的承载者，（可以）决定和谁接触，以及在什么样的知识之间建立对话；随着翻译工作的进展和跨文化能力的加深，参与者可以进一步决策什么样的求知方式与行动对当下的去殖民化接触带更为重要"（p. 217）。在近期著作中，桑托斯还提出，作为去殖民化的有效手段，知识生态学和跨文化翻译可以帮助大学课程纳入来自"全球南方"以前缺失或被噤声的知识，同时在不同时空的知识间建立可理解的对话关系（Santos，2020）。

这些要点共同构成了跨文化交际的去殖民化研究视角，旨在实现跨文化交流的平等、尊重和包容，同时特别强调知识和语言的平等。从第九章到第十一章，本书将系统运用去殖民化理论视角分析全英语和全中文授课国际学位项目中来华留学生的学术语言与学科内容相结合的学习策略，以及不同学科语境下师生的课内外去殖民化实践。

跨文化交际的去殖民化研究视角具有以下三个关键要点，以实现文化交流的平等与尊重，并强调知识和语言的平等：

（1）平衡权力关系和尊重知识、语言与文化差异：该视角强调在文化交流中平衡权力关系，避免强加一种文化的观点和实践于其他文化之上。斯皮瓦克在其著作中强调，知识的生产和分配应当是平等的过程，不应加剧地缘政治上的不平等（Spivak，1999）。而语言作为知识的载体，在交际中也应受到平等对待。

（2）批判性自我反思和反对文化霸权主义：在文化研究和跨文化交际领域，瓦尔特·米尼奥罗（Walter Mignolo）提出了"解链"（delink）和"重新链接"（relink）

的概念，这些概念体现了他对去殖民化和文化多样性的独特见解。"解链"强调摆脱历史上西方中心主义和殖民影响造成的认知框架束缚，以实现从不同文化和历史传统中获得独立知识和理解的目标。这是对"全球南方"地区长期认知不平等的一种回应，旨在还原全球范围内的多元性。而"重新链接"则在"解链"的基础上进一步探讨。它主张在新的基础上重新建立联系。这意味着在平等和尊重的前提下，文化和知识在全球范围内能够实现更加平等和开放的相互交流和合作。米尼奥罗的这些概念反映了对西方中心主义认知框架的质疑，鼓励从多元文化视角中汲取知识。这一理念为跨文化交际领域提供了新的思考框架，帮助我们超越单一视角，促进全球范围内的平等对话和文化交流。

（3）文化再现和反抗：去殖民化研究视角强调通过文化再现和反抗来反抗历史上的文化剥夺和歧视。Santos（2007）提出，在反抗殖民、侵略和霸权的同时，重构全球社会正义，实现文化的多元性和复杂性。通过交际重新定义和呈现自身文化，可以建立更加开放和多元的跨文化交往方式。

以上五种批评性视角都很重视跨文化交际在宏观、中观和微观层面之间的辩证动态关系，从不同角度分析和揭示世界范围内的地缘政治及其历史，对文化话语的建构与传播、微观的跨文化实践和与文化相关的多重因素如何交叠共生、互相影响。多种批评性理论资源的综合运用，也有助于我们探索去英美中心主义的批评性跨文化交际研究路径。

第二节　案例筛选与基本情况

本书是以线上线下民族志为主要研究方法的案例研究，以上海一所"双一流"建设高校作为典型样本开展的多案例研究。其筛选依据包括：

（1）该大学有明确的国际化发展目标，是中国最早接收来华留学生的大学之一。2018 年的统计数据显示，该校校园内有超过 7000 名来华留学生，其中超过 2100 名是全日制学位生。

（2）根据 2019 年来华留学生办公室的宣传手册，该校设有 23 个 2/3 年制的全英语授课国际硕士学位项目和 14 个四年制的博士学位项目。其中五分之一的全英语授课国际硕士学位课程同时招收本地和来华留学生（下文称"混合课程"），而中国大学的大多数全英语授课国际学位课程仅面向来华留学生。来华留学生来自亚非拉、欧洲、英美澳加等42个国家或地区（其中"一带一路"沿线国家学生占42%），其学习和成长经历十分多元。

（3）该校是2017年第一批入选"双一流"建设的42所高校之一。该样本高校的深度多案例研究对"双一流"高校的国际化学位项目建设和来华留学生管理工作具有借鉴意义。

研究初期，我们以扎根理论（grounded theory）为指导（Glaser and Strauss, 1967），展开探索式研究，对该校多个院系的全英语和全中文授课国际学位项目开展多案例研究，以求对该校来华留学生的跨文化交际体验做长期深入的民族志调研。整个调研过程从2017年9月到2021年9月，历时四年。

在确立样本高校后，我们在该校众多院系的国际学位项目中选取了多个典型案例展开研究。正如本书标题的关键词所示，我们在案例选取过程中参考的核心要素包括教学媒介语的使用（语言）和所在学科国际学位项目的全球知识定位（知识），以及来华留学生跨国流动经历与当前我国一流大学在全球高等教育中的战略地位的交汇点（时空）。其中，研究案例一（见第三章）是针对"跨文化"和"文化"相关话语的全校范围研究，以政策话语、校园语言使用、校园活动与招生宣传等多层面、多模态的话语搜集与分析为主，辅以学生访谈和相关跨文化交际理论指导下的内容分析。研究案例二（见第四、五、七、八章）选取的是该校典型的全英语授课国际学位项目。这些项目所在院系是该校于2008年开始最早开设的国际英语硕士项目之一，项目发展较为成熟。在研究开展时，该院除了本院独立开设的全英语授课国际硕、博学位项目，还有双学位和联合培养的项目，同时也接收不同国家的国际交换生等。这些项目录取的来华留学生来源国和教育经历多样，生源数量稳定。该案例的学生多样性也为研究跨文化课堂互动提供了必要条件。在学科知识的全球定位方面，该院系的项目多涉及国际关系和政治学，在学科发展的历程中不可避免地受到英美中心的理论与研究方法的主导，也在摸索和发展本土知识生产的主体性。就这一情况来说，在全球发展中国家的社会科学演进方面具有一定的代表性。研究案例三（见第九、十章）仍然是全英语授课国际硕士学位项目，与研究案例二有强烈对比之处在于它所涉及的学科是中国哲学与文化，在全球学科定位方面有先天的本土特性和去殖民化目标，也因此具有一定的独特性和代表性。研究案例四（见第六、十一章）则旨在覆盖以中文为教学媒介语的国际学位项目中来华留学生的跨文化交际情况。

需要说明的是，基于本书对知识和文化关系的批评性定位，我们在案例筛选时集中在研究生阶段的来华留学生，主要考虑的因素是这些学生经过本科阶段的学习后有了一定学科知识的系统积累，对在华的研究生学习来说也多了一个可对比的参照系，在思考在华学科知识学习的期待和收获方面会更有话可说。就研究目标来说，这样的案例筛选也更有助于了解什么样的国际学位项目能够在学科知识"走出去"方面更有成效，进而能吸引到国际优秀人才来华学习。

第三节　数据采集方法

本书的核心研究范式是社会语言学民族志。社会语言学民族志是一种跨学科方法，旨在"研究个体的语言实践如何被社会结构约束和塑造，同时参与建构各种社会条件的过程（Blommaert and Dong，2020：1）。研究者通常认为，语言在个体和群体身份认同方面发挥重要作用，因此须关注语言与文化认同、族群认同以及社会阶层之间的相互关系（Bucholtz，2011：585）。由于该方法融合了语言学、人类学、社会学等多个学科，研究者需要培养自己的跨学科视野来深化对语言与文化互动的理解，为多元文化社会的健康发展出谋划策（Pennycook，2007）。在研究中，伦理考虑至关重要，研究者需尊重研究对象的隐私和权利，与研究对象建立信任关系并获得许可（Mendoza-Denton，2008）。在田野工作中，研究者深入社区或群体，通过亲身体验、访谈和观察获取真实且深入的数据，强调实地调查的重要性。语言样本的收集和分析涵盖口头和书面语言，包括日常对话、故事、歌曲、宗教仪式等，以呈现语言在多样社会环境中的变化（Bucholtz and Hall，2005）。

需要指出，社会语言学民族志研究与实证主义方法存在明显差异。首先，社会语言学民族志强调语言在特定文化和社会环境下的含义和功能，关注语言与文化的紧密联系。其次，该方法强调田野工作和深度参与，通过研究者的亲身体验和观察来理解被研究社群。Erickson（1984）认为，这一方法"要求人们在自然情境中建立起对语言使用的深入了解，进而从中寻找其社会和文化背景的线索"（p. 271）。最重要的是，社会语言学民族志突出个人主观参与和观察，将语言视为文化认同和社会关系的表达，与实证主义方法的客观、中立立场形成鲜明对比。这些差异使得社会语言学民族志能够提供更深入、丰富的关于语言与社会互动的理解，超越简单的数量化数据收集和中立观察。

本书与 Blommaert 和 Dong（2020）对社会语言学民族志的定位一致，即将民族志作为一种整合本体论——认识论——研究方法的研究范式。在本体论上，我们基于文化过程论的基本观点，将跨文化交际看做特定时空语境下动态浮现的人际互动过程。在认识论上，我们采用阐释的角度来分析受访师生对跨文化交际相关社会现实的理解、创造与批评，并反思自身作为研究者在调研与写作过程中扮演的角色。在研究方法上，我们综合运用以下五种方法展开资料采集（具体流程请参表2.2）。考虑到民族志研究的浮现性，具体的数据信息和分析步骤将在各章结合研究问题与理论视角作更为详细的介绍。

表2.2　多案例民族志数据采集情况

数据搜集方法	时间段	具体数据采集情况
案例研究一（第三章）		
国家、城市与学校政策及招生宣传材料采集	2017年9月—2018年12月	1. 来华留学生招生和管理的国家和高校政策 2. 该校针对来华留学生招生的宣传视频 3. 该校来华留学生办公室的网站和英语／双语微信公众号（半公开的社交媒体平台，用于发布来华留学生活动的通知和新闻报道），校园内英语和中、英双语宣传标志和跨文化学生活动的临时横幅的照片等 4. 多个全英语授课国际硕士学位课程的课程和教学大纲
学生访谈		与多个全英语授课国际硕士和博士学位项目里的21名来华留学生展开半结构访谈，录音并转写
案例研究二（第四、五、七、八章）		
学生访谈	2017年9月—2019年12月	1. 与国际关系与政治专业七个全英语授课国际学位项目中的23名全日制中国学生和来华留学生展开面对面访谈，录音并完成文字转写 2. 学生自主提供的辅助性微信访谈文字、录音整理与转写

数据搜集方法	时间段	具体数据采集情况
课堂观察	2017年9月—2019年12月	1. 英语课程项目四门课程共72课时、120小时的观察与笔记 2. 课堂互动录音整理与选择性文字转写 3. 访谈学生提供的课后小组作业微信群讨论记录、课堂报告PPT，作业反馈等
政策与线上线下资料采集		项目培养方案、课程大纲、部分课件和课程论文评价要求，学生自主提供课堂报告课件和课程论文等
授课教师/项目负责人访谈	2018年1月—2020年12月	与两位授课教师和一位项目负责人的访谈录音及文字转写
案例研究三（第九章、十章）		
半结构学生访谈	2021年3月—2021年12月	中国哲学与文化全英语授课国际学位项目来华留学生半结构访谈10人次，录音并转写文字
半结构教师访谈		中国哲学与文化全英语授课国际学位项目授课教师和项目负责人半结构访谈7人次，录音并转写文字
政策与课程建设资料采集		项目培养方案、教育部优秀全英语授课国际学位项目申报材料、学生自主提供课堂报告课件等
讨论课录音与焦点小组访谈	2021年5—6月	讨论课师生自主提供授课录音120分钟，参与焦点小组访谈60分钟，录音并转写文字
案例研究四（第六章、十一章）		
半结构学生访谈	2019年9月—2021年9月	与人文社科专业四个院系全中文授课国际硕士学位项目中的10名全日制来华留学生开展线上线下一对一半结构访谈2-3轮，录音并转写文字
半结构授课教师访谈		与人文社科专业四个院系全中文授课国际硕士学位项目12位授课教师开展半结构访谈，录音并撰写文字
课外学习材料采集		受访学生提供的课外学习资料、学术报告课件、网络和社交媒体的相关专业学习截图等

（1）课堂与线上观察与录音：在案例研究二中，我们对所研究的英语国际硕士项目内必修和选修的课程依据教师教育与研究背景（资深 vs 新进、国外 vs 国内培养）、课程类型（必修 vs 选修、专业课 vs 方法论课）、授课方式（教师讲授为主、教师讲授与学生课堂报告结合、教师讲授与课堂学生讨论结合等）进行选择性的全程非参与式课堂观察，做好观察笔记；在师生允许的情况下对课堂活动进行录音，对师生、生生课堂互动进行系统的文字转录。所观察课程的数量为四门，时间跨度为一个学年，每学期各两门。因学生访谈涉及学生的课堂互动情况，所以第二学期观察的课程选择要依据第一学期受访学生的后续选课情况来定，以保证多阶段学生访谈的历时连贯性。

（2）多阶段学生生命故事访谈：在第八章关于来华留学生身份认同的研究中，我们采用多阶段学生生命故事访谈开展数据采集。生命故事访谈（Atkinson，1997）主要集中于学生过往的学习和生活经历、人生观、价值观、来华学习的动因、对在读硕士项目的期待和实际情况的评价、对学术规范和课堂学术文化的理解等。不同于半结构学生访谈，生命故事访谈的访谈问题只作为辅助，并将讲述的主导权交给受访学生。

（3）半结构学生访谈：半结构访谈问题主要为了解受访学生在硕士项目不同阶段的体验和对项目设置、课程学习情况的评价与思考等。访谈问题依据项目特质和学生情况有所不同，主要集中于来华留学生在不同课程中的参与情况的自我评价，对课程设计、教师授课风格、课外作业等方面的评价，与其他国家留学生、中国学生的交流情况，以及在华学习期间的校园生活等。

（4）半结构专家访谈：我们邀请该校多个院系的全英语授课和全中文授课国际硕士项目授课教师和校内高等教育国际化专家展开半结构访谈。访谈问题集中于授课教师对留学生的课堂参与和课程完成情况的评价、教学策略、教学媒介与选择、课程内容设计、国际学位项目开发的战略与目标和跨文化课堂授课的经验和难点等。

（5）政策与教学资料：系统采集被选为案例的全英语和全中文授课国际硕士学位项目课程设置、课程大纲、学生作业与评估标准、作业反馈、"双一流"建设高校国际化发展与英语国际学位项目建设相关政策资料搜集。资料来源包括教育部等国家相关部门、新闻网站、"双一流"建设高校网站，以及项目所在高校的留学生校园文化活动和职业发展活动等。

第四节 数据分析方法

一、内容分析法

内容分析法是一种用于系统性分析非结构化素材的研究方法，旨在揭示其中的模式、主题、关系和隐含意义（Krippendorff，2018）。本书各章均涉及内容分析方法的使用。内容分析法的优势在于深入分析非结构化数据，从而揭示文本或媒体的隐含层面，有助于对特定话题或现象获得更全面的理解（Silverman，2017）。编码和分类是内容分析的核心环节，包括演绎编码和推理编码。演绎编码是基于已有理论、概念或分类体系对数据进行分类的过程。Krippendorff（2018）提到，演绎编码是一种"将数据分配到已知的类别中"的方法（p. 198）。研究者通过将文本元素与已有的编码框架相匹配，将其归类到特定的类别中。推理编码则是在数据分析过程中根据发现的模式和主题进行新的编码和分类。Neuendorf（2017）提到，推理编码是"根据数据本身的特性和内在逻辑进行分类"的方法（第105）。这种方法不仅仅是对现有分类的简单应用，而是根据数据的内在逻辑和联系进行更深入的理解。推理编码有助于发现新的主题或关系，进一步丰富了分析结果。

在内容分析的实践中，推理编码和演绎编码往往会相互结合使用，以充分挖掘非结构化素材中的深层意义。Krippendorff（2018）指出，演绎编码是一种将数据"分配到已知的类别中"的方法（p. 198），而推理编码则能够帮助研究者更深入地探索数据的内在联系和逻辑。这种结合方法能够超越表面现象，发现隐藏的模式、关联和主题，从而提供更全面的分析和理解。此外，将推理编码和演绎编码与跨文化交际的理论相结合，可以进一步加强对研究对象深层次的理解。通过这种方法，研究者可以在发挥跨文化交际理论框架的基础上，根据数据的实际内容进行更灵活的分析，从而不仅揭示已知的模式，还能够探索新的见解和发现，加深对跨文化交际现象的全面理解，并修正和丰富现有的理论资源。

二、话语分析法

本书第三章和第八章分别使用英国社会语言学家诺曼·费尔克劳夫（Norman Fairclough）的批评话语分析理论和澳大利亚语言学家詹姆斯·马丁（James Martin）的评价理论（Appraisal Theory）。批评话语分析关注话语中权力、意识形态和社会关系。Fairclough（1995，2003）强调揭示话语背后的社会结构、权力关系和话语参与者之间的互动。将语言分析与社会理论相结合，致力于深入理解话语如何反映和塑造社会现象。费尔克劳夫提出了三个关键的分析维度，以便深入探究话语的多重层面。首先，文本分析关注于揭示话语中的语言和语法结构，以暴露其中隐含的权力和意识形态（Fairclough，1995）。其次，话语实践分析聚焦于探究话语的使用背景、目的和策略，以及分析话语参与者之间的权力关系和话语的互动（Fairclough，2001）。最后，社会实践分析将视野扩展至更为广泛的社会背景，研究话语如何与社会结构、政治、文化等因素相互影响，进而深刻理解话语与社会关系的复杂性（Fairclough，2013）。

表2.3 诺曼·费尔克劳夫批评话语分析的三个维度

分析维度	描述	重点关注
文本分析	关注话语的语言和语法结构，揭示隐含的权力和意识形态（Fairclough，1995：23）	语言选择、表述方式、隐含信息
话语实践分析	探究话语使用的背景、目的和策略，分析话语参与者之间的权力关系（Fairclough，2001：45）	话语的功能、目的、策略、参与者间的互动
社会实践分析	从广泛的社会背景出发，研究话语与社会结构、政治、文化等的关系（Fairclough，2013：129）	社会背景对话语的影响，话语与社会因素的互动

Fairclough 的方法强调了话语作为社会现象的重要性，以及在塑造社会意义和权力关系方面的作用。这种批评话语分析方法能够深入分析话语背后的社会结构和权力动态。通过将语言作为社会行为的重要组成部分加以分析，研究者能够更全面地理解话语在社会中的功能和影响，从而揭示出话语与社会现象之间的相互作用。

评价理论专注于研究语言中的情感、态度和评价表达。这一理论与系统功能语言学密切相关，后者强调语言的社会功能和意义，而评价理论则深入探讨语言在情感、态度和价值观表达方面的作用。评价理论通过系统功能语言学的框架，分析语言如何在不同文本中表达情感态度、主观评价和客观描述。评价理论的核心概念包括情感态度（Affect）、评价关系（Judgment）和情感价值（Appreciation）。这些维度有助于研究者深入理解语言在表达情感和评价时所采用的策略，以及这些策略如何反映说话人对事物的认知和立场。

在系统功能语言学的框架下，评价理论提供了一种更加精细的工具，用于分析语言如何传达情感、态度和价值观，以及这些情感如何影响社会交际和文本解读。评价理论在文本分析、社会语境分析和跨文化研究等领域有广泛应用。它帮助研究者更全面地理解语言的情感维度，揭示出语言在塑造情感、态度和意义方面的重要性，从而丰富了系统功能语言学对语言功能的认识。本书第八章将运用评价理论来分析中外学生的课堂讨论片段，以分析其批评性自我的实践过程。

三、结点分析法

结点分析是一种以互动社会语言学、语言人类学和批评话语分析为基础的民族志研究方法（Scollon，2007）。它将社会行动作为核心焦点，用以研究"社会行动中涉及的人、话语、地点和媒介手段的语符周期"（Scollon and Scollon，2004：8）。行动结点是三种话语集成的交汇点。这三种话语集成包括：在位话语（discourse in place）、历史个体（historical bodies）和互动秩序（interaction order）（注：结点分析的相关术语翻译均参照田海龙（2007）的引介性论文）。在位话语是在特定社会群体中流通的价值观、态度和信念，影响并反映在当下的社会行动中（Scollon and Scollon，2007：34）。历史个体是指社会行动的具身性质，其前提假设是"个体一生积累下来的习惯变得如此自然，使得身体在行动时好像不需要言语的指挥"（Scollon and Scollon，2004：13）。互动秩序是指在特定时空中互动中的个人得以占据特定社会位置，获得行动机会时所共享的社会规范与期待（Scollon and Scollon，2004：157）。

教育语言学的不少研究运用结点分析来研究高等教育国际化相关的多种议题，包括来华留学生的语言意识形态和多语实践（如 Levine，2015），多语大学环境里宏、中、微观语言政策与实施的生态（如 Hult，2017），和科研活动与多语社群的知识运用情况（如 Pietikäinen，Compton，and Dlaske，2021）。在第十章中，我们使用结点分析作为元方法论，探究授课教师、助教和来华留学生在对学科内容、学术英语和学术中文展开教学时采用的去殖民化策略。

第三章　校园与跨文化话语

　　校园是中外学生跨文化交际发生的重要场所。然而，国家、学校和来华留学生主管部门、商业和公共媒体话语以及师生个人对"文化""跨文化"的理解却不尽相同。这些不同层面的机构与个体共同参与塑造来华留学生和中国学生在校园中的跨文化体验。在进入微观层面的跨文化分析之前，本章将从批评性话语分析的角度入手，对本书中的这所"双一流"建设高校校园内流转的"跨文化"话语展开研究。第一节将引入辅助本章分析的三个跨文化交际研究理论概念，即文化本质主义、他者化与批判性世界主义；理清其定义及关系。第二节将介绍本章的研究背景、数据采集与分析方法。第三节到第六节将分四个部分分析校园跨文化活动组织与管理、课程内容和课堂设计、中外学生互动中所涉及的"跨文化"相关话语。第七节将评析引出本章结论，并提出相关政策与管理建议。

第一节　文化本质主义、他者化与批判性世界主义

　　本章旨在分析案例高校中"跨文化"和"文化"是如何在不同类型的校级部门和行政活动、授课教师、来华留学生、本地学生的共同参与下被建构为多重话语，并探讨这些话语的生产与传播对跨文化教育和高教国际化政策制定的影响。通过文

献综述和数据分析过程，本章引入跨文化交际领域的三个关键理论概念——（新）本质主义文化二元对立、他者化和批判性世界主义——来辅助分析本案例中关于文化和跨文化经验的多种话语类型。这三种话语类型对文化的界定各不相同，但由于全球化扩张与殖民史的纠缠关系而以不同形态共存于现今世界各地国际化人才培养的教学场景中。

首先，本质主义是指给（想象中的）文化群体赋予概括性、刻板化的属性，忽视它们内在的多样性。在描绘跨文化相遇时，本质主义话语倾向于使用二元对立来建立基于刻板属性（如集体主义与个人主义、父权制与性别平等主义等）的文化二元对立，以在不同文化群体之间建立道德等级（如劣等与优越）。尽管反对本质主义中内在的等级道德判断，新本质主义仍然强调对看似稳定、明确的社会群体（如国籍、种族和种族背景）的文化刻板化。新本质主义将相关文化描述视为无意识的意识形态，并同样可赞赏。Holliday（2011）认为，新本质主义是一种简单的混合体，结合了追求不同文化群体之间公平和多样性的自由意图与文化本质主义背后的沙文主义动因，该动因使其对文化群体内部的多样性视而不见。

其次，文化二元对立涉及不可或缺的区别政治，这是自我与他者之间边界划定所必需的，也就涉及他者化问题（Dervin，2016：46）。在东方主义根深蒂固的影响下，基于道德等级化、本质化的文化二元对立，西方自我将东方视为文化上较低的他者。例如，东方主义影响下的他者化，首先提出文明与野蛮、工业化与农业化等对人类文明形态的不同阶段作出描述的二元对立特征范畴，展开划分；并将褒义的特征归入西方社会名下，与此相对的贬义特征就自然附着到东方社会名下（Hall，1996；Said，1978）。在这一背景下，后殖民主义研究通常将他者化定义为"将个人或社会群体描绘成遥远的、陌生的或异端的过程"（Coupland，1999：5）。相关研究者分析了在"多种差异化轴线——经济、政治、文化、心理、主体性和体验性——在特定历史背景下交汇"的他者化过程（Dhamoon，2010：61）。多领域分析有助于揭示文化二元对立的构建性质，以及潜在的权力关系和相关的社会历史机制（Bakhtin，1982；Dhamoon，2010；Fairclough，1992a）。

最后，批判性世界主义认为，文化是体验性的、浮现性的和社会建构的；文化的形成也受到全球化时代不平等权力关系的塑造。尽管"世界主义"这一概念可以追溯到希腊时代，当时城市的利益优先于超越城市景观的世界主义愿景，但现代的理解范围则更为广泛，包括社会文化条件、哲学观点、跨国机构和拥有多重、跨国附属关系的人的政治项目，与世界接触的态度以及相关的实践或能力等等（Vertovec and Cohen，2002）。Delanty（2006：35）认为，"世界主义文化是自我问题化的一种文化。虽然多样性将是不可避免的，由于世界主义的多元化性质，以至于世界主义的反思和批判性自我理解不能被忽视"。它与 Beck and Sznaider（2010）关于不同现代性的概念一致，拒绝了单一西方现代性模式，关注全球化背景下世界各地现代性形态的多样性。在人际交往层面，批判性世界主义思维具有以下特点：（1）对全球他者的开放态度和关心；（2）对自己认知假设的批判性、自我反思探究，以及培养帮助理解和欣赏不同文化经验的知识美德（epistemic virtue）；（3）在表达这些经验时不断探索和想象另类话语的可能（Appiah，2005；Hannerz，2005；Hawkins，2018）。

第二节　案例情况与分析方法

本章的研究数据的收集采用了多维度、多地点的方法（Saarinen，2017）。书面和多模式数据来源包括（1）关于来华留学生招生和管理的国家和机构规定，（2）该大学针对来华留学生招生的宣传视频，（3）该大学来华留学生办公室的网站和英、汉双语微信公众号（半公开的社交媒体平台，用于发布来华留学生活动的通知和新闻报道），（4）从 2017 年 9 月到 2018 年 12 月校园内英、汉双语宣传标志和跨文化学生活动的临时横幅的照片等，以及（5）选取全英语授课国际硕士学位课程的课程和教学大纲。

此外，本章采用学生访谈与课堂观察相结合方式，以了解在正式和非正式课程中体现的跨文化交流。从 2017 年 9 月至 2018 年 6 月，研究者对四门学科课程进行了民族志观察，并记录了现场笔记，其中包括两个学期的共 68 名国际和中国学生。在相同的课堂观察期间，共对 23 名学生信息员进行了两轮半结构化访谈。第一轮访谈（共 15 次）涉及开放式的探索性问题，包括学生们在加入当前全英语授课国际课程之前的生活和教育轨迹、对英语/多语言学习和学术社交化经验的看法、加入当前全英语授课国际课程的动机，以及对当前的生活和学习体验的看法。例如，他们如何评价与其他留学生、中国学生以及行政工作人员的互动，如何描述和看待课程设计和教学风格，以及校园内外的课外活动，等等。第二轮访谈邀请了在第一轮访谈中自述与中国学生较多交往和/或参与机构活动的 3 名学生——静美、拉里和拉姆——参与。考虑到第一轮访谈中报告与中国 / 来华留学生互动的学生比例较小,通过雪球抽样,又邀请了没有参与第一轮访谈的相同全英语授课国际课程中的3 名中国学生和 3 名来华留学生参与第二轮访谈。所有与来华留学生的访谈都以英语进行,而与中国学生的访谈则以中文进行。访谈数据经过学生同意后进行音频记录并转录。

表 3.1 受访全英语授课国际硕士学位项目中外学生基本信息

序号	学生化名	性别	国籍	学年	项目类型
1	静美	女	韩国	研二	两年制全英语授课国际硕士项目
2	丹	男	中国	研一	
3	欣悦	女	中国	研二	
4	紫珊	女	中国	研二	
5	安娜	女	巴西	研一	
6	拉姆	男	泰国	研二	
7	大卫	男	美国	研一	
8	乔安娜	女	英国	研一	
9	拉里	男	新加坡	研一	
10	罗曼	男	哥斯达黎加	研一	
11	诺伊	女	老挝	研一	
12	妮可	女	菲律宾	研一	
13	丹尼尔	男	美国	研一	
14	拉卡奇	男	克罗地亚	研二	
15	英	女	中国	研二	两年制双学位全英语授课国际硕士项目,与法国一所重点大学合作
16	艾米莉	女	法国	研二	
17	黛安娜	女	德国	研二	两年制全英语授课国际硕士项目,与瑞典一所重点大学合作

序号	学生化名	性别	国籍	学年	项目类型
18	启平	男	中国	研二	两年制全英语授课国际硕士项目
19	灵灵	女	中国	研二	
20	兰	男	中国	研二	
21	安东尼奥	男	意大利	研四（博士）	四年制全英语授课国际博士项目
22	露西	女	英国	研三（博士）	
23	阿妮卡	女	印度	研三（博士）	

在数据分析方面，本章采用内容分析法。其中，归纳编码法被用于识别转录访谈和书面/视听资料中出现的主题（Strauss and Corbin，2005）。编码过程采用递归和生成的方法，从数据中基于主题词和话题概括生成，并与现有跨文化交际文献中的相关主题和关键词进行比对。对访谈数据的分析，也借助其他类型的数据材料作为佐证，反之亦然。不同类型的数据并置有利于揭示构成涉及多个维度（即国家、市政、机构和个人）之间的学生跨文化经验的多样话语之间的互文关系。互文性是指文本"借鉴并转化其他当代和历史上的文本"（Fairclough, 1992b：39-40）的过程。基于以上方法，本章从编码数据中抽象出分类和主题，并在三个前述的理论概念的指导下提炼出三个层面的跨文化交际相关话语类型，包括（1）在机构层面上受多个话语塑造的三种（文化）二元对立，（2）基于不同社会文化和语言因素的学生人际他者化，以及（3）学生自我培养的批判性世界主义倾向。

第三节　机构宣传话语中构建的文化二元对立

2018年3月，该校留学生事务办公室发布了一部宣传视频，旨在吸引来华留学生申请到该大学学习。视频以五名在读的来华留学生作为第一人称叙述者，以上海市作为招生宣传重点（见下面节选文本）。

上海的形象由三对文化二元对立构成。第一对文化二元对立是西方与传统。根据第一位出镜留学生的描述，上海作为一个非常"西方化"的城市，以沿黄浦江的外滩20世纪初半殖民时期的西式建筑为例。与此同时，上海的中国传统是以当地著名的佛教寺庙和被称为豫园的传统遗产旅游区的视觉镜头为依据。在第三位出镜留学生的描述中，中国女性的刻板形象是一个拿着油纸伞、传统中国团扇，身着中国丝绸旗袍或系着丝巾的形象。

宣传视频节选文本

出镜留学生 1：我真的很惊讶，一个城市可以这么西方化，[视觉影像：外滩]与此同时又蕴含着如此丰富的中国传统。[视觉影像：豫园和静安寺]在上海，你可以用微信或支付宝付款。[视觉影像：学生对着摄像头说话]

出镜留学生 2：当我第一次来这里时，我听说了中国的四大发明。[视觉影像：学生对着摄像头说话]但是，这些就像四个新发明一样。就在前几天，我正在骑我扫码支付的共享单车"ofo"。当我到达 ***[一个购物中心]时，我用手机付款买了一些火锅食品。我喜欢火锅。[视觉影像：学生对着摄像头说话]

出镜留学生 3：当我的女朋友在这里时，我会用各种礼物打扮她成为一个真正的中国女性，比如伞、扇子和丝巾。[视觉影像：学生对着摄像头说话]

与出镜留学生 1 和 3 的访谈画面共鸣的是上海市政府的城市品牌话语。为了使上海成为像纽约和伦敦一样的全球城市，上海市政府重视发掘城市的历史文化底蕴，并以长三角一体化为背景开发江浙皖的"江南"文化来彰显上海的区域性历史地位（Pan，2005）。城市规划者、历史学家和建筑师为构建这一城市品牌话语突出建设的方面包括：（1）外滩：建立在 20 世纪 20 年代的外国银行沿着黄浦江一侧，而另一侧是一片象征现代化的摩天大楼"森林"，象征着 1978 年改革开放后上海的现代化；（2）里弄：配备有学校、教堂/寺庙和工厂的一体化居民社区，是海派文化的代表性建筑样式；（3）江南文化：以江南地区（主要是毗邻上海的江苏、浙江和安徽三省长三角一带）古代文人的历史文献和当代适用生活方式为代表。作为江南文化的品牌一部分，江南地区出生和成长的女性的典型形象与出镜留学生 3 在上述节选片段中描述的形象类似。

第二对文化二元对立是国际与本地。根据出镜留学生 2 的描述，上海现代化生活方式的特点是"新四大发明"。这一说法来自新华社的相关新闻报道，当时认定的"新四大发明"包括共享单车、高铁、支付宝和电子商务（新华社，2017 年）。

当被问及是否同意上述报道的说法时，出镜留学生2回答："我会说它们已经深入人们的日常生活。我认为它们就像世界发明的中国版本。"出镜留学生2强调了一种批判性的世界主义立场，强调现代化的城市生活方式作为全球化的内在方面，而本地现代化的表现形式可能因形式和程度而异。

第三对文化二元对立是东方和西方。在2017年12月26日，校园内竖立了一块大型宣传牌（见图3.1）。海报由颜色和语言分成两部分。活动的英语标题将"国际"学生称为"外国学生"，与中文标题"外"相对应，隐含地在国家边界上建立了一个概念性的分界线。此分割由海报中心的缩略词"WE"进一步复杂化，暗示了西方与东方的象征性整合。然而，与象征性整合相比，实际的才艺比赛在两个独立的子比赛中运作，一个面向本地学生，一个面向来华留学生。同样的，"WE"这一缩略语还被用在食堂西餐厅的名称上。在西餐厅入口正上方使用了"West + East = WE"的标语，也是用东西合璧作为国际化餐饮的一种文化表达来使用。

图3.1　校园内的中外学生文艺大赛决赛海报

在接下来的一年中，年度才艺比赛采用了社交媒体平台进行宣传。与2017年比赛的宣传横幅类似，2018年比赛的微信宣传页面从中文翻译为英语。下面的节选中，"foreign"（外国的）一词明确将本地（中国）学生而非来华留学生定位为宣传页面的目标受众。这一微信宣传页面的片段引用如下：

接下来两个月，你将有机会现场看到

韩国小哥哥表演炫酷街舞

金发碧眼的小姐姐深情唱歌

帅气黑人小哥狂飙 Rap

……

感受如同国外达人秀一般的火热氛围

欣赏来自全球各地艺术风格的表演

聆听不同唱腔歌手的优美歌声

这一片段中提到了不同社群成员的文化定式特征，包括（1）种族相关的外表特征，如头发、眼睛和皮肤的颜色（"金发碧眼"和"黑人"）和（2）在中国城市青年中广为人知的海外流行文化的刻板印象（"韩国……街舞"和"黑人……Rap"）。种族相关的外表特征的指示性意义与中国语境相关，因为它们对应的中文词汇（"金发碧眼"和"黑人"）是描述外国人的中文常见用语。相比之下，"国际"或"全球"这样不带地域或社群文化指称属性的形容词鲜少出现。在视觉媒介的呈现方面，也较少使用代表五大洲或多元文化抽象表达的艺术样式。

第四节　课程设置中的文化本质主义与普遍-特殊的二元对立

文化的二元对立也被嵌入到研究中的国际英语授课硕士课程的正式课程设计和实施中。在研究者观察的四门专业课程中，分别侧重于比较亚洲政治和中国政府政策的两门课程将跨文化比较作为政治研究的一种方法。基于文化的比较将重点放在儒家传统/亚洲文化与西方文化之间的二元对立上。例如，在中国政府政策课程中，除了进行历史和社会政治特定性的比较分析，讲师还使用了中国艺术家和视觉设计师刘杨的一幅象形图，比较东西方文化差异，以解释为什么中国和苏联分别采取了渐进和全面的经济改革方式。两名来华留学生在课后讨论中对将东西方文化进行本质化比较提出了质疑。他们问，将苏联归类为西方国家的代表是否恰当，并质疑渐进改革是否仅限于中国的经济改革，是否完全由民族文化差异决定。这样的课堂问答与讨论有利于避免文化本质主义带来的文化特殊化倾向，即避免将特定的社会形态与国别文化做一一对应。文化特殊化的风险在于使得特定社会机制和社会形态变得具有区域特殊性，而因此缺乏国际上的广泛借鉴价值。

与此相关，课堂讨论中对社会商业模式和运作机制的讨论，有时也缺乏对特殊与一般这对二元对立话语的批评性意识。例如，在有关全球治理的一门课程中，授课教师在讲述当代社会治理的时候，提到了一个英语缩略语术语 BOT（即 Build-Operate-Transfer，中文译作"建设—运营—移交模式"）。一位留学生就此展开提问，并带动了一场小型的课堂问答：

来华留学生 1：什么是 BOT？

老师：BOT 是指"建设—运营—移交模式"。你知道这里的 *** 酒店吗？那是我们大学和特许经营的酒店之间的一个 BOT 项目。不同的治理方案随着大背景的变化而出现。外滩项目也是典型的 BOT 项目。2008 年奥运会是一个 PPP（政府与社会资本合作）项目。对那个 BOT 项目，地皮是由我们大学提供的，特许经营的酒店有 20 年经营权。20 年后，酒店的所有权将被转让给大学。我们可以说转让可能会改变酒店的名称，但大学仍可以与酒店协商运营方法。即使所有权可能发生变化，特许经营的酒店仍将继续经营。

中国学生 1：为什么？

老师：因为这样更有效率。如果大学自己经营，就需要招募员工并找人来管理酒店。

来华留学生 2：特许经营的酒店以这种方式接受交易的主要动机是什么？与这所大学合作在利润上或声誉上都有好处吗？

老师：因为酒店位于大学旁边，可能会有足够的客源来盈利。

访问学者：他们可以随心所欲地定价吗？

老师：和上海的其他酒店相比差别不大。大学的教职工可能会有一些折扣。

来华留学生 3：我认为这还因为他们别无选择。如果他们想在这里做生意，就必须接受土地政策和所有权政策。

老师：是的，正如我所说，在中国的背景下，这是一种做生意的方式，与其他国家不同。但最终目标是相同的，即盈利。尽管土地属于国家，但使用土地的权利没有风险。

国际访问学者：西方的酒店赚钱不仅靠经营酒店。他们购买土地，并将其交给房地产公司管理以盈利。这是一个巨大的区别。

在上述问答中，我们可以发现授课教师将 PPP 和 BOT 作为中国语境中独特的政企合作治理模式，并举了酒店运营的案例来解释什么是 BOT。由于参与讨论的留学生和国际访问学者都来自欧美国家，讨论的参照系就逐步集中为中国和西方国家在酒店运营中的土地所有权与产权问题。而需要注意的是，PPP 和 BOT 并不是单在中国才存在的治理模式，在东南亚国家也有众多案例呈现。这位授课教师在处理普遍性和特殊性关系的时候重在强调中国语境的特殊性，其实可以选择更具普遍性的区域参照系来解释政治经济制度与商业模式之间跨国协调的问题，从而避免陷入中西二元的比较模式。

第五节　校园跨文化互动中的他者化话语

在微观层面的学生互动中，来华留学生和中国学生在谈到是否乐意互相交流时提到了多重因素相关的他者化话语。

类型一　语言上的他者化

英语作为国际语言的文化政治也成为中国和来华留学生之间他者化的催化剂。这一情况常被来自非英语为官方语言的发展中国家学生提到。例如，来自泰国的学生拉姆谈到了他与中国学生互动的困扰：

访谈片段 1

他们英语说得很好，经常出国。我不知道。我感觉他们更想交西方朋友，而不是像我这样的亚洲朋友。他们似乎希望提高英语水平并与以英语为母语的人交流。我不知道，如果我在上海谈论泰国，他们会想到电视剧和旅游。就是这样。

拉姆的评论表现出了一种自我感知的语言等级制度，将以英语为母语的人置于顶端，将中国和其他能说流利英语的非英语为母语国家的学生置于中间，将英语水平较低的非英语为母语的国家的学生置于底端。尽管这与该项目的大多数中国学生很少与来华留学生进行交流的事实相矛盾，但他的评论凸显了英语作为在上海当地就业市场中有价值的象征资本，以及所有水平的学生对英语学习的热情。

类型二　生活方式差异上的他者化

第二类他者化主要围绕生活方式差异，这是中国学生和来华留学生共同认定的全球现象。正如来自美国的学生大卫所说：

访谈片段 2

来华留学生有他们自己的"小圈子"。这在任何地方都存在。如果你分享更多文化共性，你们自然而然会很快形成一个团体……而且这种结构不鼓励（来华留学生和中国本地学生之间的）互动。这不是自然形成的。你必须自己追求。我们在生活方式和教学风格上存在差异。

根据来华留学生和中国学生的说法，来华留学生的"国际化"生活方式包括聚会和派对、体育运动和食品偏好等。这些在欧洲和北美地区的学生中很常见，而大多数中国和其他亚洲学生更倾向于在咖啡馆和图书馆一同聊天或安静自习作为社交方式。校园周围充满文艺气息的地区，以及上海前法租界和外滩附近外国人经常光顾的地方，使那些没有太多自发意愿与本地人互动的来华留学生，能够维持与世界其他大都市／城市类似的以英语为媒介的生活方式。

此外，生活方式他者化在来华留学生群体内部也会发生，比如来自东亚和东南亚的留学生提到，他们并不适应一些欧美留学生喜欢的酒吧聚会，而是更喜欢和中国学生一起去附近的餐馆，或是去来源国相关的特色餐馆（如韩国菜馆、越南菜馆、土耳其菜馆等）。

类型三　教学风格差异上的他者化

第三类他者化话语则围绕全中文授课和全英语授课学位项目中的教学风格差异展开。为了迎合美国和欧洲学生习惯的交流式教学风格，该系十二年前就已经将在大学范围内的教室改造成圆桌教室，用于全英语授课国际课程。教室的分隔以及不同的课程时间表，减少了全英语授课国际硕士项目与全中文授课硕士项目学生之间的日常接触及自发学术交流的机会。在访谈中，来自德国的戴安娜提到了她认为的本地生和国际学生缺乏交流的可能原因：

访谈片段 3

在授课方法上，我们的课程都有很多讨论，需要学生做好随时发言的准备。但中文开设的课程，当然我没有听过，也许会比较倾向于老师主导的讲座，本地学生只要记笔记和课后复习就可以了。

戴安娜因为中文水平受限，并不了解她所在的项目中授课教师如何在中文作为教学媒介语的课堂中展开教学。而她的想象与中文授课项目中的实际情况并不相符。学生小组作业、课堂讨论和幻灯片辅助的课堂报告已成为该校众多课堂常态教学模式。而缺乏对中文授课教学情境的了解则使得她难以修正基于教学风格差异的对本地生的他者化想象。

第六节　自我培养的批判性世界主义取向

尽管上面分析了多方面的他者化，但也有一些中外学生表现出一种世界主义思维倾向，具体表现为他们对跨文化差异的反思。丹尼尔在加入比较中国政治的全英语授课国际硕士项目之前，曾在上海另一所综合性大学学习了一年中文。当被问及他在中国的跨文化经历时，他强调尽管他与中国学生的互动不多，但通过在上海生活和学习，他逐渐避免了基于他在美国家乡的固定规则对日常生活应该如何看待的快速判断：

访谈片段 4

我认为很多问题只是人们将自己国家或家乡的一套规则应用到一个完全新的地方。他们认为这些规则是正确的，因为这些规则是他们曾经经历过的唯一规则。我认为一个非常简单的例子就是交通规则。这里与我从美国来的地方非常不同。也许我本来期望人们在右转之前停下来让行，但现在我只会停下来让他们右转。这只是对新规则的适应……这并不是错误，只是不同而已。

丹尼尔的评论显示出"对不同文化经验的开放性，寻求差异而非统一，但并不仅仅是欣赏的问题"（Hannerz，2009：70）。他的反思表达关于他家乡和上海交通规则之间的差异，不仅仅是在社会规范的审美或概念欣赏上，而是基于他有意识地融入日常实践的切身经验。

启平是其中一名与来华留学生和大学教师／研究员积极互动的中国学生。当问及他为什么喜欢与来华留学生互动时，他回答道：

访谈片段 5

他们（来华留学生）给我们带来了一些新的生活视野。在中国，大多数人需要在特定年龄完成某些任务，比如何时找工作、购买公寓、结婚和生子。进入大学并成功毕业是为完成这些任务铺路。如果你不按预期的轨迹行事，你的生活似乎会变得很糟糕。在中国的学生中，他们经常谈论在知名企业实习或获得高薪工作的事情。而我对此不感兴趣。来华留学生向我展示了不同的生活方式，并减轻了我"与众不同"的焦虑。

丹尼尔和启平与批评性世界主义的文化导向近似，而美国的大卫认为培养自己对文化多样性的认知和适应上海当地生活方式，意味着积累精英竞争游戏中有价值的象征资本（Hannerz，2009：74）。当问及他为什么如此致力于学习中文和与中国学生互动时，他回答："这就是我凸显自己的方式。这是我为自己创造价值的方式。这是我在经济、文化和社会方面取得成功的方式。"世界主义取向激励大卫积极组织创业经验分享活动。作为大学研究生来华留学生协会的成员，大卫与上海的中国和国际精英建立了社交网络。作为本科交换生在北京大学学习了半年汉语后，大卫还与北京的母校保持密切关系，为毕业后在中国的职业发展做准备。大卫所表现出的世界主义倾向并不具有批评性，而是更加符合自由主义经济体系的跨国精英思维（Song，2021）。

第七节　分析与结语

分析显示，大学层面对学生跨文化体验的宣传与提倡，主要运用了（新）本质主义相关的文化话语，例如"中西合璧""东西二元"等，而不是采用批判性、解释性的世界主义文化概念（Hendrickson，2018；Kudo，2016；Zhu，Handford，and Young，2018）。然而，与以往英语国家大学的制度性话语对跨文化交际的关切不同（Collins，2018），本案例中关于文化和跨文化交际的机构话语与中国国际高等教育领域特定的一系列国家和城市话语产生了互文性关系。

尽管本章涉及的全英语授课国际硕士学位课程招收了来华留学生和本地学生，但研究结果与现有的课程国际化研究相吻合，即需要精心设计非正式和正式课程，摆脱（新）本质主义关于文化二元主义的话语，以促进学生之间的跨文化交流，并培养他们对与文化相关的概念和实践的批判性反思（Arthur，2017；Jones，2017；Leask，2011，2015）。虽然机构课程并未为少数学生提供足够的结构性支持，但本研究发现，批判性世界主义思维在一些学生中得到培养并付诸实践。这一发现呼应了先前关于跨国学生代理性的研究，承认学生在协商和争辩与机构和课程约束或规范的过程中发挥着主体作用，以发展和构建自我转变的跨文化领域（Li，2015；Marginson，2014，2022；Qu，2018）。

在方法上，与明确分层的教育政策方法不同，由 Kudo，Volet 和 Whitsed（2018）强调的关于学生跨文化经验的多维民族学透视提供了一种具有洞察力的分析视角，用于检视"不同行动者（人或机构）之间时空波动的网络联系，以及这些联系之间的动态关系"（Saarinen，2017：556）。目前，关于跨文化交际的机构话语通过以下方式进行介入和传播：（1）多地点、多符号资源，如学生宣传视频，线上/线下语言景观用于课外学生活动，书面和实施的正式课程；（2）基础设施设计和分配，涉及学生宿舍和教学场所，受到来华留学生管理旧有和新规定之间差异的影响。这些多方面因素与政治意识形态、语言/学术和体验等因素相互交织。

基于以上讨论，本章对中国国际高等教育政策制定提出以下具有实践意义的建议：首先，国家和相关机构的国际高等教育政策都需要超越（新）本质主义话语，转而更加关心学生多样化的生活轨迹，关心个体差异和个体需求。在资源分配上，需要明确表述并付诸实践，以确保本地和来华留学生在大学中享有教育平等。其次，国际学位的正式和非正式课程需要包含对跨文化交际的批判性教育，帮助学生认识到"文化"的动态性与交叉性，并发展批判性的跨文化实践。再次，与其为学生设计单向服务的课外活动，来华留学生办公室和相关机构需要更加重视了解学生的期望和需求，并让他们积极参与"自下而上"的聚会。在课程内容种类方面可以更多强调多因素（如文化、经济、社会阶层、种族）的共同和交互作用，并对文化持更加动态和流动的分析态度。

此外，校园内部可以创建更多"未计划"接触的公共区域，促进来华留学生与本地学生之间的交流。在 2019—2022 年期间，本书调研的高校在基础设施建设方面更加注重考虑这类公共区域的建设。例如，留学生宿舍附近的研究生食堂和原本闲置的公共浴室都被改造为灵活的自习室和讨论室。中外学生可以通过微信小程序预订讨论室，并在食堂的公共区域和由旧公共浴室改造的活动中心咖啡馆和书店学习讨论。这样的改造为中外学生自主互动创造了更多自发交流的机会。

第四章　交错的空间

在跨文化交际研究中，空间不仅限于跨文化活动发生的物理场所，而是更多指向跨文化交际主体与所处环境中的人、物和语符资源展开交互的可能性和具体的表意行为。因此，这里的"空间"作为社会学概念，可以更好地帮助跨文化交际的研究者和参与者了解人们如何受到所处环境因素的影响，而这些环境因素又与哪些更长远的社会、经济和政治因素相勾连，共同塑造跨文化体验者的主体能动性与局限性。在研究路径方面，空间的视角使得跨文化研究可以更好地突破个体与社会的二元分析思路，通过凸显表意资源的弥散分布和空间建构属性，进一步阐释个体能动性与社会结构的辩证、动态关系。本章将通过一项案例研究来展现空间视角在跨文化交际方面的阐释力。第一节将基于空间研究的重要语言学理论——社会语言学层级理论提出本章的研究问题。第二节将具体介绍案例中的院校与来华留学生招生情况，以及参与研究的来华留学生与数据采集分析方法等。接下来的第三节和第四节将分析校园和城市中来华留学生的语言态度、语言实践和跨文化学习体验。本章的最后将就具体研究发现作进一步分析与阐释。

第一节　社会语言层级视角下的来华留学生跨文化交际

本章基于社会语言层级作为实践范畴的基本界定，来研究来华留学生在校园和城市中如何运用语符资源开展跨文化交际，以及形成了何种类型的交际模式。同时，本章也将来华留学生在校学习的经历嵌入到他们的生命经验轨迹中展开调研，从而更好地理解他们在英语授课国际项目学习的情况与此前的学习生活经历、此后的就业和求学打算之间有何关联。通过案例研究，本章希望更好地揭示来华留学生在华流动的多元性、上海这座城市和所在学校的资源配备对来华留学生跨文化经历的影响，进而更好地理解沿海"双一流"建设高校的独特性与代表性，为细化来华留学生管理政策和跨文化教育提供政策支持。

基于社会语言学层级的研究视角，本章旨在回答以下研究问题：

（1）这所大学的来华留学生在校园内的跨文化互动中对语言资源作出何种层级划分，有何异同？

（2）这所大学的来华留学生在校外（市区内）的跨文化互动中对语言资源作出何种层级划分，有何异同？

第二节　案例情况与分析方法

根据受访留学生必须具备多样性和代表性原则，我们通过在这所高校全英语国际硕士学位项目中授课教师的推荐和协助联络，选取不同国别、语种和来源地区的留学生参与研究（Yin 2016）。

表 4.1　受访留学生基本信息

学生化名	来源国	第一语言	其他语言掌握情况和自评	入学前在华经历与在华时间
安东尼奥	意大利	意大利语	英语（工作水平）；中文（一般水平）	在北京完成两年制全英语授课硕士学位
露西	英国	英语	基础中文	在武汉做过半年英语外教志愿者
静美	韩国	韩语	基础中文	在上海参加过一个月的大学夏令营

学生化名	来源国	第一语言	其他语言掌握情况和自评	入学前在华经历与在华时间
拉姆	泰国	泰语	英语（工作水平）	在北京参加过两周的高中夏令营
妮娜	菲律宾	菲律宾语	英语（工作水平）	无
大卫	美国	英语	基础中文	在北京参加过六个月校际大学生交换项目
尼哈	印度	印度语	英语（工作水平）	无
劳丽亚	巴西	葡萄牙语	英语（工作水平）；基础中文	在北京做过三年葡语和英语双语记者
艾米丽	法国	法语	英语（工作水平）	无
丹尼尔	美国	英语	基础中文（日常会话水平）	在上海参加过六个月的中文语言课程
史丹利	西班牙	西班牙语	基础中文（日常会话水平）	在河南参加过六个月实地考察和中文学习
雷诺	德国	德语	英语（工作水平）；基础中文（日常会话水平）	在德国读本科时在北京交换一个学年
约瑟夫	新加坡	英语、中文	（不适用）	无

如表 4.1 所示，参与本项对比案例研究的留学生共有 13 名，达到质性案例对受访对象人数至少达到 4—6 名的要求（Duff，2008，转引自 Gu，2021）。半结构访谈采取开放式提问，其内容涉及留学生申请所在全英语授课学位项目的动机、对英语作为教学媒介语的认识、来华前对中国文化的了解，以及在全英语授课学位项目中的跨文化体验和语言实践等。所有访谈经受访留学生同意，录音并转写为文字。为保护学生隐私，表 4.1 中所有受访学生的名字均改为化名。

转写后的访谈数据以推理法和演绎法循环往复的交替方式完成内容分析所需的编码过程（Corbin and Strauss，2008）。内容分析中从访谈数据中浮现出的编码也进一步基于现有文献中的关键术语。在下面两节的分析中，这些编码和主题将帮助分析相关的来华留学生访谈片段。

第三节　校园中的来华留学生跨文化体验与语言层级划分

在校园中，受访留学生在学术学习和课堂互动中都认为英语是自然而然会选择使用的语言。他们对英语作为学术通用语的层级确认，主要受到加入目前所在全英语授课学位项目之前的跨国学习经历的影响。大部分受访学生抑或在本科或硕士阶段在英语国家完成相关学业，抑或在非英语国家修读过全英语授课课程或项目。而其余的少部分学生也有半年或一年在英语国家参加英语语言学习培训的经历。除了老师授课、学生课堂讨论和课堂报告中偶尔出现与专业相关的中文术语直接使用中文表述外，其他课程相关的活动均采用英语展开，而课程大纲的设计也重点参考了美国对应课程大纲。

与学业相关的各类活动都默认优先使用英语是天经地义的。受访学生即便英语欠佳，也需要不断操练提升自己的学术英语，以满足课业学习的需求，于是必须将学术英语学习作为自己平时课外学习的重点内容。在被问到与学术相关的中外学生跨文化互动情况时，来自意大利的安东尼奥表示，自己和来自美国的露西共同组织的英语学术工作坊起到了比较大的帮助作用。安东尼奥在访谈中说道：

访谈片段 1

露西和我共同组织了一些英语学术工作坊，也有一些中国学生会参加。我们一起阅读一些文献，给各自的论文初稿提出修改意见。留学生有一些英语比较好的可以帮助其他学生提高学术写作规范和技巧。留学生也需要向中国学生学习一些学校的制度流程。如果有研究相似议题的学生，他们也可以一起写篇论文。中国学生也可以看看留学生是从什么角度切入来研究中国的相关学科议题的。英语对大家的未来学术发展是十分重要的。在这一点上，中外学生都是如此。所以实际来说，如果你以后想要有学术发表，给自己一些动力提高英语水平是件好事。我们的工作坊就以此为目的。

在上述访谈片段中，安东尼奥将英语划为学术发表和学术交流的常规语言；对想要加入学术共同体的中外学生来说，掌握好学术英语的口头和书面表达技能是必不可少的。从这个目标出发，这个由留学生自发组织的学术工作坊积极建构了一个中外学生以英语为媒介语展开学术交际的空间，使得学生们得以从专业学术角度采用内部视角和外部视角交织的方法讨论与中国相关的研究议题，或展开国际不同地区相关议题的比较（Ou and Gu，2020；Song，2019）。

在课堂以外，受访留学生在与中国学生的校园跨文化互动中也将英语作为几乎是唯一的沟通语言。但是，一些受访留学生对和他们交流的中国学生也有着除了英语交际能力之外的筛选和考量，比如来自韩国的留学生静美就认为，那些愿意和包括她在内的留学生经常交往的中国学生通常都"思想开明"，并认为这与他们曾经都有过跨国留学经历十分相关。静美在访谈中说道：

访谈片段 2

我们这个项目中的每一位留学生，都对未来设定了不同的目标。但这里的中国学生和我在韩国的学生们十分类似，他们似乎都在为同一个目标努力，将所有精力都花在提高绩点上，并愿意为此拼尽全力。他们似乎在上海有着类似的就业目标，为了得到一份大家认为最受欢迎的职位而努力。他们的努力方向在我们留学生看来是大同小异的。

静美的上述观点和现有跨文化交际文献中关于赴港求学内地大学生对香港本地生的看法十分类似。他们都认为留学或跨境求学的学生具有和本地生不同的属性，尤其不同于本地生在实用主义和功利主义方面的未来职业规划与追求（Gu 2018: 7）。同时，这种群体身份认同并不是绝对的本地生与留学生的二元对立，而是基于是否拥有跨国、跨境教育或旅行经历这一个体属性来对学生群体加以划分。正如静美所说，中国学生中具有海外学习经历的群体也被划入和留学生一样"思想开明"的想象共同体。因此，该案例中留学生将英语划分到优先使用和重视的层级上，也是因为英语作为国际通用语与他们所理解的跨国流动的个人特质之间存在着比较稳定的指向关系。正如 Tran（2016：1268）的研究中所揭示的那样，跨地区的流动性成为"留学生'成为'他们想成为的人的有力渠道"。

同时，受访留学生对英语的普遍重视也与该校中国学生在跨文化互动中表现出的语言态度有关。例如，来自印度的博士留学生尼哈专业是国际关系。她在访谈中说道：

访谈片段 3

在上海的（中国）学生更愿意（和我）说英语。只有当我们留学生的中文非常非常好的时候，他们才愿意和我们说中文。这和我的朋友在华中地区大学的学习经历非常不同。那里大部分的学生英语都不是太好。所以留学生需要努力学习中文来适应当地生活，和本地学生交流。我朋友的中文在内地学习一两年之后有了飞速的进步。（笑）

据尼哈所说，上海这所大学里的跨文化互动之所以主要用英语作为通用语展开，是因为在校中国学生普遍高超的英语水平。当我们问及她与在校中国朋友都聊些什么话题的时候，尼哈说：

访谈片段 4

各种话题都有，比如饮食、电影、爱情婚姻，等等。当然也有学术话题。比如我有一位中国朋友在历史系读研。我们经常谈论中国和印度，还有世界其他地区的历史沿革。比如有次我告诉他，我刚去了武汉。他就会解释给我听为什么武汉在汉朝和唐朝非常重要。他在这方面让我受益良多。我也有在新闻系和公共关系专业读书的中国朋友。这样的文化互动时常发生，也是因为我们都对彼此的文化和专业抱着好奇心，希望有更多的了解。

尼哈的解释也反映出与她交往的这些中国学生所掌握的英语资源不仅足够支持日常聊天，还能够较为深入地谈论专业议题，在日常会话和专业讨论之间自由切换。这样的英语水平也支撑了受访留学生依赖英语作为国际通用语来展开跨文化交际的环境，使得他们没有必须要努力提高汉语才能参与本地日常交际，建立友谊。

除了少部分新加坡和泰国华裔留学生可以用中文浏览中文媒体内容，与本地学生开展交流，其他留学生基本依赖英语和母语作为日常和专业信息搜集和交流的媒介。这也使得他们长期以英语为媒介来了解、观察和讨论中国的方方面面。这样的跨文化交际范式也同时得益于中国学生对人生经历多元性的开放认知与包容、专业知识的精通、希望通过英语来传播与中国相关的专业知识的意愿和能力等。

受访留学生的在校跨文化交际也受到了中文水平不足的限制，因为学校里有相当一部分活动的主要交际语言是中文，部分学生会因此而收不到相关活动的通知或因为语言的障碍而无法参与这些活动。在这种情况下，一些具备一定中文基础或有强烈学习中文的意愿的学生拥有了不同的体验。来自美国的大卫拥有一部分华裔血统，因此在来华读书前就学过一些中文。此前也通过本科在北京高校的交流生机会，系统学习过日常中文会话。他在入校后很快结识了一些中国学生朋友，并加入了感兴趣的体育社团。来自德国的雷诺曾在北京一所高校作为交换生学习过一年中文，在谈到中文和英语在校内交友和互动时的作用时，他说道：

访谈片段 5

　　和中国学生聊天的时候用英语还是中文，这差别还是很大的。因为我觉得语言不仅仅是传达信息，它还能够表达情感。当中国学生发现我能够并且非常乐意用中文和他们交流时，我们的感情要比用英语交流亲近很多，我们的心更近。而且用中文说话时，我的肢体语言也和用英语、用德语都不同，我觉得我和本地人更接近了。

　　雷诺的上述感受体现了他对英语和中文的层级划分并不是按照语言市场上的价值定位来划分，而是将他们看做和不同语言使用者建立情感连接的重要媒介。在这个意义上，英语、中文和德语对于对应的第一语言使用者来说是平等的，其评价的核心标准是是否能够建立亲密联系和语言归属感。除了与校内的中国学生用英语展开交流，史丹利也会用中文与不太会说英语的校园工作人员展开日常交流。史丹利"入乡随俗"的语言态度也得到了拉姆的认同。拉姆在谈到校内使用中文的情况时，特别提到了在留学生宿舍遇到的一件事：

访谈片段 6

　　我觉得无论是英语项目还是中文项目，既然在当地学习，就应该好好珍惜这个学习机会，尽力了解和学习当地的语言文化。我在（留学生宿舍）大堂遇到过一个北美来的交换生。她不会说中文，当时手机的 SIM 卡遇到了一些问题，就在大堂一直用英语询问管理员阿姨，但是管理员阿姨的英语不太行，所以我问她是怎么回事，也告诉她可能的解决方法。我觉得中国不是一个英语国家，你在这里学习也不应该认为所有人都必须会用英语帮你解决问题，还是应该努力自己寻找解决方法。更何况手机卡的问题也不是宿舍管理员阿姨的职责范围。当然她可能来这里时间不久，不了解情况也可以理解。

拉姆是受访留学生中非常积极学习中文的留学生之一。这一方面由于他的华裔背景和对中华文化的热爱，一方面也是由于中泰两国在贸易和旅游上的紧密联系。而在上述片段中，拉姆将生活语言和学习语言作了进一步的区分。在一个以中文使用为主的生活环境中，他认为不能理所当然地认为英语就是国际通用语，并且要求周围的人都能够掌握和使用这门语言进行沟通，而是应该保持一种学习的谦卑态度，来了解和使用当地语言，并认识到自身需要忍耐和克服不会当地语言而带来的生活不便。这样的理解也避免了将英语置于中文之上的层级划分，而是采用一种基于情境和交际双方语言资源掌握情况的协商性语言态度，根据实际交际情境来判断何种交际方式更为稳妥。

与拉姆类似，妮娜也就类似的观察发表过评论。她认为，部分发达国家来华留学生将英语作为独一无二的国际通用语，与自身原本生活条件的优越感息息相关。妮娜在访谈中举了一些留学生投诉留学生宿舍墙面有污渍而选择搬离，并用英语投诉的例子作为佐证，认为对英语的推崇通常伴随着对来源国生活条件和方式的推崇。在她看来，"入乡随俗"是以一种平等和包容的心态来看待不同的生活条件，耐心地沟通并能够适应一些"不如人意"的情况，而不是站在高高在上的位置来批评。妮娜的评论对线性发展观提出了批驳，也将语言资源的层级划分置于全球经济政治发展不平衡的语境中看待。

来自英国的露西在广东担任英语教学志愿者时也掌握了日常中文交流的能力，并通过上海高校的校内羽毛球学生社团结识了不少中国学生，能够用中文展开日常交流和讨论。她特别强调了共同的兴趣爱好和语言的重要性。她发现中国学生们很爱打羽毛球，恰好她也爱好这项运动，所以有选择地在上海学习期间约上中国学生打羽毛球并加入了相关社团。同时，她在运动的间歇也会和中国学生表达自己想提高中文的意愿，也因此创造了更多用中文进行交流的机会。在谈到这些课外中文交流机会时，露西说道：

访谈片段 7

他们会和我谈一些他们关心的问题，比如毕业后留在上海工作可能会有很大的经济压力，因为要买房；还有在大厂工作会很辛苦，有很多加班。有时也会转发一些中文新闻里面报道的女权主义话题，我觉得这些都和日常生活有很大关系，如果只看英语的新闻报道是不容易了解到的。

露西的访谈片段呼应了雷诺对母语作为情感交流媒介的说法。这些中国学生和露西分享了自己的忧虑和关心的性别议题等等，也拉近了她们之间的距离。同时，以上访谈片段的末尾也强调了中文媒体和英语媒体在报道中国时的新闻框架存在显著差异。因此掌握中文并了解中文媒体的报道，并比对周围中国学生的评论也成为露西了解中国的重要途径。这也是只会英语的来华留学生难以了解的内容。这一发现在此前关于来华留学生的研究中没有得到关注（Ou and Gu，2020）。

第四节　城市生活中的来华留学生跨文化体验与语言层级划分

在 2019 年，上海共吸引到 21.5 万外国人来沪工作，占到全国外国人总数的 23.7%，位居全国第一（Shi-italent，2019）。上海对标伦敦和纽约，将建设全球城市作为规划目标之一，并大力发展大都市消费商圈，鼓励休闲消费方式，使用双语和多语作为消费服务语言（Yu，Chen，and Zhong，2016）。上海这座国际大都市拥有大量国际人口，也为不说英语的外国居民提供了丰富的基础设施配备和商圈建设，让他们能够依靠英语，甚至非英语的母语（如韩语和日语）便能在相应的国际生活区域保持舒适的生活状态（Song Y.，2018）。得益于这一外部条件，案例一中来自英美和欧洲各国的留学生，能够在校园之外迅速找到适合自己的"国际空间"，参与丰富的社会文化活动，拓展交际网络。例如，露西谈到自己和同校的中国学生在校外互动的情况：

访谈片段 8
我和中国学生们在一起做很多日常的事情。比如他们也喜欢喝咖啡。每次到图书馆学习，总要在门口买一杯咖啡提提神。我也和他们一起去吃西餐。他们也会说正宗的西餐和"假西餐"有什么区别（笑）。你知道，就是有一些看着很奇怪的西餐。他们也对西方的电视节目、新闻和电影之类的感兴趣。就是一些日常生活的方方面面。

露西在上述访谈片段中强调了以下几点：一是大学周边有不少咖啡馆和西式餐馆，包括意大利菜、墨西哥菜、美国菜和法餐等。这使得在案例一高校就读的中外学生都有机会保持或者融入一种国际化的生活方式，其特征包括喝咖啡、吃西餐、消费各国的流行文化。其次，露西谈到的中国学生能够辨别西餐是否"正宗"主要有赖于他们之前的出国旅行或国际交流学习经历。这所高校为本科生和研究生提供了丰富的出国交流机会和国际双学位培养项目，因此相当数量的在校生有过国际交流经历。也有一些学生在进入大学学习之前就曾经有过国际交流或游学经历。这也成为本校中国学生和像露西这样的来华留学生无障碍分享国际化生活方式的潜在的优越条件。这些体验与实践又与学校周边的基础设施与物质资源相契合，帮助中外学生构建基于国际休闲消费品味的校外跨文化交流机会。

但当问及是否与上海市民有日常交往和互动时，大部分的受访留学生都说没有太多深入交流的机会，大部分的交流都只是购买日用品和消费活动中的短暂交往等，和邻居的互动也只是打个招呼。在解释为什么没有更加深入的交往时，受访留学生都认为会不会说中文成为是否能更深入了解上海的重要因素。因为半殖民历史和城市规划等综合因素的作用，上海的部分区域，如原法租界的相关城区和浦东新区的经济贸易核心区通常有大部分国际人口居住和工作，也是跨国公司和研发机构以及国际化休闲定位的小业主聚集的区域。在这些城区范围内，英语作为国际通用语，在工作和生活中都十分常见和自然。另外一些本地居民聚居区则极少使用英语，而是完全以普通话或上海方言作为主要交际语言。

由于受到中文水平的限制，大部分受访留学生都不出意料地向说英语的上海国际社群靠拢，其主要方式包括寻找跨国公司或中外合资企业、使领馆和国际非政府组织实习工作，以及加入英语脱口秀和其他国际社团等。来自美国的丹尼尔虽然在校园里很少和中国学生互动，但他通过参加上海的英语脱口秀俱乐部，融入了一个"国际化的"城市社群。丹尼尔在访谈中如是说道：

访谈片段9

丹尼尔：我们的英语脱口秀，也有把英语作为第二语言的中国喜剧人参加。他们都很棒，还有不少上过电视。

研究者：去看英语脱口秀的观众一般是什么人？

丹尼尔：一半一半。有一半是年轻的中国人，他们的英语都很棒。另外一半通常是在上海生活的外国人。

研究者：那你如何让这样多元化的观众群体都能感受到幽默，觉得可乐呢？

丹尼尔：一般都会讲些文化方面的笑话。比如我有一个常说的笑话，就是说我在中国最大的城市置了业。然后发现这个城市是加拿大的多伦多，因为那里有很多中国人买房。然后大家就会"哈哈哈"。这个也不是说文化，而是生活经历吧。无论是中国人还是外国人，每个人都会有类似的经历，即便都是在中国。比如语言的障碍，其实每个人都有一些语言不通带来的困扰，类似这种经历。

与校园里的跨文化互动情况类似，丹尼尔在英语脱口秀俱乐部里和成员们的互动，也基本用英语进行。这样的跨文化互动，一方面基于俱乐部成员普遍具备优异的英语能力，毕竟用英语讲笑话，体现幽默感，需要有良好的语言表达力和文化感知力，对语音语调和停顿节奏都要有所把控。另一方面，还需要俱乐部成员拥有一定的超文化意识和相关的知识。"超文化"是说不仅能够发现广义的国别文化所对应的文化定式有哪些差别，还能关注跨文化体验的共性，即丹尼尔在访谈中所说的共同的经历。这里的"跨文化"经历就不再以国别为单位，而是基于人际互动的微观层面，对每一个有过大都市生活经历的人来说都不陌生的跨文化体验。

同时，丹尼尔还提到他在校外有了更多使用中文的机会。和尼哈一样，他也感觉在校的中国学生不太愿意用中文和他交流，也可能因为他们自己的课业实习本身就安排得很满，没有额外的时间来和像他这样的留学生进行交流，所以他没有很多在校练习和使用中文的机会。在上海的小饭馆、理发店和小商店里，丹尼尔都找到了一些用中文和本地人闲聊的机会。虽然英语脱口秀俱乐部的成员英语都很不错，但在平时聚餐的时候也会用中文和英语交错交流。这也为丹尼尔提供了一些使用中文建立友谊，了解本地社会的机会。与丹尼尔相比，尼哈和露西反而没有在城市里找到很多和本地人用中文展开交流的机会。露西虽然租房住在校外，但遇到本地邻居也只有打招呼等简单交流。由此可见，脱口秀俱乐部和羽毛球社团这样的兴趣共同体，对来华留学生的本地跨文化经历的促进作用更可预见。而上海作为一个海归和多语海外移民社群聚居的国际大都市，也为这样的校内外兴趣社团提供了良好的城市土壤和发展契机，更好地促进来华留学生的校内外跨文化交际发展。

此外，上海这座国际大都市也为来华学习和工作人士提供了业余学习中文的机会。安东尼奥在抵达上海学习后很快就发现了以语言学习为主题的俱乐部，可以认识不少本地想要学习其他语言的人士组成语言伙伴互助学习。拉姆则选择付费的中文"一对一"学习课程，以求更加快速和有针对性地提高自己的中文水平。在谈到对校外中文学习资源的需求时，不少受访留学生都表示，他们所在的学位项目根据教育部的要求，都配备了国际中文教学学分设置和课时安排，并且根据他们入学时的语言水平分了初级、中级和高级班开展教学，每周有四个学时的国际中文学习课程。但是，国际中文教材中的内容和他们的实际生活有一些距离，在高级班里更加偏重于书面语和中国文学的教学，而不是根据他们未来的就业目标展开更多有准备的练习。拉姆还提到，他的性格偏内向，并不喜欢主动在十几个人的课堂里发言，而是更喜欢"一对一"的交流，所以校外的"一对一"中文教学更加适合自己。在长达一年半的学习时间里，拉姆和"一对一"的国际中文教师也建立了深厚的友谊，在提高中文水平的同时，也更加了解中国文化经济政治的不同面向，并能够贴合自己的日常经历展开评述，对未来计划从事的中泰贸易或旅游等方面的工作大有裨益。

而中文较为流利的美国留学生大卫在校内积极参与来华研究生学生社团的活动，并与上海的跨国公司和使领馆的从业人员进行联系，邀请企业领导和人力资源负责人为在校留学生开展讲座和交流，也为自己创造实习和未来就业的机会。在谈到中文和英语的重要性时，大卫说道：

访谈片段 10

英语当然是很重要的全球通用语，但是中文也是非常重要的国际语言，因为中国是世界第二大经济体。我希望自己能够同时精通英语和中文。这也将是我优于其他来华留学生的地方之一，对未来就业也至关重要。

大卫在访谈中抱持着明显的精英多语语言主义立场，认为掌握多门具有国际优势地位的语言，是在全球精英人力资源市场竞争中胜出的必备要素，也非常有意识地提升自己的中文水平，以符合自己的语言信念。值得指出的是，虽然大卫强调中文学习的重要性，但在语言层级的划分上，他仍然首肯英语作为全球通用语的地位不可撼动，进而采取一种"多多益善"的态度来对待包括中文在内的全球优势语言。

同时，大卫也认为在华学习不应该只局限于校内学习，在校外通过自己作为中美知名高等院校毕业生和在读生的身份来建立职场人脉，是必不可少的学习内容。这样的职场经验也与中、英双语的掌握息息相关，因为能够与中国本地精英群体打成一片，需要较高的中文水平和对中国文化的了解作为支撑。

第五节　分析与结语

本章中的案例研究在一定程度上揭示了来华留学生多样且复杂的跨文化经历。尽管都是全英语授课硕士学位项目，这所高校的来华留学生在校园内外与中国学生和当地居民的互动情况有着显著的差别。这也与他们过往的学习生活经历和对自己未来发展的期望息息相关。

在本案例中，中外学生不约而同地在互动中将英语作为优先选择的学术和日常交际语言，并会用英语讨论与中国相关的议题。这也自然地在校园中构建起以英语为媒介的跨文化交际空间，包括全英语授课的课内外讨论、留学生自发组织的英语学术工作坊、咖啡馆聚会和国际餐厅聚餐等。这样的以英语为媒介的跨文化交际空间，也得益于校园内外的国际化基础设施配备，以及在校中国学生、上海国际居民及海归青年人的英语水平。这样的跨文化互动空间也因此由校内扩展至城市生活。但是，部分受访留学生对英语的依赖也使得他们缺乏融入当地非英语社群和城市生活的机会，更多站在一个观察者的角度理解中国相关的专业议题，并从以英语为媒介的媒体平台和能说英语的人士那里了解中国。

而对积极学习中文的部分来华留学生来说，校园和城市给他们提供了用中文或中、英双语构建跨文化交际空间的机会，使得他们能够与本地用中文或中、英文交流的学生和社会人士展开交流，而不仅限于以英语为媒介的交际圈子。除丹尼尔这样持精英多语主义立场的留学生外，一些有过欠发达或发展中地区或国家生活经验的留学生并不认为英语作为国际通用语就比本地语言更为优越，而是将学习中文与在华跨文化体验的深度联系起来，通过学习中文，有意识地追求与中国学生和本地居民更好的情感连接，并彼此交流对中国社会的理解。在语言层级划分上，这类留学生反对英语霸权背后的线性发展观，因此避免将不同语言置于绝对的差序关系中，而是更加关注交际情境的需要，与交际对象协商决定双方适用的交际语言。

层级分析的对比视角也让我们更好地发现来华留学生在来源国和人生轨迹上

的差异对其语言层级划分的影响。Preece（2019）在对英国大学生双语身份认同的研究中发现，大学生群体由于社会经济不平等，在多语使用上表现出"优越的"和"平民的"两种类型特征。这一发现与本章的分析有不少相似之处。本案例中的来华留学生认为，"英语作为超越民族国家界限，象征国际和大都市性情"（Preece，2019：417）。他们倾向于将英语当做全球通用语来使用，并赋予其象征全球流动和大都市生活方式的象征地位。这是拥有优越语言资本和文化资本的多语学生群体的常见态度和做法。

本案例中来华留学生在语言层级划分上的差异，也受到他们来源国社会经济差异的影响。Yang（2020）基于世界系统理论，分析了中国在当今高等教育国际化地缘政治格局下的经济和象征资本市场上处在半边缘位置。在留学生流动走向方面，本案例中的留学生多来自英美、欧洲和东亚的"中心"国家；少部分来自东南亚和中美洲"边缘"与"半边缘"国家的学生，在本国社会也属于经济文化资本优越的学生群体，有过"中心"国家的留学经验。而来自边缘国家的学生属于从"边缘"流动到"半边缘"的过程。当把中文和英语的层级划分放在全球留学生流动的地缘政治格局中来考察时，我们也更容易理解为什么部分受访留学生会展现出不同的语言态度和语言学习与跨文化交际形态。这与全球范围内经济、教育资本的不均衡分布息息相关。总体而言，来自"中心"国家的来华留学生更容易保持精英双语或多语立场，在强化英语全球霸权的同时，把中文划分为全球优势语言并有意愿和行动展开学习；而来自"半边缘"或"边缘"国家的学生，更愿意了解和适应本地语言文化。但需要指出的是，这样的趋势只是对宏观情势的大体描摹，如来自英国和德国的来华留学生中，这样的个案也依然存在。

本章的研究发现，有助于理解全英语授课课程项目，在促进语言文化知识整合与多样性方面的实际情况与效用并不一致。同时，该项目受到多层面因素影响，具体包括：宏观层面有全球留学生流动的地缘政治格局、国家层面的高等教育国际化战略和政策制定与实施；中观层面有城市国际化人口比例和经济文化消费形态与水平、城市内高校师资配备和国际化课程建设与语言政策；微观层面有来华留学生和中国学生的教育经历、语言资源掌握情况、个体跨国流动经历以及对未来的学业和职业规划等。

社会语言学层级分析为跨文化交际的跨区域和跨国空间视角提供了基于语言态度和语言实践的理论资源，使得研究者能够突破社会结构和个体能动性的二元分析结构，更加动态和多元地揭示跨文化交际在全英语授课与留学生培养中所扮演的角色，从而更好地探索来华留学生跨文化体验的多样性，也为政策制定提供实证分析基础。这样的研究视角也有利于理解作为国际大都市的上海，在城市方面如何更好地为包括来华留学生在内的国际移民群体提供语言文化上的支持与帮助。

最后，本章的研究在设计方面尚存在以下局限：一是在研究数据采集方面，主要依赖访谈数据，也就是受访留学生对自身跨文化体验和语言选择的描述、反思和阐释，但具体的跨文化交际体验是怎样的，我们还缺乏更加直观的课堂与课外互动的民族志调研数据。在后续研究中，我们也将继续努力搜集相关的录音和录像资料，以进一步深入分析社会语言学层级划分的动态性和历时性变化。二是本章的研究主要集中在受访留学生在校就读的时段，而没有采用历时跟踪的方法。新冠疫情大流行等突发事件的出现，对世界经济政治格局产生了重大影响。同时，不同国家的签证政策、留学生入境政策和就业政策都发生了相应的变化。受访留学生对自己就业和未来发展的规划，会受到最新政策与世界格局的影响，进而影响他们的语言选择和跨文化互动的反思性认知。这一历时性研究视角在本章中也有所缺失，也是未来相关研究可以进一步加强的地方。

第五章　穿梭的语言

虽然上一章中我们看到，来华留学生对英语的使用十分依赖，但在深入调研的过程中，我们也发现留学生在掌握了少量中文之后，依旧会使用中文和英语的各种变体来综合参与跨文化交际活动。因此，本章以超语实践为理论视角，聚焦主案例中来华留学生以英语作为国际通用语的实践情况，以及其他语符资源如何共同参与不同社会空间的跨文化交际活动。第一节将首先综述现有文献如何从世界英语的理论视域研究全英语授课国际项目中师生的语言态度、跨文化交际和语言实践，并提出本章的研究问题。第二节将介绍本章的案例情况与研究方法。第三节到第五节将分三个方面介绍本章的分析结果。最后一节将结合现有文献，就英语作为国际通用语的超语实践研究展开讨论。

第一节　世界英语研究视域下的全英语授课国际项目

从政治历史角度来看，英语作为大英帝国的语言，通过殖民扩张在全球范围内不断扩展，随后又借由冷战和资本主义后期的新殖民主义知识生产与消费模式继续得到加强（Phillipson 1992）。为了进一步细化英语世界扩张史对全英语授课国际项目建设的影响，现有文献常运用 Kachru（1976）提出的世界英语（World Englishes）

的圈层模型来架构对英语使用属性的分析。Kachru（1976）将世界范围内的英语使用分为内圈、外圈和扩展圈。内圈是通常所说的英语国家，或有过英国殖民史并将英语作为官方和日常语言的国家，包括英国、爱尔兰、美国、加拿大、澳大利亚、新西兰和南非。外圈是指虽然大部分人口母语并非英语，但会在习得母语的同时，还学习英语的国家，例如印度、新加坡、马来西亚和尼日利亚等。英语也常常是这些国家的官方语言之一。扩展圈的国家包括除了内圈和外圈之外的国家，如中国、俄罗斯、巴西和亚欧一些国家。扩展圈的国家通常将英语作为外语，大部分人口也不太会经常使用英语进行交际。基于这一圈层模型对英语使用情况的界定，现有文献通常会关注全英语授课项目的以下几个方面：

（1）在扩展圈国家，全英语授课学位项目的非英语为母语教师英语水平欠缺，导致用英语讲授课程内容发生困难，学生也因此对教学效果表示不满（Hu and Lei，2014）；

（2）全英语授课虽然在政策层面默认英语授课，但非英语为母语的教师可以通过英语、母语和其他语言的综合使用来提升授课效果，弥补因英语水平不足导致的相关问题（An and Chiang，2015；Gu and Lee，2018；Kim，Choi，and Tatar，2017）；

（3）对比英语作为教学媒介语和中文作为教学媒介语的国际课程在语言政策和课程建设方面的差别（Zhang，2018；Zhao and Dixon，2017）；

（4）学生是否可以通过修读全英语授课学位项目来积累相应的象征资本和文化资本，从而在国际就业市场的竞争中占据优势地位（An and Chiang，2015）。

这四个方面的研究，目前主要依赖问卷调查、半结构访谈和政策文件分析等方法，主要关注全英语授课项目中师生的语言态度和对课程的满意度，但对项目内外相关的语言实践关注较少。较大规模问卷调查研究，追踪了我国高校本科和硕士阶段全英语授课项目中学生的多语使用情况，发现英语被越来越广泛地应用到学术学习和跨文化交际过程中（Bolton and Botha，2015；Botha，2016）。以民族志为依托的社会语言学研究发现，在英语授课联合办学的高校环境中，由于英语作为学术通用语的地位，中国学生和来华留学生跨文化交际的过程中呈现不对等的权力关系；来自英语国家的留学生在英语授课环境中处于优势地位，但中国学生在课外互动中也可通过传播和解释汉语和相关的文化知识，来构建双向语言学习的跨文化交际关系（Ou and Gu，2018：1）。

本章拟通过对主案例中三个民族志个案，分析中外学生在不同社会空间中跨文化交际的跨语言实践情况，尤其聚焦英语作为国际通用语的语言使用，从而对现有文献作出相关补充。具体研究问题如下：

（1）全英语授课学位项目中，中外学生在城市、校园和线上学习中呈现何种语言实践特征？

（2）这些语言实践如何帮助中外学生展开跨文化（跨知识）探索？

第二节　超语实践、跨知识实践与跨文化体验

超语实践（translanguaging）是社会语言学和应用语言学的前沿理论概念。超语实践重在强调语言资源"总处在流动和接触之中，同时生成新的语法和意义"（Canagarajah，2017：4）。超语实践研究通常发生在"接触带"（contact zone），也就是"不同文化相遇、冲突和博弈所发生的社会空间；这些文化接触的语境通常受到殖民主义、奴隶制及其衍生形态在全球不同地方的影响，也使得不同文化的关系呈现高度的权力不平等"（Pratt，1991：34）。英语作为通用语就经常发生在这样的"接触带"（Mortensen，2013）。

Canagarajah（2013b，2017）分析了跨国劳工如何使用英语作为通用语展开超语实践。其研究结论认为，在跨地域空间中最有价值的技能是能够在不同的语言和社会文化规范之间穿梭的能力。尽管早期英语作为通用语的研究旨在为非英语母语者的英语语言实践提供合理化依据，即提出一套基于英语作为通用语的词汇语法和语用特征规范（Kimura and Canagarajah，2018）。后期研究则与超语实践研究合流，将研究视角集中到交际参与者如何综合运用英语的多重变体、语域、语类和语言风格等，并结合其他表意资源一同构建超文化身份（Baker 2015）。这类研究也经常借助 Canagarajah（2013a）提出的超语实践宏观策略分类，来研究超语实践如何被用作交际策略，帮助不同语言文化背景的交际参与者在"接触带"展开意义协商，并完成相关的社会活动目标等。Canagarajah（2013a）提出的超语实践宏观策略包括四种类型：身份建构式发声（envoicing）、再度语境化（recontextualization）、互动（interaction）和文本化（entextualization）。具体来说，身份建构式发声是指"运用基于个人意图和历史的语言资源建构，指向自我身份和属地的文本和口头表达"（Canagarajah，2013a：80）。为了通过发声建构特定身份，交际参与者需要"在

对话中运用特定的框架来表达和协调相应的立场（footing），从而展开意义协商"（Canagarajah，2013a：80）。再度语境化策略的目的是"根据所需的体裁和交际惯例来构建文本框架，并为意义协商确定合适的立场"（Canagarajah，2013a：80）。互动是指交集参与者修正或创造特定的社会文化或语符规范来协助交际。文本化策略则主要用以分析交集参与者"为了塑造对应特定身份的声音，并被交际对象理解，而在特定时空进行的书面和口头交际过程"（Canagarajah，2013a：84）。

除了不同类型的社交和身份构建功能，超语实践研究也重视其超文化的属性（Canagarajah，2013a；Pennycook，2007）。以上四种策略对理解"接触带"交际参与者使用何种文化框架来展开协商互动也很有帮助。这里的"超文化"借用了 Pennycook（2007：6）的定义，是指"文化形式的流转、变化及在多元语境中被再利用以建构新的身份"。Baker（2015：31）指出，"超语实践和超文化流（transcultural flows）的概念都重视语言和文化的流动性、适应性和变化，这些也是跨文化（intercultural）这一概念的核心要义"，因为"跨文化"一词在研究中主要用来分析"交际参与者在互动中是否及在多大程度上建构、认同或抵制特定的文化成员身份"（Zhu，2014：218）。最新的跨文化交际和超语实践研究都将"文化"大致定义为"在特定社群中演化的价值系统。该系统鼓励运用特定的符号资源来表达特定的感受和意义"（Zhu，Li，and Jankowicz-Pytel，2020：53）。同时，近期对超语研究的批评文章中尽管没有用到"超知识体系"的字眼，但也特别指出需要重视超语教学设计和自然的超语实践中的知识协商过程（如 Kubota，2016）。Turner和 Lin（2020：431）认为，学习新的语言或已习得语言的不同语域是扩大自己表意资源库的重要途径。而与之同样重要的是，要提升自己对文化和特定社会历史积淀中形成和演化的语言之间紧密关系的批评性反思。这里的批评性反思主要是针对英语的殖民扩张史和少数族裔语言在学校教育中常见的弱势地位而提出的。与此类似，Lee（2018）也提出，只有理解到超语实践对现有研究体系对语言认知局限的挑战，才能努力开拓新的知识框架和角度，来解读和分析超语实践对交际者的意义。

超文化研究也同样重视不同价值体系的对话式整合（Zhu，Li，and Jankowicz-Pytel，2020），而"超知识"（trans-epistemic）这一概念则注重的是超语实践过程中如何理解和协调不同求知方式和知识体系之间的张力与互动关系。本章借助去殖民化研究中对知识实践（epistemic practice）的定义来进一步细化我们对"超知识"的理解。Fricker（2007：2）将知识实践界定为"通过向他人演说来传达知识并理解自身社会经历"的社会行动。由于现代认识论（epistemology）在历史演化过程中不自觉地受到欧洲中心的知识生产地缘政治格局影响，去殖民化的知识实践要求知识传递者对知识及其形成过程中涉及的历史和地缘政治情境保持批评性的反思态度（Mignolo and Walsh，2018）。从这个角度出发，本章将超知识实践定义为具有以下特征的社会行动：（1）认识到知识体系的多样性及由于殖民史和现代知识管理模式造成的不同知识体系的不平等地位；（2）能够糅合或再造多元知识体系；（3）如果可能的话，能够建构与殖民认识论彻底脱钩的、基于地方情境的多元知识生态系统和知识生产方式。本章的分析将从超语、超文化和超知识的联动关系入手，结合超语实践策略分析和元语用分析，来解释主案例的中外学生如何参与建构超语言、超文化身份认同。

第三节　案例情况与分析方法

本章的研究场景是主案例高校里的政治科学与国际关系学院（化名）。该学院是该校最早（2008 年）开设的国际全英语学位项目学院之一。在案例筛选的代表性方面，本案例所在高校和院系均具有国际一流水平，在全球相关专业国际排名中均属前列。在师资配备方面，本案例中的国际全英语学位项目授课教师均具有海内外不同国别地区的博士学位；在年龄分布上不仅有资深教授，也有新进教师；在研究领域方面覆盖学科各个方面。由于该学院的各类国际项目开设年限较长，已经在全球，尤其是欧美知名高校取得了良好的声誉，每年招收的留学生在来源国上覆盖亚欧美非各个大洲的多个国家。因此，在案例筛选方面，本案例的"精英"属性也填补了现有全英语授课项目中来华留学生研究的地域和类型空白，所呈现的案例特征不再是关于师生能否用英语展开学习（He and Chiang，2015；Wen，Hu and Hao，2018），而更多是如何理解英语的合理使用，尤其是如何通过超语实践来丰富和发挥英语作为国际通用语的学术与跨文化交际价值。

在数据采集和分析方法上，本章的数据采集主要包括中外学生访谈、学生自主提供的相关文件、线上观察到的留学生微信朋友圈内容等。为了更好地研究学生多元的语言文化背景对跨文化交际及语言使用的影响，本案例采用多样性最大化抽样法，其中的多样化因素包括国际、教育背景和研究方向等。总共有 20 位学生参与半结构访谈。每场访谈平均时长约 1.3 小时。访谈问题包括入学前的教育与生活经历、申请目前所在全英语项目的动机、语言掌握情况和自我评估的流利度、日常校内外语言使用情况，尤其是否观察到有多种语言资源混合使用的情况、学习中文的意愿及学习过程中面临的挑战、对所在全英语授课项目中各方面情况的评价和体会（如课程内容、教师授课风格、课堂参与和专业相关学术英语的要求）等。所有访谈均征得学生同意，并由本书作者录音、转写和翻译。为了解学生对学校的来华留学生管理工作，本书作者还参与了学校英语网站设计的留学生意见征集会议，并在与会学生中找到了两名全英硕士项目的留学生，也邀请他们参加本章的研究。除了实地观察和访谈，语言使用和跨文化交际也发生在社交媒体等虚拟终端和软件平台。本书主案例中的高校师生普遍使用微信聊天和微信朋友圈作为课外沟通的重要渠道，在语料搜集中，我们定期观察中外学生如何通过微信展开小组讨论、在微信朋友圈记录日常生活和发表感想与评论等，并在得到受访学生允许的情况下将相关内容纳入分析。这些素材，使我们不仅能够了解本案例中的中外学生如何有意识地使用英语作为通用语为主的超语实践来展开跨文化交际，还能够了解他们如何看待所在城市和校园中相关的超语实践。需要说明的是，本案例的民族志语料采集也包括课堂观察和课堂互动录音，并以此作为辅助材料帮助本章中的数据分析。

基于搜集来的民族志数据，本章选取三位学生在城市、校园和线上线下学习空间所展开的超语实践和相关的元语用反思作为三个子案例，来回答上一子节提出的研究问题。这三个案例的选取主要基于以下因素：一是受访学生本身的表达力和对语言使用的反思性认识；二是他们是否在日常社交网络或线下交流中表达出相关的反思性认识，并有意愿分享相关材料以印证他们在访谈中或在微信朋友圈的反思性评论。在确定具体个案后，本章采用三种方法综合分析数据，包括互文性分析、元语用分析和人际互动中的知识立场分析。

互文性是指"文本中充斥着其他文本的片段这一属性；这些文本片段可以是明确标注出处的文本，可能是通过转述融入到当前文本的论述之中，也可能用以表达相反的观点或取得讽刺性的呼应效果等"（Fairclough，1992b：84）。互文性分析有助于揭示文本在不同时空中的流通和转化过程，从而生成全球互通或具有地方情境性的社会内涵。在本章中，互文性分析主要是用来研究多个主体如何通过超语实践创造互文效果，并重点关注来华留学生如何从互文角度，将自己在上海的生活经历和大都市消费空间的超语实践建立联系。

元语用分析植根于社会语言学中的社会诗学传统（Agha，2007；Silverstein and Urban，1996）。元语用研究者主要关注包括信念、习惯、习俗和意识形态等等，是如何在作为社会成员的个体所熟知的日常评价行为中被加强、传播、协商或颠覆的。据 Agha（2007：29）较为典型的元语用评价行为，包括间接引语、形容词、描述性名词、指称当下互动参与人的表达以及描述互动参与人性格和社会关系的话语。元语用行为可以作为非常重要的身份建构话语策略。借助这一策略，"人们通过明确的身份相关的评论，将自己和他人归入特定的社会群体"（Dong 2011: 45）。本章中，元语用分析有助于分析受访学生关于不同社会主体的超语实践的评论。这些主体包括大学行政管理者、学生、邻居和学生本人。除了语言意识形态，本章也会着重分析受访学生运用了何种知识参照系，来描绘理想中的学术和非学术场景中的语言实践。

第四节　国际大都市中的超语实践

如前一章所述，除了少部分华裔留学生和有较长期在华工作经历的留学生可以相对流利使用中文，大部分全英语授课项目中的来华留学生主要依赖项目中的中文必修课来学习、掌握与表达日常所需的基础中文词汇。根据教育部规定，本案例中的全英语国际项目为留学生开设每周四课时的国际中文课程。受访留学生普遍表示，他们所学的中文，虽然不能开展流利的日常对话或学术讨论，但可以完成日常购物、点餐和简单的聊天等。

来自美国的丹尼尔出生在美国南方一个小镇。其来华前在美国一所高校取得财经专业的本科学位，来华后在上海另外一所重点综合性大学学习了一年中文。截至参加访谈时，他在中国已经生活了三年多，能够读懂日常的中文书面语，并可以用中文展开日常聊天。他在微信朋友圈会不时发表一些关于在沪经历的随感。2018 年12 月，丹尼尔在朋友圈发了一条如图 5.1 所示的图文结合的信息。

在这条信息的文字部分，丹尼尔说道："唐恩都乐管'雪人'甜甜圈不叫'雪人'，而是给它取名为'白胖子'。有趣的是，我第一次来上海，小朋友们也叫我'白胖子'。"在这简短的文字中，丹尼尔对甜甜圈国际连锁店唐恩都乐一款圣诞甜甜圈的中英对照的名称发表了元语用评价。

According to Dunkin Donuts, the Snowman donut is not called a 雪人. Instead it is called a 白胖子. Interesting enough, that is what the kids used to call me when I first came to Shanghai.

图 5.1　丹尼尔的微信朋友圈截图

如丹尼尔所说,根据中英对照字典的规范翻译,英语单词"雪人"(Snowman)对应的中文词语应该是"雪人",但商家却用了一个更加口语化和形象的名词"白胖子"作为对应的中文产品名。丹尼尔在访谈中解释道,他发现这个翻译不符合常规后,又回想起他是在什么情景下学会了"白胖子"这个中文词的。那是在他第一年(2015 年)来到上海的时候。他住的地方隔壁邻居家的孩子给他取了"白胖子"这个绰号,因为他那时"长得有些胖(笑)"。而从超语实践的角度看,这个不符合标准译法的中英对照产品名蕴含几个层次的互文性文化附加值。首先,"白胖子"在中文表述里是常见的非正式称呼语。类似于姓氏加上"胖子"一词的称呼语(如王胖子),这样的亲切称呼语,在日常熟人互动的语境中能够起到拉近关系的效果。而肤色加上"胖子"一词的称呼语形式,在流行文化中比较常见。比如"白胖子"一词就被用来称呼迪士尼电影《超能陆战队 6》里一个身形高大、圆润如气球般的机器人 Baymax。因为它在影片中表现得暖心可爱,一直善良地保护着主人公,因此在中国城市年轻人群体和社交媒体互动中通常使用昵称"大白"或"白胖子"。而更早使用颜色加"胖子"来指称卡通人物的例子,是中国观众熟知的日本卡通人物"哆啦 A 梦",一个能从口袋中掏出万物,可以飞翔并穿梭时空的猫型机器人。2012 年起,网络语言中开始出现用"蓝胖子"来指称"哆啦 A 梦"的昵称用法。

自此，颜色加上身形特征描述的组词法，便在流行文化粉丝中成为表达亲昵的一种语言形式。在此语境中，唐恩都乐店铺中的产品名与这一流行文化称呼形成隐形互文关系，也将可爱和亲昵的指向意义映射到了丹尼尔朋友圈发文的甜甜圈配图上，构成了融汇中文称呼语造词规范、美日流行文化的互文性超语实践。

当我们回到丹尼尔对这一超语实践的理解时，会发现基于城市消费文化和流行文化的互文关系，需要有足够的本地隐性知识（tacit knowledge）才能辨识，也需要观者具有相关的多语符综合阅读能力。而这样的要求超出了丹尼尔本身的语言资源储备和对本地流行文化的了解。但是，如以上访谈片段所述，丹尼尔从个人生命经验的角度激活了专属个人的互文性超语实践。当被问到他是否会觉得用肤色做绰号是一种冒犯时，丹尼尔回答说："不，这也是我到上海之后才逐渐意识到的。特别是对老一代人来说，这样起名字不是歧视。他们只是指出了显而易见的事实（肤白）。你可以从他们说话的语气和表情察觉到。我觉得这只是一种直率地表达亲近的方式。"这一回答体现了丹尼尔主动和本地居民交流而带来的跨文化敏感性。在这个案例中，他也将这样的跨文化交际体验通过"白胖子"一词和全球连锁的甜甜圈店的超语实践联系起来，构建了穿越时空的超文化亲近感。

第五节　校园内的超语实践

来自德国的克里斯多夫在入学前已经有过学习中文的丰富经历，陆续在德国一所重点高校和北京大学各学习了一年中文。与丹尼尔类似，克里斯多夫能够用中文进行简单的日常交流，还能够阅读校内外的非学术中文书面语。在访谈中，克里斯多夫提到他对大学校园内留学生宿舍的一则中英对照通知的语言问题作出修正，并通过邮件寄送给学校的留学生事务办公室，希望他们改进。通知的具体文字如下：

Original Notice for the International Students Dormitory Application

Dear Students:

The details of the International Students Dormitory Application for the Upcoming Holidays and Next Semester are listed as follows:

For Self-support Students:

1. **Students who need to keep the current dorm during winter break and next semester.**

   Please register at the reception which is located in the main building before 21st December 2018, 17:00 (GMT+8); and pay your dorm fee which covers the holiday and 800 CNY as deposit for next semester between 24th December 2018, 08:00 (GMT+8) and 28th December 2018, 1700 (GMT+8). **Students who fail to register or pay the required fees before the deadline would have to move out of dorm before 13th January 2019, 12:00 (GMT+8).**

   PS: **The amount of holiday fee is the same as regular fee.**

2. **Any current residents apart from the mentioned above:**

   (any other could mean including the scholarship students)

   If you want to stay in the dorm for next semester, please visit the ISO website to carry out the booking procedure. The booking online session starts from 22nd January 2019, 09:00 (GMT+8) to 24th January 2019, 09:00 (GMT+8).

3. **Other notice is to be assigned for international students who live in the Asian Youth Center.** *(Another is better than other)*

   (does the following paragraph belong to section number 3?)

   For Scholarship Holders (who do not have to pay the dorm fee):

   The mentioned above does not apply to scholarship holders (who do not have to pay the dorm fee) and rules for them go as usual. Students who finish their study this semester would have to move out of dormitory before 13th January 2019, 12:00 (GMT+8).

Please spread the words as well as make your decisions and preparation in advance so everyone has a place to stay.

Thank you very much for your understanding and cooperation! 等等 *(scroll down)*

Less misleading **Notice for the International Students Dormitory Application**

Dear Students:

The details of the International Students Dormitory Application for the Upcoming Holidays and Next Semester are listed as follows:

1. For Self-supported Students

a) **Students who need to keep the current dorm during the winter break and the next semester.** Please register at the reception which is located in the main building before 21st December 2018, 17:00 (GMT+8); and pay your dorm fee which covers the holiday and 800 CNY as deposit for next semester between 24th December 2018, 08:00 (GMT+8) and 28th December, 17:00 (GMT+8).

PS: **The amount of the holiday fee is the same as the regular fee.**

b) **Any current self-supported residents apart from the mentioned above:**

If you want to stay in the dorm for next semester, please visit the ISO website to carry out the booking procedure. The booking online session starts from 22nd January 2019, 09:00 (GMT+8) to 24th January 2019, 09:00 (GMT+8).

c) **Another notice is to be assigned for international students who live in the Asian Youth Centre.**

2. For Scholarship Holders (who do not have to pay the dorm fee)

The above mentioned does not apply to scholarship holders (who do not have to pay the dorm fee) and rules for them go as usual. Students who finish their study this semester would have to move out of the dormitory before 13th January 2019. 12:00 (GMT+8).

Please spread the word as well as make your decisions and preparation in advance so everyone has a place to stay.

Thank you very much for your understanding and cooperation!

对比留学生工作处的英语通知和克里斯多夫用斜体标注修改过的通知，我们可以发现克里斯多夫并没有把中英对照通知仅仅看做从中文到英语的文字转换，而是从超语实践的身份认同和文本化策略角度对其进行评价和修改（Canagarajah，2013a）。虽然他并没有使用这些术语，但在下面的访谈片段中，他详细解释了自己的批评和修改目的，并与 Canagarajah（2013a）提到的这两个策略有很多共鸣。相关的访谈片段如下：

访谈片段1

就像那天我们有个关于学生再注册的通知。如果你看中文版的话，逻辑很清楚，前面的1、2、3点是奖学金生的注意事项；另外一点是自费生的注意事项。但你如果看他们的英语版，就会发现没有中文版表述得那么清楚。英语版没有用1、2、3的阿拉伯数字来标出不同的注意事项，而是用了粗体字。这就使得中文版里清晰的逻辑在英语翻译里消失了。这则通知贴在留学生公寓主楼的电梯旁。对那些不懂中文的留学生来说，英语版的意思不够清楚。而这会导致很多留学生需要去询问留学生工作处，究竟再注册的流程是怎样的。但如果他们在第一步出通知的时候就把工作做到位，后续就可以减少很多不必要的麻烦。

首先，克里斯多夫非常明确地指出，这则通知的发声主体是国际学生办公室，英语缩写为 ISO。他认为，作为学校的留学生管理机构，发出的通知应当逻辑清晰，步骤明确，从而保证行政效率，尽可能减少重复解释和误导带来的额外工作量和低效率。根据这一基本前提，他认为，中、英文版本的通知应当在超语转换时通过语符资源的综合运用，为懂中文和懂英语的留学生传递相同质素的机构"声音"。因此，他在对比中、英文通知版本时，并没有仅仅把它们看做是简单的中、英文"语码转换"（code-switching），还同时重视多模态元素的协同使用是否有效地保证机构"声音"的逻辑清晰。在修改后的版本中，克里斯多夫也体现了自己的多模态读写素养——通过同时运用序号、下划线和字体加粗等排版格式策略，以实现不同的表意功能。具体来说，数字序号、下划线和字体加粗共同用做一级标题格式；罗马字母序号和加粗共同作为二级标题格式；字体加粗用来突出段内重要信息。同时，克里斯多夫还对第二和第三个二级标题中的名称作了修改，并用红色标出修改的内容和可能产生的歧义，如"任何现居住户"被改成"任何现居自费住户"，将"其他通知"改为"另一则通知"。

克里斯多夫修改的语法问题并不止于标注出来的部分，他还在没有标注和加粗部分给三个名称加上了定冠词，并将倒数第二段的"spread the words"改成"spread the word"。他说，之所以没有将所有修改都标注出来，是因为他觉得重新调整格式和避免歧义的措辞更为重要；同时，自己也是以英语作为通用语的使用者，语法知识可以学习和提高，在没有影响意义传达的前提下并不需要过分强调。基于这两个原因，克里斯多夫对语法错误的修正没有做标记。从身份协商的角度来看，这样的不标记，可以看做是一种面子修补策略，在英语作为通用语的交际场景下，尽量让双方在互动中"避免冲突，美化挑战和分歧，保留面子，以减轻批评力度等"（Canagarajah，2013a：80）。

第六节　微信互动中的超语实践

本章的最后一个案例聚焦社交媒体学习语境下英语作为通用语的超语实践。来自荷兰的莫罗于 2022 年下旬[①] 来到上海攻读全英语授课国际政治与经济方向的硕士学位。一次课间休息，莫罗偶然发现隔壁教室的黑板上写着荷兰语，就走进教室和老师交流了起来，并由此得知该校为本科生开设了荷兰语选修课。菱心是选修这门荷兰语课的一位中国同学，并在这次偶遇中与莫罗互加了微信。因为次年要去荷兰的大学做校际交流，她有很强烈的意愿想要短期迅速提高自己的荷兰语水平，于是决定和莫罗结为语言学习伙伴。莫罗帮助她学习荷兰语，她帮助莫罗学习中文。莫罗和菱心就此开启了线上线下相结合的语言互助学习过程。表 5.1 选取了他们在微信上的三个互动片段。双方在微信交际中都是用了非正式的英语书写风格。例如，在话轮一和话轮六中，菱心用"u"来指代"you"（你），是典型的网络非正式交际的英语单词简写法。在话轮四中，莫罗用非正式的英语招呼用语"Hey there!"来重启之前因为查找信息而暂时搁置的微信对话。交际双方也都使用了一些并不规范的英语语法与句子停顿标识，如在感叹词后省略逗号，在句子末尾省略句号并用重启一行来标识新句子的开始，用重复出现的小写"h"或"ha"来表示笑声等。非正式的语言风格也部分表现在表情符号的使用方面。莫罗使用了颜文字，如表示微笑的";)"，而菱心

---

① 本案例是第二章中案例二的延伸项目数据。该延伸项目旨在追踪新冠疫情后案例二的全英语硕士学位项目中来华留学生的跨文化交际，尤其关注社交媒体互动的作用。

则使用微信自带的表情包，如 Okay 的手势、狗头和带腮红的微笑等。需要指出的是，这样的互动风格并不是一开始就确立下来的。莫罗的英语使用从互动片段一较为规范的语法和标点使用，逐步转变到了后续片段中省略标点和通过换行来显示新句子的书写方式。这样的互动策略也符合英语作为通用语使用的典型特征。

不同于此前两个案例，菱心和莫罗还将英语作为互相学习荷兰语和中文的中介语言，用以分享语言学习信息，并向对方解释一些外语学习问题。他们在这些解释过程中使用了再度语境化的超语策略。例如，在话轮六中，菱心贴出荷兰语交流活动的双语海报，请莫罗转发给他的朋友，也提问确认莫罗是否能看懂中文海报的内容。在话轮七中，莫罗回答说他通过微信的翻译功能读懂了图中的文字，也答应了菱心的转发请求。接着，莫罗以海报左下方图文共现的"荷兰特色焦糖饼干"为话题，举了他父亲的例子，进一步确认了荷兰特色焦糖饼干确实是当地特产，并建议菱心在淘宝网购"stroopwafels"（荷式松饼），也就是海报里的荷兰特色焦糖饼干。在话轮八中，菱心贴出已经买到的活动奖品照片。照片上排的三包样品正是荷式松饼，包装上也印有"stroopwafels"的荷兰语字样，表明她不仅同意莫罗的建议，也已付诸实践。以上三个话轮的交流在话题上通过以中文、图片、荷兰语、实物照片形式出现的荷式松饼，通过反复的再度符号化而承载了保持话题连贯的功能。这从再度语境化的角度来看，荷兰松饼就不仅是本地人和海外人士都知晓的荷兰特产，还是上海这所校园国际化学生活动的道具和网购可得的进口产品。这样的交流方式得以实现，很大程度上依赖于莫罗对微信翻译功能和淘宝购买国际产品等本地数字生活方式的相关社会知识的掌握。

表 5.1　微信多语互动片段

话轮	说话人 （化名）	内容
		互动片段一
1	菱心	Do u have some recommendations for some Dutch games? 翻译：你能不能推荐一些荷兰游戏？
2	莫罗	Oh let me think about it. You are talking about old Dutch games? I will get back to you. 翻译：哦，让我想想。你是说传统的荷兰游戏吗？
3	菱心	🐣

		互动片段一
4	莫罗	https://www.hoponhopoffholland.com/2020/05/15/old-dutch-games/ Hey there! I think this website provides good information on classic old Dutch games you can play! Is this what you are looking for? 翻译：（网站链接）在啊！我觉得这个网站上的经典传统荷兰游戏很不错！这是你想要找的那种吗？
5	菱心	OK, I will check, thanks [Joyful] [Joyful] 翻译：好的，我去看看。谢谢！［微笑］［微笑］
6	菱心	We might just do some easy language games. Could u invite your friend to come and have fun? 翻译：我们可能就做一些简单的语言游戏。你可以邀请一些你的朋友来玩吗？ This is our poster. I don't know if you could read Chinese? 翻译：这是我们的海报。我不知道你能不能看懂中文？

| 7 | 莫罗 | Haha I can translate it! Looks really nice! I will send it to my Dutch friends. My dad gave me some stroopwafels he brought from the Netherlands. They are gone unfortunately. But maybe you can buy some on Taobao and hand them out that day?
翻译：哈哈 我可以（用微信）翻译！看起来很不错！我会把它发给我的荷兰朋友。我爸给了从荷兰带过来的一些荷式松饼。可惜已经吃完了。但也许你可以从淘宝上买点，然后在活动那天发给大家？ |
| 8 | 菱心 | |

互动片段二

| 9 | 莫罗 | |
| 10 | 菱心 | Is there a difference between Kleding and Kleren?
翻译：Kleding（荷兰语：衣服）和 Kleren（荷兰语：衣服）这两个词有什么区别？ |

		互动片段二
11	莫罗	I would say that Kleding is a more posh word for kleren But it is essentially the same thing 翻译：我会认为 Kleding 比 Kleren 更优雅一些。但这两个词基本是一样的。
12	菱心	Oh, ik zie het "De wegen liggen er rustig en vredig bij." Does the "bij" mean "along the road"? Is the word necessary? 翻译：哦，我懂了（荷兰语）。"De wegen liggen er rustig en vredig bij.（荷兰语：道路安静祥和。）"这里的"bij"指的是"沿着路"吗？这个词是必须的吗？
13	莫罗	You can also say: de wegen zijn rustig en vredig But that's not really a nice sentence for an essay When you add: bij In this case bij it means: roads appear calm and peaceful Or if you want to meet up and ask some things that's also not a problem;) 翻译：你也可以说：de wegen zijn rustig en vredig（荷兰语：道路平静祥和）。但这句如果在文章里的话就不是个好句子。当你在上面那句里加上 bij，它的意思是道路看上去平静祥和。或者如果你想见面讨论的话，我也没问题的（颜文字表微笑）
14	菱心	Me too. If u need me anything, I will try my best to help! [Doge] 翻译：我也是。如果你有任何问题，我会尽力帮忙！〔狗头〕
		互动片段三
15	莫罗	Hi Lingxin. How are you? I was wondering, what is the saying that you taught me? 翻译：菱心，你好。还好吗？我在想，你上次教我的那个说法是什么来着？
16	菱心	Uitstekend. Hhh 一白遮十丑 in Chinese. Oh, I made a mistake. It's 一白遮百丑. The degree is 100hhh 翻译：我很好（荷兰语）。哈哈哈，中文是一白遮十丑。哦，我说错了，是一白遮百丑。程度是一百，哈哈哈。
17	莫罗	Thank you btw!! 翻译：顺便说一句，非常感谢！！

在互动片段三中，莫罗向菱心确认了他们在线下语言学习中提到的俗语——一白遮百丑。在后续访谈中，莫罗提到，学习这个俗语使他意识到中国和欧洲在女性肤色审美上的差异，"欧洲人大都不喜欢苍白的肤色，认为那是不健康的表现，所以很多人会去晒太阳让皮肤变暗。但是菱心告诉我在中国的传统审美是以白为美。当然她也告诉我有很多现代都市女性也喜欢运动和深色的皮肤。这很有意思"。在这一互动中，中文学习以跨文化知识学习的方式展开。更为重要的是，莫罗开始思考欧洲和中国在女性肤色审美标准上的地域性和中欧人群内部存在的观点差异，即虽然有一定的审美差异，但也并不是所有人都持同样的观点。这样的跨文化知识协商带来了跨文化比较的思考，也体现出对群体文化内部异质性的重视。

第七节　分析与结语

上述分析表明，本书主案例中全英语授课学位项目里的中外学生，在城市、校园和网络交流中开展了多种类型的超语实践，参与跨文化交际和跨知识协商。在前两种情况下，尽管两位来华留学生的汉语水平有限，但他们依旧非常积极地调动自己的中英语言资源，来理解自己在上海这座国际大都市的生活经历，并与校内留学生管理机构展开颇具建设性的沟通。跨文化过程经由超语实践和以元语用实践为代表的反思性活动而展现开来。在丹尼尔的案例中，他的跨文化意识连接了两个时空：一个是他抵达上海后居住的地方，另一个是全球连锁的美国甜甜圈品牌唐恩都乐专营店。他的跨文化意识是立足于来华之后沉淀下来的跨时空的跨文化体验，而不是大都市消费空间的商业互文营销策略。在克里斯多夫的案例中，对大学国际学生办公室发布的中、英文留学生宿舍注册通知，他做出了元语用批评。在英语版的修改和沟通中，他体现了英语作为国际通用语的超语实践能力和跨文化交际意识。这样的超语实践实例和相关策略，对我国"双一流"建设高校来华留学生管理与跨文化教育也具有积极的借鉴意义。在第三个案例中，中外学生以作为国际通用语言的英语为中介，展开中荷语言学习互动，调动本地数字生活方式等社会知识，运用再度语境化和互动的超语策略，实现跨文化知识交流。

案例分析表明，超语实践以及相关的元语用分析，可以作为有效的理论视角，帮助探究全英语授课国际项目学生的语言实践和学习经历。该理论视角还有助于在英语作为教学媒介语、英语作为国际通用语和超语实践研究之间建立对话的可能。

基于分散的、多语符的和空间的语言观，超语实践的分析切入口，能够帮助我们从更加精细的视角，发现学生在多语环境的全英语授课国际项目中如何使用英语和其他语言的多种变体、语域、语类和风格，以及多模态的表意资源，共同构建跨文化交际空间（Bolton and Botha，2015；Botha，2016）。这也有助于帮助英语作为教学媒介语的语言政策与课程大纲设置研究，将文化产品和知识的跨国流动纳入考察范围（Aman，2018；Pennycook，2018）。结合上一章的研究结论，我们可以更加清晰地看到，来华留学生的在华跨文化体验，与他们所掌握的语言资源、跨文化经历与意识，以及目前掌握的多元知识体系息息相关。我们也应当意识到，还有相当一部分中外学生可能并不了解这样的超语实践策略，因此在学校内外的跨文化交际过程中会遇到更大的困难。因此，在全英语授课国际项目中，如果能够将超语实践策略纳入现有的学术英语或专业英语课程中，将会更有效地培养学生的跨文化交际能力和跨知识协商能力。

第六章　中文的挑战

在本章中，我们将目光从英语作为教学媒介语转向中文作为教学媒介语。在本书主案例高校中，目前共开设 260 个中文授课三年制硕士学位项目，并且这些学位项目都开放给来华留学生申请就读。与国际中文教学不同，这些来华留学生本科也大多在本国或中国知名高校的中国语言文学专业就读，通常具有不错的日常中文交际能力。因此，他们在跨文化交际体验上与中文水平较低的留学生相比，有较大的优势。本章中，我们首先关注在中文作为教学媒介语的场景中，来华留学生的语言实践，及其与教师语言选择和课程设置之间的关系。第一节将引入超语实践作为理论视角研究全中文授课中来华留学生的语言与内容学习，并提出本章的研究问题。第二节将简要介绍本章的案例情况和受访师生基本信息及数据分析方法等。第三节到第五节将介绍本章的研究发现。第六节将结合本章的研究发现与现有文献建立对话，并对相关课堂教学实践和中文作为教学媒介语的语言政策与规划提出建议。

第一节　超语实践与全中文授课国际项目中的语言与内容学习

在来华留学生教育语言政策方面，高质量的来华留学生教育是中文全球服务能力提升的重要内容。新冠疫情对世界格局产生重大影响，国际文化交流面临严峻挑战，如何有效提升中文的国际地位和影响力，成为中国语言文字工作的重中之重（王辉，2020）。然而，现有来华留学教育质量的研究显示，来华留学生的来华学习动机主要集中于中国的经济发展前景、奖学金支持和未来就业前景等，对就读体验则态度不一（马佳妮，2017）。相关研究还发现，就读硕博研究生项目的来华留学生，中文学术语言水平较低，在用中文开展学术学习和学术研究方面面临着巨大挑战（蔡宗模，杨慷慨，张海生，吴朝平，谭蓉，2019；马佳妮，周作宇，2018）。如何帮助这些留学生更好地掌握学术中文，开展专业学科学习，是提升来华留学生教育质量、推广中文成为国际学术通用语的关键问题（李泉，2019）。

本章采用多案例质性研究方法，以超语实践为理论视角，分析四个学科中文授课国际项目中来华留学生教学语言使用情况，以及机构与个人采取的教学策略帮助他们应对相关挑战是否有效。本章将在以下三方面对现有超语实践研究作出补充：第一，现有研究主要基于英语作为教学媒介语的语言类或内容型课程，或中文作为外语的语言类课程展开研究，而对中文作为教学媒介语的内容型课程尚无关注。本章将在研究议题上对现有文献作出相关补充。第二，现有超语实践研究多聚焦于课堂教学，或国际与区域性的教学和语言资源不平等问题对教学语言使用的影响，因此研究范围局限于课堂内的超语实践。本章以 Lin，Wu 和 Lemke（2020）基于生物学的生态系统隐喻为基础，将超语实践看做无界的跨语符流动，聚焦于来华留学生如何与他人（包括老师、学生、朋友等）、书本、论文、计算机、手机、网络等有形和无形的"主体"建立关系和关系网络，由此启动作为无界流动的超语实践。第三，将超语实践研究聚焦于来华留学生如何在相关课程中运用超语实践完成中文作为学术语言的专业知识学习。我们将 Lin，Wu 和 Lemke（2020）的超语实践的定义，从跨语符的流动拓展到跨语符和跨知识体系的流动，也由此关注学术语言本身因为跨国和跨区域知识的传播与生产，而具有的动态和超语属性。本章的具体研究问题有：

（1）在学术中文学习方面，就读中文授课国际项目的来华留学生遇到哪些困难，是如何应对的？

（2）在学术中文学习和专业知识学习的关系方面，就读中文授课国际项目的来华留学生是如何定位和协调的？

（3）在教学媒介语言政策方面，有哪些对策可以帮助来华留学生更好地应对学术中文和专业知识学习的挑战？

第二节　案例情况与分析方法

本章着重考察主案例高校不同学科类型带来的中、英文学术语言选择和学术知识定位差异，并进一步考察这些差异如何体现在中文授课课程的课堂语言管理中，和来华留学生的语言信念与语言实践等语言政策研究层面中。考虑到理工科的学术语言受国际科学标准化的影响较大，国内外同质性更强，我们以人文社会科学为范围，最终选定中文系、新闻系、哲学系和高等教育研究所的中文授课国际课程开展研究。这四个系、所的中文授课国际课程，在内容本土性与全球性、授课方法和办学规模上各具特色，使得案例具有一定的代表性与多样性（Yin 2016）。所选院系中文授课国际项目在读来华留学生人数在8—15名不等。授课教师均为中国籍老师，均取得国内外博士学位。我们采用半结构学生访谈、线上线下观察和课程材料分析相结合的方法展开研究，并通过滚雪球法陆续联系到其他愿意接受访谈的留学生。在受访学生筛选方面，本研究遵循多样性最大化原则，旨在呈现受访学生的学习与工作经历、国别、语言掌握、专业方向等方面的多元性（见表6.1）。

表6.1　受访学生基本信息

学生	来源国	语言（语言水平自我评估）	专业	年级	学习与工作经历
S1	约旦	阿拉伯语（母语）、英语（流利）、中文（一般流利）	广播电视学	研一	约旦某大学四年制本科（中、英双语语言与文学专业）；中国某大学中文专业交流生半年
S2	哈萨克斯坦	哈萨克斯坦语（母语）、中文（一般流利）、英语（日常阅读）	新闻学	研一	中国某大学中国语言文学专业四年制本科
S3	葡萄牙	葡萄牙语（母语）、英语（流利）、中文（一般流利）	传播学	研二	葡萄牙某大学中文专业四年制本科

学生	来源国	语言（语言水平自我评估）	专业	年级	学习与工作经历
S4	韩国	韩语（母语）、中文（一般流利）、英语（日常阅读）	修辞学	研二	韩国某大学中国语言文学专业四年制本科；中国某大学对外中文专业交流半年
S5	泰国	泰语（母语）、英语（流利）、中文（一般流利）	手语语言学	研二	泰国某大学中国语言文学专业四年制本科
S6	波兰	波兰语（母语）、英语（流利）、德语（流利）、中文（一般流利）	中国语言与文化	研二	波兰某大学中文专业四年制本科；中国某外国语大学交流一年
S7	韩国	韩语（母语）、中文（一般流利）、英语（日常阅读）	高等教育	研一	韩国某大学中文专业四年制本科；教育系统公务员八年
S8	日本	日语（母语）、英语（流利）、中文（一般流利）	教育经济与管理	研一	日本某大学历史专业四年制本科；英国某大学中日战争史专业两年制硕士
S9	意大利	意大利语（母语）、英语（流利）、法语（流利）、中文（一般流利）	中国哲学	研二（博士）	意大利某大学哲学专业四年制本科；中国某大学中文专业两年制硕士；在华英语教学经历一年
S10	德国	德语（母语）、英语（流利）、中文（一般流利）	中西比较哲学	研三	德国某大学中文语言文学专业四年制本科；在华中文交流生半年

　　如表 6.1 所示，最终共有 10 位留学生参与本研究。受访学生在中、英文之间自选感觉舒适且能更好表达的受访语言。除第十位受访学生选择英语，其余学生均选择使用中文接受访谈。在中文表达受限制的情形下，受访学生会使用英语，偶尔也使用手机词典，解释少量母语中的词汇或者课堂学习中提到的一些词汇以及专业术语等。

每个访谈的时长为 90～120 分钟。半结构访谈问题涉及来华留学前的学习、工作与生活经历、来华留学动机、课程学习体验（如课堂学习、知识学习、语言使用、课外自学等方面）、学校和院系组织的语言辅导或学术活动、日常生活中的语言使用等。线上线下观察，主要包括受访学生朋友圈和相关校内留学生活动等。课程材料包括课程大纲及学生自愿提供的课堂报告和课程作业等。本章的分析主要基于半结构访谈数据展开分析。其他材料作为辅助资料，以协助解读相关的访谈资料。

本章作者将访谈录音转录成文本，首先采用开放编码，对转录的访谈文展开归纳（inductive）分析（Corbin and Strauss，2008），然后运用 Dafouz 和 Smit（2016）提出的多语环境中、英文授课课程语言政策路线图分析框架对编码做主题分类。为适合中文作为授课语言的语言政策分析，我们对路线图分析框架做了部分调整，主题分类所使用的推理型编码的相关分析框架维度具体包括：

（1）中文之于英语和其他语言的角色；

（2）学术科目（Academic Disciplines），具体包括学科知识和学术素养，如学术论文写作、课堂报告、学术讨论等；

（3）语言管理（Language Management），主要包括教学语言政策规定和师生自主确立的课堂语言使用规范；

（4）行动主体（Agents），主要指留学生及其社交网络中的成员（如学生、教师、校外和过往的师长朋友等）；

（5）实践与过程（Practices and Processes），主要指留学生学习专业知识和发展学术素养的实践活动与过程；

（6）国际化与全球地方化（Glocalization），包括课程的学科内容和教学设置上的国际化和全球地方化相关性的问题。

在编码过程中，我们以前三个维度为编码主题，后三个维度作为前三个维度的细化角度，生成开放编码的相关子主题。后三个维度对前三个维度涉及的参与主体、实践活动和性质作出情境性的界定，并作为前三个维度的细化角度，生成开放编码的相关子主题。下面三节的案例分析将基于前三个主题展开具体论述。我们首先分析课堂语言管理与师生的多语语言意识形态，然后分析来华留学生的学术中文学习和学科知识学习中的超语实践情况。

第三节 课堂语言管理与多语语言意识形态

尽管所有课程政策规定均以中文作为教学媒介语，但所有受访学生都提到，各系、所教师的课堂语言管理均容许使用多种语言及其变体，包括但不限于普通话及其方言变体、上海话、上海手语和英语。其中六位受访学生都提到，学习中的首个语言挑战是对中文普通话的方言变体的听力识别能力。如 S3 所说，授课教师带有方言口音的普通话，与他们此前学习的以 HSK 听力测试题为代表的标准普通话有很大差异。

> **访谈片段 1**
>
> S3：到这边老师会有口音，然后对我们来说是很困难的。有上海口音，也有其他地方口音。
>
> 研究者：突然发现中文会这么不一样。
>
> S3：对，因为我们参加的中文水平考试，听到的是那种很标准很清楚的中文。来到这边后，就听到有很多带地方口音的中文。其实这也很有趣。

> **访谈片段 2**
>
> S1：因为一直在约旦学习中文。我来这里之后听不懂，有地方口音。但是中国学生说的能听懂。我觉得中国学生讲课比较好。有时候找中国学生，老师刚才说了什么？然后他很简单告诉我，就这样。
>
> 研究者：老师布置的阅读材料是什么语言的呢？
>
> S1：有中文和英语。中文的看不懂，如果是英语的，可以看懂。有一些老师说我们写论文可以和中国学生一起，老师分组的，那个组让我看英语然后总结一下。因为有五个中国学生，我自己写中文总结给他们。
>
> S5：我们这个课程（项目），一年会上哪些基础课，然后上语言学理论之类的，就觉得挺难的。
>
> 研究者：你们都是选中文的，然后再看，还是会选一些英语的也一起看？
>
> S5：也有。英语材料很多。我上的课英语材料好像更多，比如说历史语言学，老师会用英语材料上课。

同时，受访学生均表示，所修课程任课教师均会根据课程内容选择使用中文为主、英语为辅的课堂语言管理，差别仅在于两种语言的比重会根据学科课程内容的要求有所变化。在访谈片段 1 和访谈片段 2 中，S1 和 S3 特别提到授课教师的口音问题，以及将中、英文阅读材料纳入课堂阅读材料时，两种语言的比重应根据学科课程内容的要求有所变化。并且在小组任务中由 S1 自己自主选择阅读英语材料的子任务，以降低阅读中文学术文献带来的困难，继而转用中文撰写总结。与新闻系的情况类似，中文系的课程中也纳入了相当比重的英语课程材料。在访谈片段 2 中，S5 特别提到课程类型和特定的学科子分支课程会对英语材料比较看重。由此可见，在课内外教学活动中，师生均作为行动主体参与到课堂语言管理中，并不因为中文是政策规定的教学媒介语而单一使用中文，而是将英语和中文及中文变体都有机融入教学过程中（Wang and Curdt-Christiansen，2016）。

受访学生在课程中的语言挑战还包括从日常中文的听说读写到学术中文的课堂报告、讨论、书面小结和论文撰写。受访学生普遍意识到，这种转变是本科阶段中文语言能力学习向研究生阶段学术学习转变带来的语言使用变化。但该校中文授课项目大多缺乏相应的学术中文课程，也没有将学科内容与学术中文的教学相结合，受访学生大多对如何应对这样的中文语域（register）转变并有效学习学术中文缺乏认识。

访谈片段 3

研究者：你觉得研究生学习和本科的学习会有很大的差别吗？

S6：有很大的差别，因为一个是在波兰，所以如果他们教我们中文，老师大部分时候用英语解释。可是现在我们学习语言学的方面。他们不教我们中文。他们通过中文教我们另外的东西，所以我觉得这个是大的差异。还有我要看很多中文书。这不是对外国留学生的材料。这是对中国人的材料，所以我开始学习就真的很难。在这里我觉得中国人不用很长的词或者句子，因为在日常生活中不用这样的词。然后作业我觉得也是很大的差别。因为在本科的时候，我们的作业要用中文写，比如你的梦想或者你的理想。在这里不一样。你要比如说解释逻辑或者语言有什么差别，所以抽象的东西更多。

在访谈片段 3 中，S6 谈到了她对学术中文和对外中文学习差别的认识。S6 细致地描述了日常中文与学术中文的一些特征差异，例如句子长度、话题和抽象程度的差异等。但同时她还认为，因为老师是以与来华留学生共同学习的"中国人"，即中国学生，为教学的目标群体，才没有开展学术中文的教学，即默认只要是中国学生就不需要额外的课程来学习学术中文。以"中国人"和"外国人"作为教学对象的区别为基准区分语言教学是否必要，使得受访学生常常以"添麻烦"和"不想添麻烦"来解释自己为什么不愿意主动寻求中国学生的帮助，而陷入自带"语言缺陷"的学习观（Lin，2015，2020）。

访谈片段 4

S4：老师会告诉我们，写论文的时候我们要注意的是什么，还有写论文的时候，那些参考文献都必须标记好，论文框架要很明确。这种写作的方式，老师会教我们。我们应用到论文的时候，每学期汇报，那个时候如果有问题，我们大家就可以修改、纠正，就是这样的。

在访谈片段 4 中，S4 提到她在中文系的导师为自己门下的硕士生单独开设了学术中文的"小课"，中文系的一些老师对学术中文教学的重视可见一斑。通过学术中文课程的开设辅助相关的学科内容课程，使得所有学生都得到了系统的学术中文支持，也让来华留学生避免了以中外学生的二分法来理解学术中文学习有无必要的想法。如 S4 在访谈片段中的主语代词"我们"所示，同一"师门"下的学生因为学术中文"小课"的开设而形成了自发的"社群"认同，并以此为基础开展学术内容和语言的双重学习（Galloway，Numajiri，and Rees，2020）。

第四节　超语实践作为学术中文学习的自发形式

为提高学术中文水平跟上学科内容的学习，受访的留学生广泛通过超语实践自发地开展学术中文学习，并且不局限在课堂内的师生、生生互动，而是拓展到课堂内外各类学术活动中，具体包括课程材料的文献搜索与阅读、课程作业的撰写、课堂小组报告的分工、准备与课堂展示，以及论文的撰写、讨论与修改等。

受访学生首先要应对的学术中文挑战便是课程材料的阅读。在访谈片段 5 中，S8 并不将中、日学术语言作为互相独立的语言系统，而是认为自己本科阶段在日本的学术日语训练有助于提高自己的中文能力，并积极运用日语资料学习相关的高等教育课程内容，而将中文和英语分别用于学习查找对应的语言使用区域的学科文献。除了辅助阅读理解学术文献外，超语实践还被运用到理解和比对专业术语中。

访谈片段 5

S8：有可能是我一直在大学，提高了自己的思考能力、日语的表达能力。随着自己母语的发展慢慢提高了中文的能力，有可能是这样，我真的自己没有好好学习中文，我是要继续努力学习。

研究者：你到这里来读书，觉得中文对你是一个很大的挑战吗？

S8：学术中文有一些挑战，但是没有人帮我改，主要靠自己。自己学习还是看看日本的数据比较多，还是用母语学习效率比较高，所以我觉得还是用日语通比较多。一般的东西和世界通用的东西是可以用日语找，但是比如与中国教育相关的事情，我肯定去知网。如果那个话题是跟 English-speaking countries 有关的话就去查英语的材料。

与其他三个院系不同，中文系的一些受访留学生与中国学生形成了较好的互助学习社群，并将此主要归因于"师门"传统。在这样的师门传统下，导师会给"门下"的学生开设专业相关的"小课"，并在课上不时提醒中外学生之间要互相帮助，并同时强调"师兄师姐"在学业上有责任教导和帮助"师弟师妹"，而不以国别为区隔。这些留学生自然纳入"师门"学生的互助学习社群，并在社群学习中通过超语实践来提升学科相关的学术中文水平。在访谈片段 6 中，S4 提到了中国学生如何帮她用学术的语言表达她用日常语言描述出的内容，并在解答她的问题的过程中得到自己论文写作的相关灵感。从日常语言到学术语言的超语实践成为解决学科知识问题的"钥匙"，也侧面体现了学科内容与学术语言学习不可分的交织关系。

访谈片段 6

研究者：你们除了课上的这样的讨论之外，课后还会有交流吗？

S4：会的，因为我每次写论文的时候问题比较多，因为我的论文框架里面我想写一个东西，但是我不知道这些关系用汉语怎么表达，我这个时候就找过学生，找过师兄，我就说我想表达这个东西，但是我不知道这个汉语怎么说。

这个时候我需要书面语的表达方式，但是我可能就找不到比较合适的表达，用专业的术语。

研究者：你在学业或者其他方面上有没有也帮助到你的中国学生的情况吗？

S4：学术方面的话，我觉得他们可能就在帮助我们的过程中得到自己论文的答案。我朋友是这样子的。因为怎么说呢，我也想帮助我朋友，但是我可能基础就没有他们那么巩固，所以我可能每次提的意见没那么深的。但是我朋友每次告诉我的时候，他们在这个过程中会发现，"我的论文也要这么改了"，然后他们就去改。在教我的过程中，他能学到东西，然后就回去修改。

在中文学术写作中，受访学生均提到运用谷歌翻译等计算机辅助的超语实践来解决语言问题。在访谈片段 7 中，S1 在约旦认识的中国学生通过微信语音和文字互动的方式为她提供了中文学术写作指导和逐词逐句的修改，并通过中文和阿拉伯语交织的方法为她讲解中文写作的规范（据访谈数据）。这样跨时空的学术中文和阿拉伯语学习互助为 S1 提供了学术中文的教学支持，而超语实践的互动主体则不仅包括 S1 和她的中国学生，还包括谷歌翻译、手机微信、计算机、微软 Office 文档审阅工具共同构建的关系网络（Lin，Wu，and Lemke，2020）。

访谈片段 7

研究者：你是用谷歌翻译，还是……

S1：对，有时候我自己写，比如写论文的时候开始写到这些英语，用谷歌翻译，我还是觉得谷歌也不怎么好，给我中国朋友，帮我一下。是我在约旦的中国朋友。我以前一直帮他们，他们自己说，如果有什么困难可以发给我们。他们当时在约旦大学上学，如果他们遇到了什么困难，我也是互相帮助。我帮他们学阿拉伯语，他们帮我学习中文。就这样。

访谈片段 8

S3：OK, when they（中国学生）want to discuss ideas，他们说得很快，我有时跟不上他们。所以他们压力也很大，不可能每句都来跟我解释他们的意思是什么。但和外国学生，我很容易聊天，很容易分享 ideas。有时候有一边用中文一边用英语，是那种慢慢地聊天，慢慢地写，慢慢地了解，我们想做什么，想写什么。有时候写完之后我们互相提意见，做修改。

在课外小组讨论中，超语实践也被一些受访学生有意识地用来完成学术讨论和解决论文写作的问题。在访谈片段 7 和 8 中，S1 与 S3 共同完成一项小组任务，选择使用英语和中文交织的方法完成讨论，并互相修改对方的中文写作，完成小组报告。表达和分享因为超语实践而变得"容易"，并因为共同的任务目标和相似的中、英文语言配置（linguistic repertoire），使得这两位学生实现了互助的学习社群。此外，因为多数学生本科就是新闻专业，所以在学科内容上也比中文专业的留学生有更多的专业知识基础，使得留学生在参与讨论的时候因感受到很大的压力而选择保持沉默，因为"中国学生都很厉害"。

由此可见，超语实践在受访学生的学术中文学习中发挥了重要作用。来华留学生学术中文学习相关的超语实践渗透到学术学习的不同过程中，在多元主体共同构建的跨时空动态关系网络中有机展开，综合多种语言和语体并跨越多种媒介和语符系统（如书面、口语、社交媒体的文字和语音信息等），并不受到宏观教学媒介语言要求的限制。中文系的受访学生则谈到导师对专业发展历史的介绍，并将文献语言选取的原因放到专业发展历史中去。导师对文献的筛选和阅读的要求兼顾了国际视野和本土观照。同时，S5 也思考了目前所学专业与泰国高教相关专业设置空白带来的可能的就业机会，也有助于亚洲内部的区域性知识传播与再生产。

第五节　超语实践作为学科知识体系的协商策略

除学术中文学习外，超语实践也被受访学生作为课程知识体系协商的一种策略。在新闻系课程的教学中，三位受访学生都多次提到课程内容主要是讲中国、美国和英国的相关议题，而他们自己国家的相关专业知识和实践案例并没有被纳入课程内容中。因此，他们在多个课堂报告中自主加入了本国的相关内容，得到了老师的肯定。这种由来华留学生自主开展的自下而上的课程知识体系多元化尝试，也依托超语实践而得以实现。

高等教育专业的受访学生也遇到过类似问题。在访谈片段 9 中，韩国学生 S7 发现，课程中关于美国和欧洲高等教育的内容超过中国高等教育的部分。究其原因，可能是中国学界和高等教育发展过程中对欧美发达国家高等教育制度的学习。由于韩国历史上也曾长期以欧美国家为标杆，开展教育制度和体系的建设，S7由此批评性地反思了以欧美或所谓"西方"为标杆的线性发展观对中国高教研究和课程设置的影响。同时，S7还考虑到，中、韩两国互相交流的留学生，在学习学术韩语和学术中文上遭遇的类似困难，也使得他们更倾向于选择与自己国家相关的研究课题，而不是开展关于目的国的相关专业研究。这样颇具同理心的反思，也从侧面反映了学术语言的学习在学科研究中的重要作用，以及普遍存在的缺乏支持的问题（Rose，McKinley，and Zhou，2019）。

访谈片段9

　　S7：我们的课程里面大部分的材料不是由中国来的，原来是美国的，是美国的教育学或者欧洲的教育学家的理论。我原来以为在中国学习，比如说我们中国专业是高等教育学，那我们学习的中国的高校现况，中国的高校制度怎么样，但其实不那么多，都是美国的、欧洲的、西方的高校的起源，西方的高校的发展背景，关于中国自己制度的不那么多。

　　研究者：你的研究方向是什么呢？

　　S7：我的研究方向是比较中国和韩国的高等教育法律政策。我觉得中国的制度很有特色，越学越觉得和我们韩国的制度不一样。但在中国学习韩国高等教育制度的不太多，其实中国大部分都在学习欧美发达国家。高等教育的（学术）交流不那么多。我觉得从中国来的（学生）在韩国学习，他们研究中国的制度，不是韩国的制度。我理解他们的，因为他们很难理解韩国的，找中国的材料比较方便。

　　研究者：所以他们（韩国的中国留学生）遇到的问题跟你是一样的。

　　S7：跟我一样的，我真正了解。但是我觉得我们应该有更多（中韩）互相的研究。

　　综上所述，超语实践为来华留学生带来了跨知识体系的反思与实践，也侧面反映了现有课程设计上不同程度的国际化不足。中国与以欧美为代表的"西方"国家常被隐性地等同于"国际"，而中亚、中东乃至韩国这样的东亚国家都很少被纳入课程大纲的"国际"范围。然而，受访学生对课程大纲的国际化不足都作出了批评性的反思，并将其联系到学科发展史和区域国际学生流动中的语言障碍等因素，作出理性的解释和分析。

第六节　分析与结语

以上分析显示，本章所调研的四个院系的相关授课教师，均或显或隐地采用了多语语言观进行课堂语言管理。中文和英语的多种变体和不同语域能被纳入课堂教学的不同活动中。而受访学生在课外讨论中，并不以单一语言观来界定学术语言的学习，而是有效运用从母语学术语言的有意识迁移，不同语言的学术文献的比对分析，自主构建包括电脑、手机、网络、社交媒体和学生朋友之间的学术中文互助社群，通过超语实践，构建了跨语符的学术中文学习生态系统（Lin and He，2017；Lin，Wu，and Lemke，2020），既减轻了学术中文学习的压力，又辅助提高了学术中文水平，还从中意识到学术语言与日常语言的连续性而非对立性，不同语言的学术语言之间的可参照性。（García and Solorza，2020）

超语实践也为受访学生提供了反思和应对现有课程内容国际化关照不足的问题（Leask，2015）。通过超语实践，综合阅读和比对不同语种与地域的专业相关文献，受访学生对课程大纲中缺乏中国和欧美以外国家的相关学科内容，进行了批评性反思；并借助任课教师或自身跨国流动经验，理解性地阐释了相关的知识生产全球不平等问题与学科发展史或经济发展水平的关联（Song J.，2018；杨瑞，沈裕挺，2020）。在意识到课程国际化水平问题的基础上，部分受访学生还有意识地运用自己的多语优势，在课堂报告中增加其他地区和国家相关联的专业知识与案例，自下而上地丰富了课程内容的国际化关照视角。

在理论贡献方面，本章基于现有文献和后人本主义研究传统，提出将超语实践作为多元主体，共同构建跨语符和跨知识体系的关系网络。通过上述分析，我们认为，超语实践的理论视角，有助于摆脱现有高等教育国际化研究文献中将留学生的语言"缺陷化"的论证倾向（蔡宗模，杨慷慨，张海生，吴朝平，谭蓉，2019；李玉琪，崔巍，2017）；并将学生的学术中文和专业学习放置在其跨国流动和课堂内外、线上线下的多语语言使用语境中去，也由此为微观语言政策分析提供了新的可能。我们呼吁更多研究者将目光投向中文授课的国际课程项目。要重点关注学术中文的系统教学，以及学术中文与学科内容结合的教学设计（崔希亮，2018；吴勇毅，

2020；赵杨，2019）。尽管受访学生通过不同的超语实践策略自下而上地构建了国际化的学习生态体系，然而这远远不够。教学媒介语言政策和课程国际化建设的相关支持，将有助于来华留学生运用更多的政策和课程资源，构建适合自身的超语实践策略和互助学习社群。英语作为教学媒介语言，对学术英语支持的相关政策建议，也将有助于开发学术中文支持系统（Galloway，Numajiri，and Rees，2020）。

在语言政策制定与教学实践方面，我们提出以下建议：一是教学媒介语政策方面应基于多语语言观和多元知识观的设计理念，打破中、英文教学媒介语的区隔，鼓励国际化课程设计者和专任教师在学术语言的教学中纳入超语教学方法展开设计，发展学生的多语学术素养；二是在课程国际化建设中，摆脱中西二元的或以欧美发达国家为参照系的专业知识格局，将包括"一带一路"沿线国家等在内的世界各区域生产的知识纳入课程设计，在增强中文作为学术语言的话语权的同时，发挥来华留学生作为多语言知识分享和创造主体的能动性；三是进一步提升学术中文教学在国际中文教育规划中的地位，结合中文本体和国际中文教学研究的现有成果，参照不同国家的学术语言教学体系和模式，对学术中文的国际教学做进一步深化和完善。

不可避免的是，本章的研究结论尚存在一定的局限性。目前研究对象集中于人文社科相关专业，对理工科和商科的情况尚待系统考察。此外，由于中国各地教育资源分布不均，学校的国际化政策也存在较大差异（马佳妮，2018），本章的研究结论需要与更多来自不同研究语境的相关案例对比，才能更好地呈现中文作为教学媒介语的课程实施情况和政策需求。

第七章 差序的知识

上两章从语言实践角度切入，研究全英语和全中文授课学位项目来华留学生的跨文化体验。本章从批评认识论的角度探讨来华留学生在主案例高校的政治学与国际关系项目中的学科知识学习情况。在高等教育国际化语境中，我们如何理解知识的全球性生产、传播与国际留学生流动的动态关系？本章尝试通过中国台湾学者陈光兴提出的"亚洲作为方法"这一理论视角，基于质性访谈数据，分析本案例中外学生的学科知识学习与语言使用的关系。第一节将引入本章的批评认识论方法——"亚洲作为方法"，进而提出本章的研究问题。第二节将介绍本章的研究场景和数据采集与分析方法。第三节到第五节是本章的主体部分，将基于循环往复的内容分析结果，从三个方面理解本章案例中师生如何调用多元知识体系，开展全英语授课国际项目中的教学实践，并反思现代性的不同可能。第六节将基于现有发现对目前全英语教学研究的理论视角和实践方式提出可行性建议，并对"国际化"这一核心概念的定义提出修正方案。

第一节 "亚洲作为方法"

从"亚洲作为方法"出发，本章把批评认识论作为理论切口，对高等教育国际化语境中"全球北方"的知识霸权展开批评性分析，并探索世界范围内知识生产的多元发展路径。本章的批评性认识论视角的研究重点在于高等教育国际化过程中，国际、国家、院校和人际与个人等多层面的知识生产与散播主体之间的动态互动关系；其批评性主要体现在对世界范围内知识生产地缘政治格局不平等在各层面主体实践过程影响的关注。运用互为参照和文化融合的理论语汇，本章将分析重点放在多层面主体的知识参照系和文化想象，如何结构和塑造中外学生对全英语授课国际项目的期待、遭遇的挑战和实际的学习经历。"互为参照"的概念有助于发现师生在设计、理解和协商全英语项目课程大纲时所运用的知识参照系；而"文化融合"的概念则有助于发现师生所运用的知识参照系之间不平等的地位及其背后的权力关系，从而分析学生如何运用"弱的"或"被忽略的"臣属知识参照系来想象学科知识生产及全球化背景下现代性的多元可能。具体的研究问题有：

（1）本案例中的全英语授课国际学位项目在设计和实践中都涉及到哪些主要的知识参照系？

（2）中外学生运用了哪些知识参照系来协商、改造和拓展目前所在全英语授课国际项目提供的学习机会？

（3）如何从批评认识论的角度重新定义"国际化"，从而揭示知识生产地缘政治不平等对国际教育公平性的影响？

第二节　案例情况与分析方法

本章采用质性访谈和课堂观察为数据采集法。如表 7.1 所示，共有 12 名全日制来华留学生、4 名全日制中国学生、2 名来华留学交换生和 3 名全日制来华留学博士生参加本次研究。此外，该院全英语授课硕士学位项目负责人和一位授课教师也接受了访谈。需要说明的是，本章研究虽然参考了课堂观察和相关的田野笔记，但主要的数据来源是师生半结构访谈。

表 7.1　受访学生基本信息

序号	学生化名	性别	来源国	教育背景	年级	项目
1	静美	女	韩国	在韩国取得学士学位；在加拿大实习一年；在美国取得硕士学位	研二	两年制全英语授课硕士学位项目

序号	学生化名	性别	来源国	教育背景	年级	项目
2	拉姆	男	泰国	在泰国取得学士学位；高中在美国交换半年	研二	
3	芙罗拉	女	菲律宾	在菲律宾全英语项目取得学士和硕士学位	研一	
4	拉里	男	新加坡	在英国取得学士学位	研一	
5	安娜	女	巴西	在巴西取得学士学位；在新西兰参加四个月英语语言培训；在巴西做过一年英语和葡萄牙语双语记者；在中国做过三年英语和葡萄牙语双语记者	研一	
6	大卫	男	美国	在美国取得学士学位；本科时到中国高校交换一年	研一	
7	伊娜	女	美国	在美国取得学士学位	研二	两年制全英语授课硕士学位项目
8	乔安娜	女	英国	在英国取得学士学位；在联合国南非办事处实习一年；在中国高校学习中文一年	研一	
9	萨琳娜	女	加拿大	在加拿大取得学士学位；在加拿大工作两年	研一	
10	罗曼	男	哥斯达黎加	在哥斯达黎加全英语授课项目取得学士学位，并做过一年研究助理	研一	
11	丹	男	中国	在中国非全英语授课项目取得学士学位；本科时在韩国和日本高校分别交换半年	研一	
12	琳琳	女	中国	在中国非全英语授课项目取得学士学位；本科时在美国交换一年	研二	

序号	学生化名	性别	来源国	教育背景	年级	项目
13	紫珊	女	中国	在中国非全英语授课项目取得学士学位	研一	两年制全英语授课硕士学位项目
14	莹莹	女	中国	在中法全英语授课项目取得学士学位	研二	两年制全英语授课中法双学位项目
15	艾米丽	女	法国	在法国非全英语授课项目取得学士学位	研二	
16	戴安娜	女	德国	在德国非全英语授课项目取得学士学位；在美国实习一年；本科时在英国交换半年	研二	两年制全英语授课中国—瑞典联合学位项目
17	约翰	男	卢森堡	在美国取得本科学位	研二	卢森堡大学中法双语授课硕士项目来华交换生
18	萨莉亚	女	意大利	在意大利非全英语授课项目取得学士学位；在英国参加四个月英语培训	研二	意大利大学全英语授课硕士项目来华交换生
19	琳达	女	英国	在英国取得学士学位；在中国做过一年英语教学志愿者	研三（博士）	三年制全英语授课博士学位项目
20	尼哈	女	印度	在印度全英语授课项目取得学士学位和硕士学位	研三（博士）	
21	安东尼	男	意大利	在意大利非全英语授课项目取得学士学位；在中国学习过一年中文；在中国两年制全英语授课项目取得硕士学位	研三（博士）	

对来华留学生和中国学生的访谈分别使用英语和中文进行。针对本章研究问题，对学生的访谈问题主要包括以下三个方面：一是学生对以英语作为教学语言和全英语课程大纲设计的看法，以及他们对以英语作为学术通用语开展专业学习的态度和实践情况；二是学生目前掌握的政治与国际关系相关的知识资源，及其与此前学习经历之间的关系；三是学生在课外的知识实践，尤其是与全球化和现代生活方式，以及现代性相关的部分。对教师访谈的问题主要包括：全英语项目建设历史和课程大纲设计，英语和中文作为教学媒介语对课程设计和授课方式的影响与区别，以及他们如何理解国家和学校政策对目前所在全英语项目发展的影响。

访谈均在受访者同意的情况下录音及转写成文字，并与其他数据结合，进行内容分析（Strauss and Corbin，2005）。编码过程保持生成性和循环性相结合。首先，研究者对半结构访谈文本和课堂观察田野笔记进行开放性编码。然后，基于现有文献的核心议题和术语等，研究者从批评认识论角度生成编码主体和类别，将开放性编码归入不同的编码主体。研究者在编码过程中特别注意受访学生调动自身知识体系来理解社会、政治和文化相关议题，并在互相知识体系之间展开参照。下一节的案例分析将基于以下三个编码主体展开：（1）英语作为学术通用语；（2）知识体系的互为参照与不平等的知识生产地缘政治；（3）从文化融合角度重新想象中国的现代性。

第三节　英语作为通用语

据前项目负责人介绍，本案例中的全英语授课国际硕士学位项目在 2008 年初始设计时，参照了美国对应专业硕士学位项目课程大纲。所有课程要求授课教师采用英语作为学术通用语展开课内外教学活动，具体包括教师授课、学生的个人和小组课堂报告、课内讨论和期末论文等。尽管项目申请材料中要求，学生至少有六个月及以上在英语国家学习或工作的经历，或者在雅思考试中取得 7.5 及以上的分数，但这一英语水平的入学要求，并不能保证进入该项目学习的中外学生能够使用英语完成相关学科的学习任务。

如表 7.1 所示，部分学生的本科学习过程并不以英语作为教学媒介语，而另一些学生则并非就读于政治学和国际关系相关专业。在进入本案例中的全英语授课硕士项目学习后，这些学生突然发现自己的学习经验和习惯变得不太有效，也由此对英语作为专业学术通用语的学习产生了很多思考。拉姆就是这样一位学生。他本科就读于泰国一所重点大学的法学院，授课语言是泰语。除了中学时去美国做过半年交换生，大学期间并没有使用过英语做课堂报告和撰写学期课程论文。拉姆在访谈中说道：

访谈片段 1

我觉得西方的学生，他们真的非常会做课堂报告，因为他们的教育体制里很重视这项技能。我主要靠观察别的学生怎么做报告，然后自己回去练习。……而且我觉得这里的很多要求，对我们东南亚的学生来说要更加困难。比如我们读本科的时候，我们在法学院并没有机会写论文。我们只有百分制考试。我们的课都是一两百人的大课，基本都是听老师讲课，并不需要做课堂报告。我是到了这里学习之后，在一门研究方法的课上才学到怎么写学术论文的。我一开始写得不太好。课堂讨论对我来说也很难。

另外一些受访学生也提到了类似的挑战。例如，来自巴西的安娜本科毕业于当地一所顶尖的公立大学，之后在中国中央电视台做过英语和葡萄牙语双语记者。但课堂圆桌讨论这样的教学形式，对安娜来说却是第一次。她在访谈中说道：

访谈片段 2

我觉得教室的布局就让我很有压力。我是说那个圆形会议桌。我们围着桌子坐着，就变相要求我们积极参加讨论，分享我们的想法或者提问。但我又觉得这样的安排也是件好事，因为可以为我们未来所面临的工作做准备。我是说，我们很可能（在工作中）也被要求分享自己的见解。这在跨国公司和外交场合都是很常见的。我可以清晰地看到我们现在走的每一步都是为未来更加光明的前途和机遇做准备。

与安娜的想法类似，来自意大利的萨莉亚虽然也觉得课堂报告很有挑战，但很喜欢全英语授课学位项目中，以英语作为学科学术通用语的教学活动设计。通过和意大利高校的学术教学文化的比较，萨莉亚认为中国的这个项目，在英美高校体制和意大利高校体制之间取得了一种综合性的平衡：

访谈片段 3

在意大利，我们更多的是考试，而不是课堂报告。我们那里的教授们很习惯他们在讲台上讲，我们学生在下面记笔记，而不是一起讨论。教授们在意大利是很有权威的。这种师生关系和美国模式很不同。他们更喜欢课堂讨论。但也许他们并不是那么尊重教授的权威。在中国，我觉得你们也有很多的课堂讨论。这些讨论很能激发思考，同时这里的老师还能保持比较高的权威性。

萨莉亚的上述感受和东南亚及东亚国家来的、有过本国和英语国家学习经历的受访学生的想法十分契合。从实际的学习过程来看，这些来华留学生由于此前没有过课堂口头报告、课堂讨论和论文撰写相关的英语训练和学习，大都通过观察和模仿英美留学生和中国学生的课堂报告、课前的排练、向学生和老师请教、阅读论文以及观看网络教学视频等方法来弥补相关技能的不足。但从实际效果来看，他们对这些学术技能的掌握和课堂参与的实际情况并不太理想。虽然自学可以起到一定的作用，但因为缺乏系统指导，这些学生对课堂报告的结构、语言风格、学术口头表达、语速等细节并没有充分掌握，也就无法在自学过程中有针对性地提高这些方面的技能。莹莹是中法全英语授课国际双学位项目中的一位学生。她本科就读于上海一所著名高校的英语语言文学专业，对英语课堂报告和论文撰写比较熟悉。有了这些基础之后，她在第一年赴法学习期间经历了对学生课堂报告的学术社会化：

访谈片段 4

从课程一开始，老师和其他学生就期待你的课堂报告主要是对论文的分析。他们想要听的也是你对论文的看法。这是默认的规则。你不能只讲事实性的东西。在对论文内容做一个简短的复述之后，你就要一点一点讲述你的分析。他们很鼓励批评性的分析。如果没有这个，你肯定只能得个 B。当然 B 也不是说不好。但这就是法国这边的课堂文化。

莹莹在访谈中强调，批评性分析不是简单谈谈自己对论文的想法，而是要结合课程必读文献和自己找来的课外文献，对所讨论的议题展开分析。这一默认要求也从其他在英美和西欧有过本科留学经历的受访学生（比如大卫、约翰、乔安娜、拉里和罗曼）的访谈中得到印证。与此相对，像拉姆那样采用自学策略学习怎么做课堂报告的学生，则普遍没有意识到这一点。他们的课堂报告，通常通篇都是对研讨论文各个部分内容的总结性陈述；有时为了减轻口头表达的压力，也会大篇幅地引用和朗读原文内容，因此常常被那些以批评性分析为重要评判标准的学生判定为"不够好"。

受访学生之前对英语作为专业学术通用语的掌握程度和评价标准各有差异。这不仅影响了他们对目前所在全英语授课教学设计与课堂学习体验的判断，也影响了他们对课外时间的安排。那些需要自学提高英语技能的学生，通常把课外时间都花在图书馆、宿舍和学校附近的咖啡馆，通过阅读课程必读材料，提高自己的专业知识和学术英语水平。而像大卫、丹尼尔、琳达和乔安娜这样的留学生，则花了更多时间在寻找实习机会，在上海周边旅游甚至出国旅行等，主要目的是拓展本地人脉和交际圈，为未来职业发展做准备，也为丰富自己的人生经历。例如，来自美国的大卫在访谈中提到，他认为能够在上海就读一个硕士学位的重点不在于在哪个学位项目读书，而更在于能在上海生活几年并就读于一所知名高校，从而建立对未来发展有用的社交网络：

访谈片段5

研究者：所以，你觉得这个平台要比你录取了哪个项目更重要吗？

大卫：是的。我有一个朋友目前就读于沃顿商学院。学习上的事情是很重要，但是，更重要的是你学会了什么社会技能，遇到了什么人，在哪些地方建立了什么联系。所以我感觉研究生阶段的学习都差不多，特别是对我这个专业来说。它要求我们对这个领域有半职业化的训练，比如去参加实习，接触专业人士。我想这在中国也是一样。学习是重要，但能够建立社会网络对任何职业发展都很重要。

大卫对应该如何度过自己在全英语授课国际硕士项目学习阶段的想法，主要来自于他在美国读本科时的学生，以及他对研究生阶段学习目标和意义的理解。大卫出生并成长在纽约。这样的大都市生活和成长经历，塑造了他对职业成功人士的文化想象：

访谈片段 6

和上海一样，纽约也是一座大都市。人们欣赏能够把事儿办成的人。这和我在实习时学到的是一样的。其实就是你做事得职业化，能够达到基本面。比如上班守时、交给你的事儿能办好、能解决问题、能有和同事合作的社会能力等。如果你这些都能做到，那你也就能发展得不错了。人的愿望都差不多，希望能有好的事业，好的生活，好的关系。所以我就多花些功夫把上面那些做好，也更现实一些，毕竟你最后还是想成为一个有能力的人。

大卫所说的和东南亚的学生的情况非常不同，后者需要努力学习新技能来适应全英语授课国际硕士项目。大卫清醒地认识到自己在纽约的成长经历与学习积累技能在上海的学习和职业发展规划中同样适用。这不仅仅因为目前的项目设计借鉴了美国高校的教学模式，也因为上海拥有大量的跨国公司和外国居民。这样的跨国公司的人才标准具有一定的国际共享属性，也是这些来华留学生可以预见的就业可能之一。因此，即便是对尚不具备这些技能的留学生，他们依旧非常愿意在课程学习过程中提高例如口头报告、幻灯片制作等方面的能力，因为未来以跨国公司为代表的职业场景，也会要求他们掌握这些技能。在这样的宏观人才流动和跨国就业环境的背景下，我们不能将美国课程设计模式的借鉴，简单看做对全英项目内部分学生的过分要求和不公平对待，而要考虑到宏观因素也促使这些尚未掌握相关技能的学生，自愿参与并投入时间弥补自身的不足，以求获得更好的职业发展机会。因此，在这样的语境中，我们可以说全英语授课项目是经济全球化的一部分，因为它的教学方式和目标是适应了高教产业化的发展趋势，即将培养具有人力资源市场竞争力的人才作为教学目标之一。这一点不仅为学校的教学设计与安排所认可，也被来学校学习的学生们认为是重要的内容。

上述分析显示，英语作为国际学术通用语，在该项目中的情况不同于英美国家和西欧的相关研究。在本案例中，中外学生虽然都将英语作为一种用以参与不同类型学术活动的学术语言和专业知识的载体，但院系层面在全英语课程设计和测试评估部分，并没有定下明确的学术任务语言标准。学生们因此基于各自此前的经验参照，来理解和协商目前课程的相关语言要求。在实践过程中，曾经有过全英语大学学习经历的学生，通过迁移性地运用在英美和西欧学到的相关知识，帮助应对当前的项目要求。而对那些没有全英语大学学习经历的学生来说，他们只能靠自己摸索和模仿来逐步提高。

第四节　知识体系的互为参照和不平等的知识生产地缘政治

除了英语作为学术通用语的学术规范，受访学生还提到他们在理解和协商多元的学科知识体系时遭遇的挑战，以及他们是如何应对和修正自己对学科知识的认知，从而更好地适应当前的专业学习。来自亚洲和拉丁美洲国家的受访留学生普遍认识到，自己在讨论中国和与中国政治相关的专业议题方面，经历了从依赖于英美和欧洲知识体系，到在亚洲、拉美、欧洲和英美多元知识体系之间建立互相参照和对比的过程。例如，来自印度的尼哈现在在该院全英语授课三年制国际博士学位项目就读。她在访谈中谈到自己如何逐渐学会一种"平衡"的研究方法：

访谈片段 7

研究者：所以你在印度也学习了关于中国政治的相关知识。你觉得你现在对类似学科议题的处理和当时有不同吗？

尼哈：在印度，我们在学术层面能够接触到的信息源多数来自西方国家，也主要通过西方媒体来了解中国的相关情况。提到中国政治或法律的时候，印度人就会从西方的角度来理解中国。

研究者：你是说你现在会用一种更加中国的角度来切入你的研究吗？

尼哈：是一种更加平衡的角度。它既不是中国的，也不是西方的。所以我会既参考西方的文献，现在也会参考中国的文献。

在中国的校园里学习，也给了像尼哈这样的来华留学生建立更多互相参照的知识体系的可能：

访谈片段 8

研究者：当你和中国朋友交流的时候，一般会谈论什么话题呢？

尼哈：各种话题。比如，我有一位朋友对中国政治非常了解，所以我们会讨论相关的议题……我还有一位中国朋友是历史系的博士，他有一次去了武汉，回来就会告诉我，武汉在唐朝的军事战略中为什么重要。现在，在印度也有很多中国人投资。我也会和他聊印度历史和中国商人在印度的情况。我们会讨论很多中印之间发生的事情，包括经济和其他各个方面。

在课堂讨论中，学生们也会使用互相参照的方法，帮助彼此在文化想象和学科知识体系之间建立联系和对话，对当下正在讨论的议题提出不同的观点和阐释角度。比如，来自菲律宾的芙罗拉谈到有次上课讨论人权问题的多重定义的例子：

访谈片段 9
研究者：你觉得课堂上学生们的互动怎么样？
芙罗拉：互动对我来说很重要。我从我的同学身上学到的不比从教授那里学到的少。留学生的背景都很不同。他们从不同的语境来讨论同一系列的话题。每个人讨论的语境都有差别。比如，人权在北欧国家的理解和在东亚、东南亚的理解是不同的。所以你真的可以学到很多。我想这就是在这里学习的好处。

此外，在关于中国政治制度和经济发展模式的课堂讨论中，本科时曾经在英语国家学习过政治科学的亚洲学生，感觉到自己有更多的发言权，并能分享自己国家的相关经历，提供一种亚洲内部的相互参照。在英国著名高校取得本科学位的新加坡学生拉里在访谈中说道：

访谈片段 10
在英国，类似的课程会用经典的西方经济理论和民主模型来评判中国的经济政治制度。但在这里，我们可以理解中国的复杂性。这种复杂性不能简单地照搬西方理论来解释。而且我的同学里有来自亚洲和拉丁美洲的，他们就很欣赏中国的中央集权制度，因为他们认为中国模式可以给他们自己国家的情况带来借鉴意义。

在课堂讨论中，中国学生也经常会积极分享他们的观点。这与他们本科阶段在本院的学习激励有关。据一位任课教师介绍，鉴于中国外交在亚洲地缘政治中的重要地位，亚洲研究通常会根据亚洲内部区域划分成更细的分支，包括东亚研究、东南亚研究和南亚研究等。这样的学科知识体系，也对本科和研究生的课程大纲设计产生了一定影响。中国学生能够从内部视角建立处理亚洲语境中相关议题的学科知识框架。

以国别为单位的政治经济发展参照系不仅被受访学生用作专业相关的学习讨论，还被任课教师用于课程设计，以容纳不同知识体系的学科视角来拓宽学生的理论资源和研究方法。例如，中国学生紫珊就读于比较政治方向的全英语授课国际学位项目，她在访谈中说道：

访谈片段 11

东亚比较政治这门课的中日韩三国大学教授授课真的很好。你可以看到教授们不同的学术训练背景。那位日本的教授接受过典型的美国定量研究训练。而韩国的教授更加偏好传统文本分析方法，用以追溯《论语》和其他典籍在东亚区域政治历史上的作用。我们（中国）这儿的老师则主要是政策分析。

从紫珊的评论我们可以看出，来自不同教育背景的教授们在课程中纳入了多元的学科知识参照系。但是，紫珊同时也指出，她在阅读本领域顶级期刊的时候，发现还是以美国为主的量化研究占据主流，而以文本分析为主的研究方法则在亚洲范围内的相关研究中比较多见。从批评认识论的角度看，紫珊通过自主阅读、分析与反思，发现了学科知识体系间存在的上述不平等差序关系，并指出在本领域英语学术发表中的美国中心现象。

在欧洲大学有过学习经历的学生也提到了紫珊说的这种英语国家知识体系的主导地位。就读中法全英语授课双学位项目的受访学生也遭遇过类似的经历。他们在此前的学习中并未接触过比较多的量化研究，因为在法国高校所受的学科训练主要以概念推论和理论阐释为主。据艾米丽所说，尽管第一年的学习也是全英语进行的，但法国教授们依旧遵循了这一研究传统。以概念为中心的理论推演并不仅仅是本学科的传统，而是深深扎根于法国从中学就有的哲学教育传统，其典型的例子是法国高中生在学习期间都要完成概念驱动的论说文写作，英语里称作"dissertation"。所以当这些学生来到上海后，接触到包括三方课程中的韩国教授以及留美归来做定量研究的中国教授授课和开题答辩时所提出的论文要求时，实际经历了一个潜在的范式转换过程。

总体而言，本案例中的任课教师和中外学生在教育经历和学科背景上都相当多元。这样的知识参照系多元性渗透到了课程设置、研究信念、学术方法和理论的偏好等多个方面，也使得学生在课堂内外的学习中能够调用多种知识参照系来展开学习，而不会受到单一地缘政治知识生产中心的主导。但同时我们也可以看到，美国中心的学科地位还是体现在了该领域的学科发表和研究范式上。受访师生对此也抱有一定的批评性认识与思考。

第五节 重新想象中国和现代性

除了在学校学习之外，留学生们不远万里来到中国，也获得了实地了解中国社会的机会。这也对他们的相关知识参照系提出了挑战。来自美洲、欧洲和亚洲那些曾经有过殖民历史的国家的留学生，容易通过海外英语媒体反复使用的新闻框架性话语和角度来理解中国。来自英国的琳达曾经在华南一所中学做过英语教学志愿者。在参与本章研究时，她是博士三年级的学生。基于较为丰富的在华生活经历，在访谈中，琳达描述了自己是如何发展出互相参照的策略来理解中国的人和事，并在内部和外部观察视角之间灵活转换的：

访谈片段 12

研究者：你是如何对中国有如此多的了解的？

琳达：主要是和中国朋友聊天，同时也阅读相关的新闻。除了上课，我也会参加社团活动，比如打羽毛球、网球，也可以认识不少中国学生。一般我会和我的中国朋友聊一聊我独到的新闻报道。这样的交流可以帮助我识别那些（英语）新闻是彻头彻尾荒谬的。比如，我一般读《卫报》来了解英国新闻。……但西方人关心的议题并不是普通中国人所真正关心的。最近，我看到微信朋友圈里，我的朋友们在转关于女性权益的问题。这就很有意思。还有我的一些毕业班的朋友更关心在哪里工作，买房难不难这些问题。

与琳达相比，一些东南亚的学生会在亚洲各国之间建立互相参照的知识框架，来更好地理解中国和本国的情况。例如，拉姆在毕业离校之前的访谈中就谈到在上海学习两年后对中国理解上的变化：

访谈片段 13

拉姆：中国是一个很独特的地方。中国还不是完全的发达国家。当然从科技和生活便利度来看，已经和一些西方发达国家并无二致了……在泰国，我不敢说曼谷可以和上海这样的国际大都市相提并论，但在日常礼节方面也有自己的特点。

研究者：你觉得这背后的原因是什么呢？

拉姆：我觉得这主要是历史原因吧。如果你看 20 世纪 30 年代的纪录片，泰国人那时就走路很慢，也真的很注重他们的礼节。我觉得这也和文化有关。泰国人很喜欢轻柔缓慢地表达自己。泰国的皇室也是如此。

研究者：皇室需要给人们做个表率？

拉姆：是的，是的。

在上述回答中，拉姆从看过的一部网络纪录片入手，认为在 20 世纪初的泰国，人们就将在公共场合表现出良好的修养作为一种公认的行为规范，并追溯到泰国佛教的兴盛和王室在泰国作为道德表率的地位和责任。从批评认识论的角度看，拉姆在中泰两国的社会体系之间建立了互相参照的关系，这一互相参照有利于突破发展主义的比较逻辑。发展主义将经济政治发展水平的国家区分——发达国家、发展中国家和欠发达国家——当做既定的国家差序层级，并鼓励发展中国家和欠发达国家以发达国家为榜样。批评高等教育国际化研究者则指出，发展主义逻辑将基于欧洲民族国家资本主义扩张的发展模式合理化，并企图制造和再生产欧洲中心的经济发展全球格局（Mignolo，2000，2011；Stein，2017b；Stein and Andreotti，2015，2017）。但正如拉姆所说的那样，发展中国家之间的互相借鉴和以所谓"弱者"为重要文化参照系的文化整合，将更有利于全球经济政治发展的可持续公平发展（Chen，2010）。在微观层面，这也更有助于来华留学生从多角度理解当代中国社会。

第六节　分析与结语

本章分析显示，本案例中七个全英语授课国际学位项目学习的中外学生，采用多种知识参照系来适应半美国式的教学设计和学术规范。这些知识参照系在辅助学习的有效性方面存在显著差异，也使得学生之间在学术英语语言资本、学科知识和学术文化资本的获取和掌握方面呈现出明显层级差异。这一发现和此前对在亚洲和非洲语境中使用美国英语教学模式的新殖民主义霸权的批评非常类似（Kim，2012；Leask，2015）。这也说明在高等教育国际化的语言政策与规划过程中，不能将英语简单地定位为一种机构层面的教学媒介语，而应该认识到它在专业学科中起到的学术通用语作用。基于这一基本定位，在全英语授课教学大纲设计和教学过程中，政策制定者和教师都应该认识到，英语学术社会化过程，是在全球范围内新自由主义人力资源竞争中展开的；而英语学习所需的经济和文化资本，在入学的学生中分布非常不均衡（Gu and Lee，2018；Hayes，2019）。为了创造更加公平的专业学习环境，英语作为学术通用语的教学和使用规范，应当摆脱美国模式的照搬，并更好地了解学生的相关语言规范和文类的掌握情况，为他们提供更加全面和有针对性的语言学习支持。

需要指出的是，本案例学生群体中学术语言资源差序并不同（Hayes，2019），如有在德国全英语授课国际项目案例研究中发现的"双重国家压迫"。尽管本章案例中的学科知识体系确实受到"全球北方"主导，但在全英语授课国际项目建设的过程中，并没有单一地教授来自"全球北方"的学科知识。在课堂实践中，尤其是学生小组讨论和课堂分享中，来华留学生和授课教师共同创建了一个互为参照的学习空间。在这个空间中，参与者不仅分享了多元的学科知识分析框架和视角，还带来了基于自身独特成长和工作经验的相关知识。对非英语国家来的留学生，尤其是东南亚和东亚的学生，他们通过对比自己此前在英语国家的留学经验，表达了对目前全英语项目中，能够有更多发言机会，分享来自本国的相关知识和经验，并得到同一项目中师生回应，建立对话的良好体验。这样的学习反馈，也侧面体现出学生们对知识生产不平等的全球地缘政治有着批评性的认识和思考，并且希望在自身的专业知识学习和生产过程中、在全球和地方相关信息中寻找合理的平衡，而不是盲目接受现有的不平等格局（Naidoo，2016）。此外，任课教师的课堂活动设计和教室的圆桌布局，也避免了中外学生的二元群体对立，即不认为简单地将本地生和国际生放在同一教学场景下，就能轻松实现高等教育国际化的教学目标（Jones，2017）。与这样的假设相反，课堂作为互相参照的空间，有助于限制英语作为学科知识载体和"全球北方"知识主导带来的"双重压迫"，使得师生能够创造一个批评性的对话空间，共同探寻另类的求知关系和生命形式，并介入带有强烈不平等属性的现实（Ahenakew，Andreotti，Cooper，and Hireme，2014：218）。在教学设计上，如果能够加入对全球知识生产不平等的明确学科介绍和讨论，将有助于进一步提高学生的批评性素养，并在课堂实践中提供更多关于学科全球和区域发展史，以及学科特定议题的多元研究视角的批评性元分析。这也将有助于增强学生对不同研究传统、研究范式和研究方法优劣之处的全面认识（Stein，Andreotti，and Suša，2019b；Stein，2017a，2017b）。

此外，本章研究视角和发现都有助于帮助欧洲以外，尤其是亚洲和非洲全英语课程建设者和研究者进一步思考，如何将批评性认识论纳入他们对高等教育国际化概念的界定和修正中去（Bedenlier，Kondakci，and Zawacki-Richter，2018）。其重要性不仅在于为学生提供更加多元化的知识体系，更是能够促使研究者和项目设计者，在初始研究与课程开发阶段就深入历史时空，反思全球化时代现代性带来的全球知识不平等与自身生命经验及学术发展路径的关系（Mignolo，2011）。我们不应当认为国际学生都自然会接受线性发展观和单一模式的现代性。从本章的分析也可以发现，媒体信息的消费实践、课堂内外的人际交往与讨论等，共同塑造了学生对现代性多元形式和内涵的理解。当然，这也与他们入学前的生活经历与掌握的知识息息相关。来自亚洲和拉丁美洲的学生对此体会尤为深刻。

本章研究也支持对高等教育国际化概念要有历史化和地缘政治的研究立场（Buckner and Stein，2020）。作为一个批评性的概念，国际化应当被理解为一个多维度的，由国家、机构和个人主体共同塑造的动态网络；该网络在全球化特定的社会历史时空中生成、变化。而作为个体的学生自身的生命经验，也在课堂内外积极参与塑造"另类"的全球化。尽管国际、国内和院校层面的政策，对世界范围内全英语授课项目建设都产生影响，但动态的人际互动与知识参照为师生提供自下而上"发声"的机会，并能够通过自身的教学实践来挑战中心——边缘的知识生产地缘结构，为现代性的多样化社会想象添砖加瓦。

在研究方法上，批评性认识论立场，为研究多层面的知识互动与连接提供了具有较强解释力的分析视角，也有助于帮助民族志研究探索基于田野调查结果的分析范畴，而不是再生产现有的基于国别或文化思维定式的二元分析框架。"亚洲作为方法"所提供的分析语汇，如互为参照、文化融合等，也可以用作批评素养的教学设计，帮助国际项目中的学生提高分析和反思教学媒介语与知识实践的方法与路径，从而进一步参与到全球知识公平与多元知识生产中心建设过程。

第八章　浮现的身份

前面几个章节中，我们关注了中外学生在不同社会空间中的语言意识形态和语言实践，以及在全球知识生产的地缘政治不平等格局中展开的学科知识协商等。本章将从身份认同的角度入手，理解学生的跨文化交际与身份认同的关系，而我们的研究切入点则着力聚焦一个高等教育国际化的核心议题——批判性思维的培养。第一节就跨文化交际研究中文化的定义和目前高等教育国际化背景下的批判性思维研究的定位作初步探讨，并提出本章的研究问题。第二节接着介绍本章的案例情况和研究方法。第四节到第六节将运用福柯的自我形成分析框架，通过三个典型案例来呈现本书主案例里的中外学生批评性自我形成的多样性及其成因。最后，我们结合现有文献对本章结论作进一步讨论，并就跨文化身份认同的研究方法和理论阐释角度提出基于亚洲场景的建议。

第一节　跨文化视域中的批判性思维研究

自 20 世纪 60 年代开始，批判性思维日渐被美国和北美及欧洲的各大高校所重视，并被当做毕业生公民素养培养的重要内容（McPeck, 1990; Nussbaum, 2004; Paul and Elder, 2005）。批判性思维的早期研究基于希腊哲学、启蒙时期和马克思主义中的理性与思辨传统等理论资源，发展出多种认知发展模型（Ennis 1962；Paul，1993）和专业评价体系（McPeck，1990；Moore，2011；Toulmin，2001）。

"文化"这一概念在高等教育国际化背景下的批判性思维研究中长期占据重要地位。在英语国家的相关研究中，亚洲学生，尤其是中国学生，常常被当做同质化的、缺乏批判性思维能力的"问题"群体（Ballard and Clanchy，1991；Zhao and Coombs，2012）。这种以国别或地区为单位，区分亚洲文化和西方文化的研究通常基于两个基本假设：一是认为批判性思维的意识形态和认识论起源，都要追溯到古希腊和欧洲文艺复兴的哲学遗产，因此是"西方"所独有的；二是认为"中国文化"以儒家思想为起源，而且呈现去历史化、固定且同质的状态（Song，2017）。同时，儒家思想被理解为一系列与批判性思维培养的宗旨相违背的文化规范，如盲目崇尚权威，过度强调死记硬背和对中国古代经典文本的教条复制等（Paton，2005；Shin and Crookes，2005）。Song 和 McCarthy（2018）研究了澳洲高等教育国际化政策与实施中如何将批判性思维本质化为亚洲学生的一种"文化缺陷"，并将此"一方面作为吸引亚洲学生的图腾柱，另一方面也作为衡量亚洲学生学业水平的官方标尺"（p. 353）。

近年来，在高等教育国际化背景下的批判性思维的界定，在学界受到了批评性检视。相关批评主要针对以下三个方面：第一，以美国社会政治体系发展出的思辨能力界定与评价标准，不应随意挪用到别的社会文化语境中使用；尤其不应被当做普遍教育模式，强加到亚洲和非洲的高等教育国际化实践中（Leask，2015）。第二，Atkinson（1997）将批判性思维界定为一种社会实践，并指出批判性思维的典型特征——如针锋相对、据理力争的论辩形式——通常是被北美和西欧中产阶级白人社群所认同和重视，并通过家庭互动和教育资源投入，潜移默化习得的。如果以这样的论辩形式作为学校教育中批判性思维的唯一实践标准，那么工人阶级和非白人家庭的孩子，就由于早期教育资源和家庭互动风格的不同而受到了不公正的对待。因此，Atkinson（1997）认为，应当在正规教育语境中允许和鼓励对批判性思维的多元理解，比如重视理性、情感和学生生活经历之间不可分割的关系（Thayer-Bacon，1993），培养折中的、有同理心的、建设性的论辩风格，而非"战场"心态的两方对峙式论辩（Durkin，2008）；还有理解当下所讨论议题的情境复杂性和特殊性，并从多个角度对问题展开解释或寻找解决方案（Nussbaum，2004）。第三，为应对知识经济的全球扩张，一些批判性思维文献更加关注普遍知识与专业知识领域都存在的意识形态和历史演化的影响（Apple，2014；Lim，2015）。有鉴于此，批判性思维相关的教学，需要帮助学生更好地反思、批评和协商多种学科之间及学科内部不同领域和流派的概念、体系与方法，从而为具有地方相关性和全球普遍性的问题与挑战提出创造性的解决方案（Barnett，2004）。

在跨文化研究领域，一些批评性研究也开始避免使用以社会心理学和认知心理学为基础的批判性思维标准或定义，来解读国际学生的课内外批评性实践。过去十多年间，越来越多的批判性思维研究开始借助"文化间性"的概念，运用"整体法"展开研究（Dervin and Machart，2015；Holliday，2017；Lin，2018；Morita，2004；Tian and Low，2011）。这类文献通常将"文化"看做人际交往、学术社会化等过程中，社会主体运用现有文化和文化差异等相关话语，来管理高等教育国际化语境中的权力关系的过程（Piller，2017：15）。因此，文化并不是既有的、独特于特定社会群体的固定属性，而是在社会实践过程中逐渐浮现的、动态生成的。在研究方法上，"文化间性"的概念又有助于"阐释参与者如何在协商语言实践和身份认同的动态关系中，判定某些文化身份（的面向）与当下的社交过程相关或无关"（Zhu，2014：209）。

基于社会建构主义的文化观，这类文献更加关注学生在国际化教育环境中的日常学习生活经历，及其对批判性思维的自我反思与实践。其中，最为典型的研究议题是课堂中的"沉默"。在早期文献中，亚洲留学生在英语国家，尤其是美国的大学课堂中，与本土学生相比，参与课堂发言的次数很少；而当时大多数批判性思维文献，将课堂发言和讨论参与的积极程度，作为大学生批判性能力的重要表征。因此，这些研究通常得出结论，认为亚洲留学生普遍缺乏批判性思维，并将其归咎为本质主义的"文化差异"，即亚洲留学生早期在本国学习时很可能受到了儒家教育思想的影响。其核心特征表现为：（1）师生之间有明确的等级关系，学生敬畏老师的权威；（2）崇尚对知识的记忆和经典的背诵。课堂民族志的相关研究显示，亚洲学生用"沉默"来抵抗英语国家大学课堂要求学生必须发言的规范，并寻找为自己"发声"的机会（Heneda，2009；Morita，2004）。Durkin（2008）以学生访谈为主要方法，研究了英国大学里来自东亚国家的硕士留学生，如何适应以批判性思维为导向的课堂讨论和论说文写作，最终提出在冲突性和妥协性论辩风格之间的折中道路。在亚洲国家大学语境中的国际学生研究则发现，国际学生课堂参与的情况，与他们的英语语言意识形态密切相关（Lin，2018）。

此外，在英语国家语境中，也有一些研究者通过民族志方法，关注亚洲留学生的语言社会化情况，聚焦亚洲留学生的学术社会化过程（Anderson，2017；Zappa-Hollman，2007）。Holliday（2017）发现，在英国一所大学就读的中国博士生，并没有用本质主义的文化范畴来框定自己的学习规范和模式，而是将博士项目看做"一个容纳和提供允许深度反思和自我拷问式互动资源的文化领域"（p. 214）。Anderson（2017）运用福柯的全景监狱概念，分析了加拿大一所大学中的中国博士生的语言实践、情感立场和社会定位等如何受到内部和外部语言社会化的限制与规训。

与自我反思及跨文化学习经历紧密相关，部分学者研究了教学场景下，教师如何调动国际学生的多语语言资源，来帮助学生协商不同类型的学术规范。Rear（2017）则发现，在英国大学就读的中国留学生，在批判性思维方面遭遇的挑战，主要是由于他们英语水平的欠缺，以及尚未掌握对课堂讨论规范和课程内容相关的必要知识。Lu 和 Singh（2017）运用批评性视角，分析了"只用英语"的单一语言意识形态，在英语国家的国际课程和学位项目中如何占据主导地位，并影响国际学生的学习体验。

文化间性的相关文献，为研究高教国际化情境中文化、批判性思维和学生身份认同的形成过程这三者的关系，提供了更加动态和有阐释力的理论视角。但是，目前这类研究仍占少数。首先，虽然批判性思维已经成为教育政策、国际化课程设计和课堂教学法领域必不可少的核心内容之一，但是国际教育语境中的学生究竟如何理解这一概念和将其付诸实践，却没有得到足够的关注。与此相对，现有研究更加关注政策文件和权威文献里的批判性思维界定，是否体现在学生学习效果或专业问卷测试结果中。其次，鲜有研究在提出研究问题时，会关注学生对批判性思维里"批评性"的理解与他们跨国生活与学习经历的关系（Lin, 2018）。第三，亚洲国家，例如中国，已经从留学生主要输出国，同时成为世界范围内主要的留学目的国。这样多样化的留学生全球流动，对原本英语国家主导的批判性思维界定提出挑战，也促使研究者重新思考批判性思维对国际教育的意义。

为填补以上研究空白，本章从社会建构主义的跨文化体验角度切入，运用福柯自我形成理论，来分析中外学生在本书主案例的全英语授课硕士项目中批评性自我的形成及其多元性。"跨文化体验"是指这样一个过程——即"我们运用自身文化经验来参与新的文化领域，并从中找到自己；我们通过现有的关于自身和他人的文化身份来构建出新的意义"（Holliday，2017：214）。值得指出的是，本章并未将文化或者教学方法作为决定学生批判性思维的必然因素，而是将其看做学生在高等教育国际化情境中自我形成的一部分。本章结合课堂观察、课堂讨论录音及转录文字稿和学生访谈，从福柯自我形成理论的视角出发，回答以下两个研究问题：

（1）本案例中的中外学生在跨文化学习体验中如何理解和实践批判性思维？

（2）本案例中的中外学生批评性自我的形成受到了自身生命轨迹、机构与社会规范的何种影响？

第二节　案例情况与分析方法

为回答研究问题，本章在半结构访谈部分，以福柯的批评性身份认同轴心为基础，设计针对四个维度的访谈问题，同时给予受访对象足够的自由来讲述个人故事，分享对他们在提升批评性认识过程中有重要影响的人和事，以及他们如何将自己的认识转化为日常实践，及其与未来学业和职业发展的关系等。为了将福柯批评性自我形成轴心运用到本书研究中，我们根据以上四个轴心面向，设计了半结构访谈问题，并在课堂观察中着重观察相对应的课堂互动情况，在田野笔记中做出相应记录。批评性自我的实质，是指学生自我始终与批评性相关联的特征，以及他们认为符合这些特征的批评性行为的形式。相对应的访谈问题有：你如何理解什么是批判性思维？你觉得你在学校和日常生活中有哪些行为或经历是有助于培养批判性思维的？你觉得目前的项目在批判性思维方面的要求如何？可以举个例子吗？针对批评性自我的权威信源，我们主要希望了解学生的生活和教育轨迹，如何影响他们批评性自我的形成；尤其是那些社会文化因素和权威人士或机构的观点起到了怎样的重要作用。相对应的访谈问题有：你觉得谁（比如父母、朋友、老师、学校和媒体等）关于批判性思维的观点对你有比较大的影响，或与你的理解相差很大？能不能谈谈具体是怎样的影响，或者是怎样印象深刻的事件？批评性自我的实践是指学生用以表现批评性自我的学术和其他社会实践，以及他们认为这些实践，在何种意义上对他们的批评性自我有关联。典型的批评性实践形式，包括课堂互动、课堂报告、线上线下学生小组作业与书面作业，以及其他日常事件。最后，批评性自我的终极目标，主要是看学生如何理解批评性自我与自身未来发展和职业规划的关系。相对应的访谈问题包括：你觉得批判性思维和自己未来的发展有何种关系？

为了理解学生在课堂内的批评性信念与实践，我们把课堂观察的田野笔记与访谈设计结合起来，帮助受访学生更好地叙述和反思课堂实践中涉及的批评性实践。此外，在访谈设计上，我们以面对面半结构访谈为主要形式，但也在后续采用了微信文字访谈，对前一次访谈的相关内容进行核实，并请受访学生提供相关批评性实践的资料，如微信小组讨论、课堂报告课件等，从而更好地阐释受访学生的批评性自我形成过程（见表 8.1）。

在数据分析方面，我们对访谈数据文字稿做主题分析（Braun and Clarke，2007）。与上一章类似，我们采取了演绎和推理相结合的编码与主题提取方法。首先，我们就访谈文字稿内容涉及到的核心话题展开开放编码。然后，我们将福柯批评性自我形成轴心的四个方面作为四个主题类别，将开放编码归入对应的主题（Marshall and Rossman，2014）。此外，编码命名也参考了现有思辨能力和文献中的相关核心术语。我们从科睿唯安 Web of Science 核心合集的文献检索平台，用"思辨能力"（critical thinking）、"文化"（culture）和"大学"（university）作为合并关键词，共搜索到 254 篇相关的期刊论文，再手动筛选这些论文的摘要、文献综述和结论部分中，频繁出现的主题词和短语作为可能的编码名称，同时也考虑它们与四个主题类别的相关性。

表 8.1　数据采集方法

研究方法	数据
学生访谈	半结构访谈录音及文字转录稿
	微信语音及文字交流
课堂观察	课堂观察及田野笔记
	课堂讨论录音及部分转录稿
	90 小时的课堂观察
	学生自愿提供的课程相关学习材料与文件，以及课后微信小组讨论片段等

除了主题分析外，我们还采用互动分析（engagement analysis）来辅助分析课堂和微信小组讨论片段。互动分析是系统功能学中的评价分析理论的组成部分。基于巴赫金的复调和对话理论，评价分析理论家认为，"所有言语交际，无论是书面还是口头，都具有'对话性'，因为所说或所写的内容，或多或少，总受到过去曾被

言说或书写的内容的影响或以其为参照，彼此呼应，也因此期待激发实际参与交际的，抑或想象中的受众能作出某些反应"（Martin and White，2008：92）。评价理论基于系统功能语言学的三大元功能（metafunctions），包括意义功能、人际功能和文本功能。对评价行为展开分类，并提出了对应于人际功能的互动分析类型体系，主要用以分析说话者或写作者在文本中表达的对先前文本立场及其互文程度。文本如果并不提供多元立场的互动可能，一般被称为"单声部"（monoglossic）文本。而具有互文性的文本，则进一步根据互文资源的丰富度，分为"扩展型"（expansion）和"收缩型"（contraction）。"扩展"是指文本积极探寻与此前文本不同的立场，并通过确定性限定语——如"有可能"和"很可能"——来暗示不同立场间对话空间的开放程度。"收缩"则刚好与"扩展"相反。它的评价目标是挑战或捍卫现有立场或声音，从而关闭对话空间；其常用策略包括同意或反对某个来自明确信源的观点。作为一套成体系的理论语汇，"扩展"和"收缩"及图 8.2 中的其他相关术语，将有助于分析学生在小组讨论中如何应对和处理参与讨论的学生及其背后的互文观点，因为对不同立场的开放与包容态度，对批判思维的发展至关重要。在教育语言学中，参与分析也被运用在分析课堂互动中意识形态立场的协商过程中（De Costa and Jou，2016）。这里还需指出的是，学生的批评性自我实践并不限于课堂互动。此外，如下文分析所示，"不参与"也被看做一种批评性实践的参与类型。

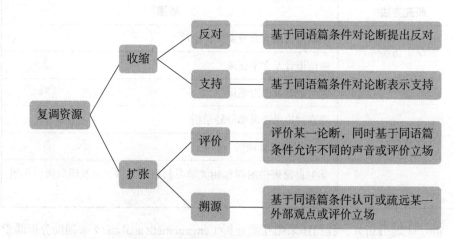

图 8.1　互动参与分析框架（改编自 De Costa and Jou，2016: 82）

　　为深入分析受访学生的批评性自我形成过程，本章采取和第六章类似的学生个案分析方法，选取了三位学生的个案展开深入分析。这三个个案的筛选原因有二：

一是基于主题分析和参与分析，这三个案例体现了学生对批判性思维的多元化理解，并涉及包括人际交往、学校教育和学科特性等多种类型的权威话语的影响；二是这三位学生的表达力、在课堂内外批评性反思和实践资源的丰富性也为案例分析提供了充实的实证材料基础。第六节将根据福柯的批评性自我形成轴心，对这三个案例逐一展开分析。

第三节　案例一：戴安娜的故事

戴安娜是中国—瑞典联合培养两年制全英语授课国际项目的一名留学生。在该项目的第二年来华学习一年。戴安娜出生在德国南方的一个小镇，在德国完成了本科学业。她 13 岁时遇到一位从南非搬到德国生活的朋友，觉得非常投缘，把她当成自己的榜样。为了能更好地和这位朋友交流，戴安娜开始努力学习英语，从此开始了"国际朋友圈"的生活，用英语作为主要的交际语言。在高中时，她有过一年全英语授课的学习经历，也在这过程中提高了自己的英语水平。到了本科时，她作为交换生到瑞典高校学习了半年，也由此萌生了去瑞典读硕士的想法。在本科和研究生学习的间歇，戴安娜还在德国驻美国领事馆实习过一年，体验了国际化的工作环境。她在访谈中表示，自己喜欢在国外生活，也梦想成为一名外交官。当谈论到批判性思维的重要性时，戴安娜这样说道：

访谈片段 1

　　每个老师都希望我们在课堂上发表批评性的观点，但却没有人教我们怎么来作批评性的分析。我所经历的学校的教育，并没有训练我怎么才能发展思辨能力，如何能跳出约定俗成的规范思考问题。你得做个循规蹈矩的学生，拿到好的分数，重复教授们教给你的东西。这就是我本科学习中实实在在的经历。我觉得硕士阶段（即现在的全英语授课国际硕士项目）好了一些，能让我"跳出盒子想问题"（think outside the box）。

当问到目前项目是如何能够激发她"跳出盒子想问题"时，戴安娜继续说道：

访谈片段 2

我觉得一个可能的原因是这里的课堂非常多元。每个人都很不同。我认识一个英国女孩。她是我见过的最疯狂的人。她穿得就很疯。她喜欢施拉格音乐，就是一种真的非常老土的音乐。实在是太难听了（笑）。但她就是非常喜欢这种音乐。因为她的背景和性格非常特别，她对世界上的每件事都有与众不同的观点。如果你和这样的人在一起学习，而不是和与你想法很接近的人在一块，你可能会更愿意自由地分享自己的观点。毕竟你知道，别人的想法比你的要疯狂多了。

从上述访谈片段可以看出，戴安娜将批评性自我的实质理解为：能够在跨文化相遇的过程中认识并反思多样化的观点。在课堂实践中，她也将自己的这一认识付诸实践。在表 8.2 的课堂小组讨论片段中，戴安娜首先提出了好几个话题，来帮助学生们开启关于外来移民问题的讨论（话轮 6）。在下面的讨论中，她成功接过法国学生艾米丽关于法国外来移民政策的话轮，引出劳工和工作份额的话题，从法国拓展到欧洲语境，并进一步引导话题，将其拓展至非欧盟国家的语境。这一提议得到了讨论主持人的支持。两位分别来自俄罗斯和巴西的学生也在话轮 10 和话轮 11 中顺利接过这个话题作了解答。

表 8.2　课堂小组讨论片段

话轮	说话人	会话内容
6	戴安娜（德国）	To break the ice, we **could consider** different policies to impose on immigrants, like different qualification levels in terms of labor, and um, make, like, for example, making quota for jobs, like, if, if a country can't have enough labor for some jobs, **perhaps** that country **could** ease the immigrants' access to that country. [扩展：评价] 翻译：抛砖引玉。我们**可以考虑**不同国家对外来移民身上强加了什么样的政策，比如不同的劳工等级，嗯，就像，比如，工作份额，还有如果一个国家没有足够的劳动力完成一些工作，**也许**它**就会**放松外来移民的准入条件。

话轮	说话人	会话内容
7	艾米丽 （法国）	I think if you consider what is happening in France in the past few years, maybe political speeches in France tend to pass on one idea that is gaining weight in France, that is, immigrants are taking away jobs and opportunities for French people. ((Ss nod.)) ... I think politicians are exaggerating the perils of immigration. I don't know what might happen. 翻译：我想，如果你关注过去几年法国正在发生的情况的话，可能法国的政治演说倾向于表达一个在法国接受度日益上升的理念——外来移民抢走了法国人的工作和机会。（学生们点头）……我想政治家们在夸张外来移民的危害。我不知道未来会怎样。
8	戴安娜	Yeah, I think what you're saying, like immigrants are taking jobs is very common in Europe. [扩展：溯源] I think it has to do with rejecting refugees. ((Ss nod.)) [收缩：**proclaim**] But I'm more interested in countries that are **NOT** in the European Union, who are also represented here. Is that also an issue in your countries, too? [扩展：评价] Or is that only a European problem? [扩展：评价] 翻译：是的，我觉得，你所说的比如外来移民正在抢走工作这样的想法在欧洲很普遍。我认为这和拒绝难民也有关系。（学生们点头）但我对非欧盟的国家的情况更感兴趣。这里也有来自这些国家的学生。外来移民在你所在的国家也是个问题吗？还是说这只是个欧洲问题？
9	菲利普 （意大利）	Anyone who's not in the European Union? [扩展：评价] 翻译：有没有来自非欧盟国家的学生愿意发言？
10	萨曼莎 （俄罗斯）	Basically, we have some immigrants mostly from Ukraine. But the scope is not large. So, it's not a problem. Ukrainians, they could assimilate very quickly coz we speak the same language, and our culture is basically the same. So, I cannot understand the type of crisis in European countries coz it's not happening in my country. 翻译：基本上，我们也有一些外来移民，大多数来自乌克兰。但规模不大。所以，这不是个问题。乌克兰人，他们很快就能融入本地社会，因为我们说同样的语言，而且我们的文化也基本相同。所以，我不是很了解欧洲国家的这类危机，因为在我的国家没有类似的情况发生。

话轮	说话人	会话内容
11	安娜 （巴西）	I'm from Brazil. Now Brazil is welcoming immigrants from Venezuela because Venezuela has a very serious social crisis. Until now, Brazil is welcoming immigrants from Venezuela, but I don't think it's sustainable because Brazil is also in economic crisis. We also don't have jobs. So, I think it's hard to sustain. 翻译：我来自巴西。现在巴西欢迎委内瑞拉的移民，因为委内瑞拉有非常严重的社会危机。到目前为止，巴西都一直欢迎委内瑞拉的移民，但我不知道这样是否可持续，因为巴西也有经济危机。我们也缺工作机会。所以我觉得这是难以持续的。

在整个小组讨论中，戴安娜并没有急于贡献自己的观点或保持沉默，而是优先考虑开启讨论，邀请在场的学生提出自己的观点，并创造机会让多元背景的学生贡献尽可能不同的观点和角度。这样的批评性实践和她对"跳出盒子想问题"的认同非常吻合。此外，戴安娜的批评性自我也和她成为来华留学生的学习目标有关。当问到她在海外留学，特别是在中国留学的经历时，她从认识论伦理立场的角度批判了欧洲中心的精英主义，并认为在非欧洲国家的沉浸式生活体验，将有助于自己改善这种精英主义立场，发掘看待世界的新角度：

访谈片段 3

我觉得你会变得谦卑。在欧洲，我们都非常精英主义，总是自视甚高。……我不仅是因为我们觉得自己更好，还因为我们不知道还有别的可能性。在这里你需要花些时间才能意识到人们不是错了或很古怪，而是他们的思考方式真的不同。我觉得能够知道有不同的方式是一种幸福。

戴安娜的批评自我终极目标也受到外交官梦想的驱动。对她来说，批判性思维是外交官必不可少的能力，因为他们必须有能力从多个角度和立场来理解同一个问题。

第四节 案例二：拉里的故事

拉里出生和成长在新加坡。在访谈中，他认为批判性思维的核心是建立一种合作性的对话，能够帮助对话参与者建构并修正不同的观点，达成一定的共识。拉里对批判思维的理解深受中学学习经历的影响。他所在的初中是一所全英语教学的中学，大部分的学生为华裔。这所中学采用剑桥国际高级水准课程（也称 A-Level）体系，其中有一门名为"通识写作"（General Paper）的课程特别重视思辨能力培养。在这门课中，学生们要参与课堂辩论，就辩题代表个人或小组发表观点，并从多个信源寻找信息来支撑观点。拉里的批评性实践也在英国读大学期间得到强化。作为国际市场营销专业的本科生，拉里学会了如何用口头和书面英语展开专业知识的批评性分析。在访谈中，拉里也提到他主动在课堂中发言的习惯如何帮助他提高批判性思维：

访谈片段 4

尽管我有一些腼腆，但我一直提醒自己要更加畅所欲言，提出自己的观点，或是对讨论做出贡献，因为这有助于厘清我的观点，纠正我的一些偏见。别人提出的一些想法也有助于支持我的观点。或者有时候可能有人也会提出一个与我非常对立的观点。这也有助于从不同观点中发展出新的想法。

表 8.3 中的互动部分展现了拉里在本案例课堂中的批评性实践。表 8.2 和表 8.3 来自同一个课堂小组讨论，但在表 8.3 中，讨论的核心议题转到了外来移民是否和如何学习移民目的国的当地语言。在话轮 15 中，戴安娜举了一个瑞典政府给新到瑞典的外来移民提供免费瑞典语课程的例子。紧接着，拉里运用对话扩展性资源（如"不仅""也应该"），不仅表达了自己对外来移民语言政策的理解，也提出了细化和补充现行政策的建议，接着用"这样的话"作为提示，继而给出了支持性理由。与拉里类似，来自韩国的静美在话轮 16 中也运用了对话拓展性资源，如"可能"，"也许"等。

表 8.3　学生课堂讨论片段二

话轮	说话人	会话
13	艾米丽 （法国）	So in the UK, expats and immigrants are the same? 所以在英国，侨民和外来移民是一个意思吗？
14	琳达 （英国）	No, we don't view them as the same. For those British who migrated to Spain, actually there are a lot of them, they would see themselves as expats. 不是的。我们不认为这两个词意思一样。比如有很多移居西班牙的英国人，他们通常被称为侨民。
15	戴安娜 （德国）	It makes sense. If you move to someplace, you won't view yourself as an immigrant, (Ss: yeah.) necessarily. [扩展：评价] (3.0) What I found as a very nice approach is that when I was in Sweden, we were offered very basic Swedish language courses. They're free. I think it's an interesting approach because a lot of immigrants probably want to learn the language but it's often too expensive. 这很合理。如果你搬去某个地方，你不一定认为自己是移民。（学生们点头）（停顿 3 秒）我觉得在瑞典有一个很有意思的方法，就是我们（指瑞典）会提供非常基本的瑞典语课程。都是免费的。我觉得这个方法很有意思，因为很多外来移民可能想学当地语言，但往往费用高昂。
16	静美 （韩国）	That's REALLY, REALLY a good option. [收缩：支持] And **maybe** for those immigrants who are there to study and to work, they **may not** be taught in the same way? ↑ [扩展：评价] 这的的确确是个好选项。而且可能这些外来移民想留在当地学习或工作，也许他们会有不同的教学方法？
17	拉里 （新加坡）	I think in learning the language, it's **not just** letting the immigrants learn the local language. [收缩：支持] I think it **would also** be about preparing people who understand their language. **So** they are able to communicate with them about what their troubles are. [扩展：评价] 我觉得学习语言这个问题，它**不仅**要让外来移民学习当地语言，我觉得**也应该**让本地人做好准备了解他们（指外来移民）的语言。**这样的话**，他们能够和外来移民沟通，了解他们遇到的困难。

表 8.2 中所没有呈现的是，拉里在讨论侨民和外来移民话题的部分选择不参与的决策。在闲谈中，拉里告诉我，他与静美、芙罗拉和安娜在课后讨论中一致认为，亚洲语境里的"侨民"一般是指从西方发达国家来的海外旅居者，而这个定义和琳达提出的并不一致。但当我问到为什么他不在课堂上和大家分享这一观点时，拉里解释道，他不愿意在冲突性的对话中驳斥他人的观点，如果这些人比他年长，他更加会选择回避冲突。他认为自己这种冲突回避的对话偏好，主要是中学时代受到儒家文化的影响。虽然他所在的中学采用全英语授课的教学语言政策，但校园里立着孔子像，也很注意中国传统文化，尤其是儒家思想的学习。因此，对拉里来说，在可能的冲突性讨论中选择不发声，并不是一种消极参与，而是与他对何为批判性思维有直接关系。

拉里在华留学得到新加坡政府奖学金资助。这一奖学金覆盖本科和硕士两个学制的海外留学，并要求受资助学生在完成学业后回到新加坡从事公务员工作。同时，该奖学金授予政策中还鼓励受资助学生，在欧美和亚洲，特别是与新加坡有贸易和政治交往关系密切的国家，分别完成两个学制的学业。拉里选择了本科在英国就读，硕士阶段来华留学。当谈到自己来华留学经历与未来职业发展的关系时，拉里在访谈中说道，批判性思维是从事商务和政府间协商沟通的核心素质：

访谈片段 5

我认为，（课程里的）批评性分析要求你表达自己的观点，并且为你的观点提供证据。你应该贡献新的想法，并且比较多个观点的异同，从而拓展讨论。我想这有助于我未来的职业发展。这些课程都试图鼓励整合不同的观点，将各方推向一个共赢的局面。

拉里的表达和 Durkin（2008）所提到的批判性思维的中间道路十分契合。他对批评性自我的认识突出了对话空间的维系和拓展，其首要目标是同时允许相似或相左的观点都能被审慎考量，最终为所有利益相关群体找到趋向共赢的折中途径。

第五节　案例三：紫珊的故事

紫珊在上海出生成长，并考入本书主案例中的这所"双一流"综合性大学，取得国际政治学专业的学士学位，继而直升本院的全英语授课国际硕士项目，继续同一专业的学习。在四年的政治学本科学习中，紫珊逐渐形成了对批判性思维的认识：

访谈片段 6

我在进入大学之前没有接受过太多批判思维方面的训练。当时所有的经历都花在背诵和操练老师交给我的内容。一切都是为了高考做准备。但进入这所大学学习之后，我们有很多的学术报告、小组作业和期末论文。我是通过这些逐渐学会了批判思维的技能。批判性思维不是简单地批判别人的观点或指出他们的弱点或不足。这在某种程度上并不困难。但批判性思维的目标是要抓住学者的专业思辨逻辑，寻找不同的角度和方法来处理同一个学术议题。这是我们系一位教授教给我的。

除了本科阶段的学习，紫珊在硕士阶段的学习经历也对她的批评性自我的形成产生了影响。当问到她对《东亚比较政治》这门中日韩三方课程的看法时，紫珊非常认同这门课程里体现出的专业学科知识和方法的多元性：

访谈片段 7

这门课不仅集合了关于东亚政治的不同观点，还有不同的学科传统和观点，因为教授们的学术背景和国籍都很多元。我们可以看到，都是东亚的议题，不同的老师因为学科训练不同，用的理论和研究方法也有所不同。这也拓宽了我们的视野。

这里还有一点值得指出，那就是紫珊和其他学生，并不像此前很多跨文化交际文献中所描述的那样——中国学生在国际化大学课堂中被动且沉默寡言。相反，紫珊和她的中国学生们，借助自己掌握的东亚政治专业知识和本科阶段训练掌握的学术英语技能，在课堂中积极参与专业问题的讨论。这在事实上打破了关于亚洲学生批判性思维"文化欠缺论"的思维定式（Song and McCarthy, 2018）。例如，在一次关于儒家思想与东亚政治专题的课堂提问环节，紫珊针对韩国大学教授关于亚洲政治传统的专题讲座提出了以下扩展性问题：

（举手）教授，您好！我有一个关于儒家思想在平衡地区团结和全球公民身份方面的问题。您认为儒家价值观如何影响韩国对其地区邻国的态度，同时又培育了一种全球公民意识？[扩展：评价]

在后续采访中，紫珊提到课堂提问的思考来自于本科专业课中对儒家价值观和韩国现当代政治的讨论，并基于讲座主题提出上述问题。当问及职业发展规划时，紫珊说她还没有清晰的想法，希望通过这两年的硕士阶段学习来好好想清楚自己未来想做什么。但她深信自己本科和硕士阶段的学习经历，给她打下了扎实的专业学科基础，这对她未来无论从事什么职业都大有裨益。

第六节　分析与结语

本章的案例分析结果与此前高等教育国际化背景下，以文化群体为对象的批判性思维研究发现非常不同。福柯的自我形成轴心理论，帮助解释了学生如何在跨文化生活体验中通过反思自身过去、现在的生命历程，以及对未来的愿景与规划，逐渐发展出对何谓批判性思维、何谓批评性实践、何谓批评性自我的认识。在理论思路和研究方法的考量方面，我们认为，福柯的自我形成轴心理论和民族志的叙事探究相结合，能够很好地帮助研究者理解和描摹个体层面的跨文化交际体验与多个层面因素的互动关系如何影响批判性思维及其实践。这是不同于社会心理学和认知研究的思维范式。除了批判性思维相关的跨文化研究，福柯的自我形成轴心理论，还可以用于高等教育国际化背景下学生自我形成的其他方面，比如全球公民等。

基于跨文化身份认同的理论框架，本章发现留学生在跨文化自我构建方面体现出了不同的特征。如表 8.5 所示，留学生的批评自我形成受到了不同层面的影响，具体包括个人交往层面、机构层面和专业学习层面。在案例一中，德国的来华留学生的批评自我主要依赖于引入和确认多元文化信源这一自我意识，这与这位留学生本人长期多样的跨国学习经历密切相关。在批评自我构建过程中，这位留学生主要受到去欧洲中心思想的影响，在课堂互动中能够借助多种对话策略来实践自己的批判性思维信念，也为实现自己未来成为外交家的目标而努力。案例二中新加坡的来华留学生，对批评自我的认知主要是在不同立场之间构建建设性对话的主观意识和祈愿。这一批评自我的认知主要受到他在新加坡就读华人中学时受到的儒家思想的影响，以及基于剑桥制中学系统的教育制度的培养。在剑桥制教育制度中，辩论课是重要的通识教育课程。辩论课程和儒家思想的共同影响，使得这位新加坡来华留学生找到了 Durkin（2008）所说的"中间道路"，即在对抗式和合作式的批评实践中找到一种平衡。同样，在课堂互动中，这位留学生也运用了多样的对话策略来践行他的思辨自我，并为未来成为新加坡公务员这一目标做准备。在案例三中，这位在同一英语授课项目中学习的中国学生认为对不同学科立场和角度展开反思性协商才是她认为的思辨能力，也就是批评自我的实质。而这样的认识主要受到在本专业本校学习经历的影响。由于本专业的教师，在专业授课过程中，会引介不同的学科研究传统和角度，使得案例三中的学生能够从学科逻辑的角度，思考课堂讨论中和来华留学生在专业议题上的分歧和共识，并使用合适的方法来展开协商和建设性的对话（Apple，2014；Lim，2015）。这些权威信源的塑造与自主展开的批评实践，都为她未来成为一名合格的专业毕业生做了准备。

表 8.5　来华留学生跨文化思辨自我的形成

批评自我形成的福柯轴心	案例一	案例二	案例三
批评自我的实质	引入和确认多元文化信源的意识	着力在不同立场间展开建设性对话的意识	对不同学科立场和角度展开反思性协商的意识
批评自我建构的权威信源	反欧洲中心主义	儒家思想、剑桥制中学系统	本科课程大纲与教授指导
批评自我的实践	多种类型的对话策略		
批评自我的目的	外交家	新加坡公务员	有严格学科训练的本专业毕业生

把中国学生纳入本课题的研究，有利于避免基于留学生 vs 本地生、亚洲学生 vs 西方学生这样的简单二元对立，也有助于分析跨文化体验作为一种个体实践对"双一流"高校学生的影响。本案例中的学生学习经历也显示，随着世界范围内学生流动机会的多样化，很难简单地用本地生和国际留学生等二元范畴对学生群体展开分类（Knight，2004）。例如，有很多学生虽然是本地生，但有过不同国家的交换生活语言学习经历，而另外一些虽然来源国是亚洲国家的学生，可能在本国就一直

接受英语国家学制和全英语授课的国际学校教育。而这些情况都说明，比较传统的来源国和基于国际英语水平测试的学生群体分类，无法适应高速发展的国际学生流动图景和相关研究的需要。

通过以上分析，我们也发现，在课堂中的沉默本身并不是一种缺乏思辨能力的体现，而是一种基于学生思辨自我认知的交际策略（Lu and Singh, 2017; Rear 2017）。而关于思辨能力和思辨自我形成的研究，应该更多地考虑多层次和多维度的跨文化因素的多重影响。此外，紫珊的案例也告诉我们，与专业相关的学术英语是批评性实践的重要媒介，需在教学大纲的设计中得到足够的重视，并与学生批判性思维能力的培养紧密结合起来，尤其应当重视如何培养学生参与专业知识和观点的讨论与协商。

评价理论为分析课堂内外的互动中学生如何调用多样化的信息来源，扩展论证视角，并在多种论证角度之间寻找协商对话和取得共识的可能，提供了一套切实可行的分析语汇。这也有助于教师理解学生思辨自我的实质，由此付诸行动，帮助他们更好地在国际化教育环境中完成相关学业。

总体而言，本章的分析结论可以说明，学生对批判性思维的理解、评价和实践，并未受到现在的"亚洲"和"西方"的本质主义二元对立的影响。当我们采用建构主义的跨文化观念来理解批判性思维时，学生的批评性自我是"浮现的、情景性的，也是多元的"，也受到学生个人独特的生命轨迹和特定社会文化语境的共同作用。

本章也提出一种高等教育国际化语境中自下而上的批评性教学法，从而避免将批判性思维简化为一系列本质主义的属性（Atkinson, 1997; Dervin, 2011; Holliday, 2017）。自我民族志可以被用作自下而上理解学生批评性自我形成的一种鼓励学生参与的反思性教学方法，以便更好地理解学生批评性自我浮现过程中都受到了哪些因素的影响。当我们将同一个课堂或同一个专业的学生看做一个批评性"实践社群"（community of practice）时，我们可以通过系统地搜集学生关于批评性自我形成的自述，以及总结出的批评性自我实践中多元化发声与参与互动的策略，帮助那些暂时没有足够批评性认识和实践策略资源的学生更好地思考和探索相关问题，并有效保持学生群体中批评性自我的多样性（Zappa-Hollman and Duff, 2015）。需要指出的是，教师在设计国际化教学课程大纲时应该在多个维度，包括人机互动、院系政策和学科知识传授方法等，帮助学生培养批判性思维习惯，增进对批判性思维的理解，从而更好地塑造自我（Leask，2015；Moore，2011）。在课堂观察所涉及的两门课程里，授课教师都设计了小组任务和学生自主引导的课堂讨论，而教师则在讨论过程中扮演支持型角色，为学生讨论中遇到的相关知识点和难点提供专业的反馈和提示。这也是未来思辨性教学值得借鉴的地方。

第九章　演化的知识

本章和下一章将研究焦点放在本土学科国际化教学方面。具体的研究案例仍然是全英语授课国际学位项目，但这次的学科是"中国哲学"。从先秦诸子到宋明理学，耳熟能详的贤者所提出的思想是全人类宝贵的财富。这样源远流长的学脉传统，在进入现代化大学变成专业学科时，都有哪些历史因素和学科知识的考量在发挥作用？当开设这样的全英语授课学位项目时，来华留学生和授课教师又如何来理解中国哲学的国际学科地位？本章将通过实证研究来回应这些问题。第一节将初步讨论我国全英语授课国际项目中语言与知识的关系、与全球知识生产地缘格局及其历史的关系。第二节将介绍本章的研究背景和资料采集与分析方法。第三节到第五节将具体呈现本章的研究发现，分析本案例中师生采用的三种主要的知识去殖民化策略。第六节将结合现有文献对本章的分析结果展开讨论，并为全英语授课项目的知识去殖民化建设提供思路与建议。

第一节　全英语授课国际项目中的语言与知识

现有研究发现，英语作为教学媒介语，在非英语国家高等教育中的不断发展与扩大，逐渐制造出以下两种矛盾：一是国家政策与学校培养全球公民的国际化政策中对语言文化多样性的推崇，与英语作为单一学术通用语的学位项目语言政策之间的矛盾；二是本土知识振兴和国际推广，与英语作为全球知识生产和散播的主导语言的矛盾（Gu and Lee，2019；Kuroda，2014）。在本章中，我们试图运用知识去殖民化的重要理论，来检视主案例高校中的"中国哲学与文化"全英语授课国际硕士学位项目中师生的去殖民化意识与策略。具体研究问题包括：

（1）该全英语授课项目中的授课教师和来华留学生如何理解课程设置中知识去殖民化的必要性及现状？

（2）该全英语授课项目中的授课教师和来华留学生采用和发展出哪些策略，将他们的知识去殖民化意识付诸实践？

第二节　案例情况与分析方法

本章选取了主案例高校的"中国哲学与文化"两年制国际全英语授课硕士学位项目。在哲学领域，中国哲学和其他非西方哲学，如印度哲学和日本哲学等，常常被划归为"亚洲研究"等区域研究领域，而不被当成和西方哲学同等重要的哲学传统。以美国为例，很多高校的哲学系只有一个中国哲学的教职，甚至有些都没有（Nordon，2017）。本案例中的中国哲学国际学位项目建立于 2011 年，其初始目的就是为了改变中国哲学在知识生产地缘政治格局中的边缘化地位。这也是全国第一个建制颇为齐全的全英语授课的中国哲学国际学位项目。该项目提供了中国哲学不同门类的课程，比如儒家、新儒家、佛教、道家和法家哲学等。据项目负责人和科研秘书所说，该项目平均每年录取约 10 名留学生；从 2011 年到 2020 年，该项目总共接收和培养了 87 名全日制来华留学生和 18 名国际交流生。这些学生来自全世界 25 个国家。在新冠疫情开始后，该项目的年录取学生人数仍然保持稳定，但有一半的学生选择线上学习模式。除了为学生们提供专业相关的英语课程外，每位学生都需要修满四个学分的中文课程，并根据自己目前的中文水平，进入不同类型的国际中文教学班级开展学习。此外，每位留学生还需要每周参加约两课时的讨论班学习。讨论班由该院中文授课中国哲学硕士学位项目的中国硕士生作为授课教师；每位中国学生教授两位留学生古代汉语语法，并一同研读一到两部中国哲学经典文本，如《论语》《道德经》《墨子》等。

该项目的选取主要基于其独特性和代表性（Yin，2016）。其独特性在于它在设立时就具有明确的知识去殖民化立场和目标，具体来说，该项目旨在提高中国哲学在国际哲学学界，尤其是在"全球北方"的地位。这一点在该项目创始人的访谈中被反复提及，也在该项目申请全国优秀全英语国际项目建设的申报材料中有明确描述。该项目于2018年顺利获得了该国家级奖项。同时，考虑到全国范围内社会经济资源分布不均，该项目在非英语国家的顶尖高校所开设的全英语授课国际学位项目中具有一定代表性。该类项目的特殊性在于肩负着提升本国大学作为全球有竞争力的知识生产中心的目标（Marginson，2008，2018）。

本章的数据采集方法，主要是对该项目教师和留学生的半结构访谈。访谈问题主要是为了理解教师和来华留学生在学科知识和语言去殖民化方面的认识和实践。与前几章类似，本章的采样方法也是多样性最大化。如表9.1和表9.2所示，从2021年3月到2021年11月期间，我们访谈了该国际硕士项目中的10名来华留学生，6名授课教师和1位项目行政负责人员。受访教师在年龄层次、学科专长、教育和研究经历、是否参与该项目行政管理等方面呈现一定的多样性。而受访来华留学生的多样性主要体现在来源国、是否有过中国哲学学习经历、此前的中文学习经历和个人的生活轨迹等。访谈采用半结构方式展开，平均时长为1—2小时。每位受访人在参与访谈前均被告知研究目的和数据使用方式，并同意在访谈中录音。为保护受访人隐私，本章中所有师生均使用化名。

表9.1 受访来华留学生基本信息

学生化名	性别	年级	来源国
乔治	男	研二	瑞士
萨琳娜	女	研二	葡萄牙
路易斯安娜	女	研一	泰国（澳籍）
佩德罗	男	研二	西班牙
卢卡斯	男	研二	西班牙
雨果	男	研二	巴西
安东尼奥	男	研二	波多黎各
约翰	男	研一	英国
丹尼	男	研一	加拿大
菲利普	男	已毕业	德国

表 9.2　受访教师基本信息

教师化名	性别	年龄段	国籍
张老师	男	50—60	中国
王老师	男	30—40	中国
黎老师	男	60—70	中国
严老师	女	40—50	中国
卢老师	男	60—70	法国
金老师	女	30—40	中国

　　教师访谈均用中文进行。访谈问题涉及以下方面：与学科知识和古代汉语相结合的课程设计和教学策略；教师结合自身教学与科研的经验，以及对中国哲学在本地知识生产中的地位，如何理解英语作为教学媒介语的中国哲学专业知识教学；教师在学术发表方面的语言选择与相关的发表策略。学生访谈均用英语进行。访谈问题的重点包括：学生在加入本案例中的全英语授课国际项目之前的跨国学习与生活经历、自我评估的中文水平和中文学习经历，为何要报考中国哲学的全英语学位项目，以及对目前项目中的学习感受、挑战和应对策略等，还有学生对中国哲学目前在国际哲学学界的地位和现状的认知与看法。

　　所有访谈录音均由本书作者和一名研究助理共同转录和校对。本章采用主题分析的方法对访谈文字稿展开分析。整体分析过程呈现循环往复的状态。首先，我们反复阅读访谈文字稿，并通过归纳编码的方法，基于文字稿中反复出现的核心主题展开编码，例如"中国哲学是独立存在的哲学分支"，"系统性和理性是特定历史时期里西方哲学的特征，后来强行变成普世标准"，"中国哲学有助于解决人类社会的根本问题"等。然后，我们基于现有文献和本章研究问题，对这些从文字稿中生成的主题展开进一步分类，把它们归入上层主题领域（thematic domains）中（Cresswell and Cresswell，2018）。这些主题领域也帮助呈现本章的分析结论，具体包括：（1）将中国哲学历史化为一个有争议的、在多重学科话语间形成的现代学科，（2）放弃西方标尺，呈现多元的学科当代性，（3）通过文化间翻译来培养留学生对中文的知识信任。

第三节　从历史角度呈现中国哲学的现代学科形成之路

受访教师在描述自己的课程设计决策时，普遍提到了自己如何理解和呈现中国哲学发展史与半殖民、帝国主义和冷战历史千丝万缕的联系。例如，严老师在受访中谈到，她更倾向于和来华留学生在课堂中分享中国哲学的发展历史，尤其是它作为"非西方"哲学，在国际哲学界相对边缘的地位，并从历史角度解释其成因：

访谈片段 1

中国哲学在 20 世纪 20 年代开始演化成一个现代学科。中国知识分子非常希望运用自己掌握的西方哲学的知识，把中国哲学重建为一门现代学科。同时，他们又认为中国那些古代思想家给中国现代化进程带来了沉重的历史负担，在面对西方帝国主义的坚船利炮时非常无力。

严老师的上述评论，强调了中国哲学作为现代学科的形成过程中，不同社会力量之间所形成的张力——一方面是 20 世纪初中国知识分子强烈的救国图强的民族复兴愿望；另一方面是缺乏区别于欧洲中心的哲学学科建设体系和资源，来帮助本土哲学知识完成独特的现代化过程，因而不得不借用了不少欧陆哲学的术语和知识体系来理解中国哲学（Chen，2021）。

对教师们关于"中国哲学算不算哲学"这一话题的课堂讨论设计与投入，一些来华留学生对此产生了怀疑。例如，来自西班牙的佩德罗在来华留学之前阅读了毛泽东的《论教育》一文，对他的哲学思想产生了浓厚的兴趣，因而在华教授了一段时间英语后，产生了专业学习中国哲学的强烈意愿。他认为，大多数学生选择来华学习中国哲学，就从来没有怀疑过中国哲学是哲学这一事实，因此没有必要花费过多的时间在课堂中讨论这一问题。在访谈中，佩德罗说道：

访谈片段 2

我们在课上花了 15% 的时间讨论中国哲学是不是哲学。我想我在申请这个项目的时候就没有质疑过这一点。……这个问题总是反复出现，让我觉得中国学界还是很希望得到西方学界的认可。背后的逻辑还是希望能够达到西方学界设定的标准。如果这样的话就会非常被动。我觉得现在中国哲学是时候放弃用西方哲学的某些标准，比如系统性和理性，来衡量自己，应该提出新的学科界定和发展提案。

在上述片段中，佩德罗选择了和菲律宾后殖民学者 Alatas（1974）类似的角度，认为该项目中的教师们应该脱离"禁锢的思想"，不要一味回应西方学界部分学者对待中国哲学的态度，而以西方哲学的观点和标准来衡量中国哲学的合法性。与此相对，佩德罗认为中国哲学界应该更多致力于提出自身的独立学科评价标准，从而提升自身的独特性和国际重要性。来自加拿大的留学生丹尼，本科时学习的专业是西方哲学。他认为，在讲解中国哲学演变史的同时，也应当了解西方哲学的历史发展过程，及其学科属性评价标准的多元性。在下面的访谈片段中，丹尼指出了西方哲学演化过程与现代大学诞生的关系，并强调以庄子为代表的道家哲学有自身的修辞特征，应当得到重视，而不应只将体系性和理性作为中国哲学学科正当性的衡量标准：

访谈片段 3

中国哲学是一种生活方式，而不是枯燥的逻辑游戏。希腊哲学也是这样，本来并没有被分割成认识论、形而上学和伦理学。这与后来 17 世纪德国的专门化和现代化大学在欧洲的兴起非常有关。另外就是，在哲学语言风格方面，并不是只有严密的逻辑推导才是哲学的特征。庄子用的很多比喻都非常有哲学性，蕴含了很多智慧。

而另外一些留学生，比如来自英国的约翰，因为比较熟悉中国思想史和中国近现代历史，还在中国生活过几年，所以比较能理解授课教师的出发点，并不是依照西方哲学的一些"标准"来衡量中国哲学。与此相反，授课教师所指出的，正是中国哲学发展初期的一段特殊时期的困境和实际情况——在半殖民和封建主义的历史语境中，知识生产的全球不平等及学科知识现代化进程的不同，相互交织而生成了"中国哲学算不算哲学"这样的问题。安东尼奥结合拉丁美洲的实际情况，也表达了对相关课堂讨论的理解：

访谈片段 4

我来自一个后殖民的哲学传统的国家。把墨西哥哲学称为法国存在主义和德国现象学的混合产物，听起来就非常奇怪。过度依赖西方学科范畴会"污染"我们自己对哲学的洞见。

此外，教师们也从多元知识体系对话关系的历史角度切入，分析中国哲学的异质性和杂糅性。例如，黎老师将自身师门学科传承放置在更大的中国哲学发展轨迹中，来理解中国哲学学科现代化过程中多元并存的方式和结果：

访谈片段 5

20 世纪 30 年代，辩证唯物主义和历史唯物主义的论战演变成了马克思主义传统的中国哲学研究。当然，后来还有基于新儒家传统的中国哲学，那是基于儒家哲学和康德哲学论战发展出来的。我自己的研究其实是属于另外一条线。这条线可以追溯到清代的中国经学传统。周予同先生延续这条中国经学式的研究，在上世纪 60 年代做了很多细化的工作。我现在的研究是在周予同先生等前人的基础上继续发展起来的，把现有的研究拓展到 17 世纪耶稣会传教士和中国儒生之间的跨文化交往方面。

在这段访谈的最后，黎老师强调了中国哲学与西方宗教和哲学之间的互动，本身就是中国哲学的有机组成部分，因此跳脱了中西哲学二元对立的评判方式（Chen，2010；Santos，2014）。对中国哲学学科传统多样性的讨论，也受到了所有受访留学生的欢迎。在摆脱中西二元对立的前提下，这样的学科知识多样性和互为参照的讨论形式，也使得留学生们能够自然地运用自己之前学到的宗教学和西方哲学、文学等不同学科门类和来源地的知识体系和语言资源，来讨论中国哲学中一些概念的理解和修辞的运用等。从这个角度来说，本案例中的中国哲学全英语授课项目创造了一个去殖民化的接触带，允许掌握不同知识资源和去殖民化策略的参与者结合自身具身体验，展开"复杂交际"（Lugones，2006：75）。

此外，受访教师也谈到，在课程材料中使用知名汉学家的文献，也是课程知识去殖民化的重要策略。张老师、王老师、黎老师和严老师都认为，汉学虽然很大程度上是殖民和冷战时期的产物，但也增强了中国哲学在英语为主的国际学界的能见度，使得中国哲学研究领域必须要求有了解和研究中国哲学的汉学家的出现。好几位教师在课程中也特别选取了他们根据专业知识判断，觉得可信度和学术水平足够好的汉学家的相关著述，连同国内中国哲学专家的论文一起，作为阅读材料分发给学生阅读。这也反映了受访教师在文献引用和使用方面的去殖民化意识（Lewis，2018）。

第四节　西方标准之外：学科当代性的多元化理解

Santos（2014）曾经指出，把一门学科固化为研究某些前现代思想或物件的专门活动，那么就在前提假设上拒绝承认这些思想或物件的现代和当代相关性，因此无论如何也无法和不断演化的现代学科相提并论。这样的思维逻辑经常被用于构建"全球南方"和"全球北方"的知识不平等。受访留学生普遍认识到了中国哲学在英美大学哲学系的边缘地位，也同意应该在研究中国哲学时摈弃线性发展逻辑，不要将中国哲学固定在古代历史，从而防止桑托斯所说的学科不平等的发生。如前所述，丹尼就更倾向于使用中国哲学非线性标准来区分哲学传统，如修辞风格、论证特点等；安东尼奥则从后殖民角度，检讨墨西哥哲学在欧洲中心的哲学分科中的尴尬地位。萨琳娜则更进一步指出，中国哲学不应当被描述成一种停留在过去的知识，而是应该通过不断更新哲学语汇，发展出能够回应人类当今面临的困境的中国哲学思想：

访谈片段 6

这里的教授们在发展中国哲学的当代价值。张老师就是典型的例子。他目前的研究发展了当今儒家思想作为一种政治哲学的可能性，而不是一直在讨论先秦时候孔子的思想对当时有什么意义。所以，儒家思想并不是过去式，天知道新儒家在过去几十年发展得多么蓬勃，不是吗？我觉得我们应该无视那些在西方大学哲学系里追捧西哲优越性的种族主义者。

有些受访教师也认同学生关于增加中国哲学当代内容的要求，并且运用了多种策略来拓展中国哲学的学科当代性，从而使得中国哲学与其他国家的哲学传统，能够一同构建世界哲学的去殖民化生态体系（Santos，2014）。在访谈中，张老师提到，他结合儒家思想和法家思想提出的政治哲学有明显的去殖民化立场，即解决人类共同面对的核心政治问题，又试图指出并解决民主制度的一些弊端。这样的政治哲学尝试，一方面防止将西方民主模型当成解决人类社会问题的唯一良方，即限制了它的应用范围，另一方面也凸显了中国古代思想在应对全球问题方面的学科相关性和重要性，而不再仅仅被当做亚洲研究的一部分（Chakrabarty，2000）。

金老师运用的去殖民化策略是找到不同国别的哲学传统共同关注的问题，并就此提出新的哲学概念或概念体系。她在自己的学术研究中也运用谱系学方法，来对比法国哲学和中国哲学中的一些核心概念。在访谈中，金老师也强调在教学中要特别突出中国哲学的当代性：

访谈片段7

如果在课程里只关注中国古代的思想家的话，容易给学生一种印象，好像中国当代没有前沿的哲学思想，中国哲学好像是固定在过去的、比较异域的知识。我觉得西方哲学，尤其是马克思主义、康德、海德格尔的哲学对当代中国哲学家，比如李泽厚，影响是非常巨大的。而且当我们把西方哲学著作翻译过来的时候，它们就自然变成了中国思想的有机组成部分。语言就是有这种力量的。而且留学生对中国哲学家如何阐释和融合西方哲学的实践也非常感兴趣。

在上述访谈片段中，金老师在讲述中国哲学当代性的时候，特别突出了中国哲学家翻译和吸收以中文为媒介的西方哲学思想的部分。这也有助于打破中西哲学的二元对立，既强调本土语言作为哲学知识再生产和跨国传播的重要手段，也明确了中文作为世界不同国别哲学传统的媒介的合法性（Thiong'o，[1986]1994；Santos，2014）。

来自法国的卢老师对中国哲学的现代属性的理解角度非常不同。他认为应该从个体的层面去强调个人。无论是教师还是学生，作为一个现代人，在阅读文本时，只要认真"倾听"文本，依据朱熹的读书法和伽达默尔的现象学法作细致的文本分析，就是中国哲学的"现代化"。同时，在下面的访谈片段中，卢老师也指出，这样的方法可以普遍适用于任何以文本为依托的哲学传统，而非独特于中国哲学。

访谈片段 8

研究者：您能谈一谈在中国哲学教学过程中如何理解和处理殖民主义和学科现代化的问题吗？

卢老师：我是非常重视现代化的。但我不会从抽象的概念入手来处理现代化的问题。当我们仔细读一个经典哲学文本的时候，我们会很自然地产生一种归属感。现代化就是我们自己作为现代人在阅读和理解这些经典文本。但你必须认真"听"这些文本在说些什么，然后才能产生自己的理解。如果你自然地读《孟子》，不给它贴上传统的或者现代的标签，那么你就可以完成一种个体化的理解和阐释。它也是现代的，因为你是一个现代人。这也是我自己学习法国哲学时的做法。我们当时花了一整个学期的时间来阅读斯宾诺莎，分析他当时为什么要在某些地方使用一个拉丁语词，还有他是如何定义这个词的。如果说中国哲学的话，我个人非常喜欢朱熹的读书法。这也不是只局限于某种哲学的方法，而是任何以文本为核心的哲学流派或传统都可以运用的方法。

在谈到教学方法时，张老师、王老师和金老师也强调了文本分析法。与陈光兴的地缘社会历史唯物主义相应和，张老师认为，文本分析是一种有效的中国哲学教学方法，因为它可以避免在教学中把中国哲学和中国哲学史的教学混为一谈。这两者在改革开放前的哲学教学中常常没有明显区分。其差别在于，哲学教学的目标主要在于"理解"哲学思想是什么和如何通过文本的具体修辞和语词使用等方法表达出来；而哲学史则更多偏向于对哲学流派和思潮等的观点的总结，并将其客体化，而后展开分析。从这一区分角度来看，中国哲学的当代性是发现不同国家哲学传统内部和之间对话与互补的可能性的必要条件。因为只有当我们都认可世界不同地区和流派的哲学家的思想都有当代性，能够有回应当代人类共同问题的可能性，才能够让它们具有同等的现代学科重要性，并彼此建立对话（Santos，2014：177）。

第五节　以跨文化翻译增强对中文的知识信赖

在该全英语授课项目中，除了将中国哲学和世界其他国家和地区不同历史时期的哲学传统并置，构建多元学科生态体系外，受访教师还积极运用 Santos（2014）所说的跨文化翻译来展开知识和语言的专业教学。其代表性方法包括对比中国哲学和其他哲学传统中的概念，以及在课件中对照分析原始中文哲学文本和不同版本的英语翻译。通过这样的方法，英语被用来作为理解中国哲学中文文本的中介，而非直接将英语版的翻译当做是可以信赖的中国哲学知识载体。在访谈中，金老师详细描述了他如何运用香港中文大学已故教授、著名汉学家刘殿爵（D. C. Lau）的《孟子》译本来展开不同哲学文本的概念对比：

访谈片段 9

我在课堂里会呈现同一个中文古典哲学文本的不同英语翻译版本。……有的时候，你需要理解一个汉字意义的流变才能理解某一个文本里具体的字句。比如，"心"这个汉字，孟子、朱熹、从梵文翻译过来的佛教典籍以及中医文本里是如何理解它的。刚开始我可能会先引入一些核心字词在不同文本里的翻译。之后我可能会要求学生能够分析中国哲学文本的修辞和哲学内涵。

在访谈中，金老师解释了他如何通过比较儒家哲学的"心"这一概念和欧陆哲学里"意识"（consciousness）、"心"（heart）、"思想"（mind）这些概念的异同，并对几个常见的儒家哲学"心"的英语翻译展开讨论，从而让学生意识到英语翻译因为哲学思想的差异而带来的不准确性。经过这些讨论，留学生也逐步意识到，虽然他们可以用二手的英语译本和研究论文来间接了解一部分中国哲学的内容，但翻译文本作为一种跨文化知识生产，本身就试图在不同语言和哲学传统之间建立对话，准确传达原文的意思不仅很难实现，也不是翻译文本的终极目标。因此，一些留学生逐渐会对英译本的可靠性提出质疑，并更加有动力在讨论课和业余时间继续提高自己的中文，尤其是古汉语水平。

除了对照中文文本的不同译本和跨语言概念对比，一些受访教师也会从人类共同面对的跨时空问题来展开跨文化翻译教学。例如，张老师在访谈中说道：

访谈片段 10

我觉得关键的哲学问题都是从日常问题起源的，所以你能把它背后的那个问题讲清楚，所以你如果讲什么天人合一，什么孝，怎么达到一种天人之际的，好像道德宗教的教条一样；但是比如你讲儒家讲孝道对不对？为什么讲孝道，因为任何的道德哲学都需要有一种超出个体的东西，否则就只有动物性的东西。道德是一种规范性的，跟描述是不一样的，就是超过个体的话，这是一个所有哲学共享的问题，但不同的哲学有不同的说法。所以，基督教通过上帝超越个体，在上帝面前我们都平等，变成一个大的群体。而我想儒家想超越个体，超越通过家庭，就是儒家讲孝道背后或者讲家庭，这背后有跟基督教一样的一个动机，就是希望人不只为个体利益去做事，但是他的解决办法是不一样的，所以我觉得你得有点共通的东西，这样大家才能互相听得懂。

张老师的说法和跨文化宗教学家潘尼卡提出的"历地阐释学"（diatopical hermeneutics）十分接近（Panikkar，1979）。历地阐释学不追求对问题的普遍解释，而是认为不同的人在对话中共同协商和生成"共同的语言"来作为互相理解的基础。Santos（2014）将历地阐释学界定为"在两种或以上文化间通过寻找共享关注点并提出不同类型回应的阐释工作"（p. 219）。

另外，留学生在入学前学习哲学的自身体验，也帮助他们更加关注中国哲学学习过程中的中文学习。澳大利亚籍的路易斯安娜在泰国成长并完成小学至大学阶段的学习。她在泰国时为应对个人成长创伤，自发学习佛教哲学，并在此过程中认识到梵语本身就是佛教哲学的有机组成部分。基于自身经验，路易斯安娜很自然地认为，中文是中国哲学不可分割的一部分。这与前面我们提到的"亚洲作为方法"的互为参照法十分吻合。在下面的访谈片段中，路易斯安娜对此作了比较详细的解释：

访谈片段 11

　　佛教在泰国，比如有一个寺庙里有巴利三藏（注：早期南传佛教经典的结集之一）的经文。寺庙的僧人在线上佛教工作坊里说，我们需要先努力理解佛祖和弟子的对话，然后再去阅读那些注疏评论。那时候我意识到了阅读原始哲学文本的重要性。

和第七章的案例研究情形类似，留学生多元的生活和学习背景，也为他们在该项目的课堂讨论中能够调用多元的语言和知识参照系，构建一个跨文化翻译接触带。约翰在来华前分别在英国两所知名大学的哲学系获得了本科和硕士学位，主攻方向分别是分析哲学和医学哲学。当被问到他在就读本项目前所了解和学习的哲学传统时，约翰这样说道：

访谈片段 12

在英国，提到哲学那必须就是英国分析哲学。我们从来不读欧陆哲学。我都是自己在课外读到欧陆哲学的东西。我读的本科学校哲学专业在英国也是很有名的，但老师上课就是只讲分析哲学，还很鄙夷欧陆哲学家，可能只有康德还可以接受。在这里就完全不同。这可能也是中国哲学自古以来的特色。它总是能在不同的思想家之间达成某种融通整合。这里的老师对世界不同哲学流派都很熟悉，也没有欧陆哲学和分析哲学水火不容的问题。我觉得这也是融通传统的体现。这种开放的态度在我之前学习的英国大学是不可想象的。

金老师在美国取得了哲学硕士学位后，也和约翰一样，深刻体会到美国和英国这样的英语国家的哲学教育基本被分析哲学主导，追求哲学解释的普遍适用性，缺乏去殖民化意识和多元哲学传统比较。金老师根据个人学科偏好，最终选择赴法国著名学府就读哲学博士学位，寻找更加有机会展开跨文化翻译和对话的哲学研究氛围。

第六节　分析与结语

本章运用知识去殖民化的主要理论，分析了本书主案例高校中全英语授课国际硕士学位项目——"中国哲学与文化"——中的师生如何体现认识和践行对学科知识和语言的去殖民化。现有文献已经强烈批评了将高等教育国际化等同于西化的做法，因为这样会影响本地语言作为正规教育中专业知识载体的地位，进一步加固英语在全球知识界的霸权地位（Galloway, Numajiri, and Rees, 2020; Gu and Lee, 2019; Jablonkai and Hou, 2021; Phan, 2018）。针对这一国际共识，本章选取了一项在建立初始就旨在提升国际学科知识公平，提高我国知识生产国际地位的案例，基于实证发现，对现有的上述国际普遍存在的问题作出回应。通过分析我们发现，尽管受访师生并不知道"亚洲作为方法"和"南方认识论"，他们的去殖民化意识与实践却正与相关的理论立场和建议的方法十分契合。本项目在课程设计和教学过程中并没有受到英语中心语言观和欧洲中心知识观的影响，反而师生合力构建了一个去殖民化的知识协商对话空间（Dafouz and Smit，2021；De Costa，Green-Eneix，and Li，2021）。从高等教育国际化的角度来看，这一项目在"走出去"和"请进来"的知识创新与散播策略之间建立了一道去殖民化桥梁，使得本土知识和世界各地不同历史时期的学科知识得以在教学中呈现多元化的生态，为知识公平做出努力（Wu，2019）。

在课堂中，中国哲学经典中、英文版本的共同呈现，避免了将中、英文对立为相互竞争的学科知识媒介。中文文本的可翻译性，使得语言资源掌握十分多元的师生能够共同构建一个"翻译接触带"，讨论植根于不同时空情境的哲学传统，并试图基于人类共享的问题在不同传统之间，通过历地现象学方法建立对话（Santos，2014）。在坚持文本可译性的同时，授课教师对哲学经典文本阅读和分析的重视，也帮助留学生们增强了学习中文的学科动力，并建立起中文作为学科知识不可分割的一部分的信赖感。这也和去殖民化理论家 Thiong'o（[1986] 1994）对本土语言使用的重视相契合。

此外，现有文献常从后殖民的理论实践来分析中国高校在国际学生全球流动的地缘格局中所处的"半边缘"位置（Mulvey，2021，2022；Mulvey and Mason，2022）。现有文献也常认为可以简单套用中心——边缘的"知识压迫——被压迫"和"知识生产——知识接收"关系来分析"半边缘——边缘"的关系。本章的分析显示，本案例由于高度的去殖民化意识和多样的去殖民化实践，并没有"复制"这样的"压迫——被压迫""生产——接收"的不平等关系，而是通过构建不同学科知识的"极端共存"，来打破现有的全球知识生产不平等格局，围绕当代重要问题来超越地域和时间的限制，创造学科知识的平等、多元对话的可能。强调中国哲学的当代性对去除哲学学科知识的英美中心主义至关重要（Alcoff，2017；Chakrabarty，2000；Dussel，2014）。同时，选取本土中国学者和海外汉学家的文献作为课程阅读材料，也有助于提高该全英语授课项目的多元性。这也使我们意识到，全英语授课项目的去殖民化建设，有赖于授课教师本身作为学者的知识和语言的去殖民化立场，尤其是对现有国际学术生态中知识生产不平等格局的批判性态度与实践（Li and Yang，2020；Xu，2020；Xu and Montgomery，2019；Yang R.，2010，2018）。

由于师生的知识和语言储备各不相同，他们使用的去殖民化策略呈现出一定的区别。受访教师常用历史化策略来帮助学生理解中国哲学作为现代学科形成过程的历史张力，并在课程设计和教学方法中呈现这一复杂的历史过程。与陈光兴的地缘社会历史唯物主义方法类似，受访教师也广泛提到了中国哲学如何在半殖民半封建、帝国主义和冷战等历史时期演化为具有内部异质性的哲学子分支。这些带有去殖民化意识的讲述将纷繁复杂的历史和地缘政治力量放在核心地位，又兼顾了中国哲学在哲学学科发展中的普遍性与特殊性的双重特征。更重要的是，他们在教学中综合了多种类型的去殖民化策略，与 Santos（2014）所提出的知识生态与跨文化翻译策略十分契合，也在课堂中构建了"去殖民化翻译接触带"，培养和强化学生的学科去殖民化意识与实践。

受访留学生大体上对中国哲学的学科演化史并不熟悉，因此他们无法像教师一样通过学科演化史的还原，来呈现中国哲学的内部异质性。他们采用的典型去殖民化策略，是拒绝使用英美和欧洲中心主义的学科标准来衡量中国哲学的学科正当性。这一策略与批评性高等教育国际化学者的立场相似（Shahjahan and Morgan，2016；Stein，Andreotti，and Suša，2019a）。受访学生通过调动在来源国的后殖民社会的具身经验，以及对此前哲学专业学习经历，在课堂讨论中积极展开多元知识对话，共同构建去殖民化翻译接触带（Santos，2014）。

亚洲高等教育去西方化的研究，批判了全英语授课国际项目在推动西化教育在亚洲传播中的作用（Guo，Guo，Yuchim，and Liu，2021；Yang，2018）。但是，在本案例中，知识参照系的多样化使得师生能够破除中西二元对立，转而发现中国哲学和西方哲学这两个学科范畴各自内部的异质性，同时也注意将它们与在哲学思想传播中地缘政治地位较弱的学科参照系放在一起，展开讨论与对话。

总体而言，本章通过典型案例，探索全英语授课国际项目在语言和知识去殖民化方面的可能性，并基于实证总结出一些相关策略，为非英语国家批评性课程国际化提供参考。本章的研究结果显示，亚非拉学者提出的知识去殖民化理论，能够为全英语教学国际学位项目的设计与实施提供一个知识公平的批评性视角。将以英语为主要教学媒介语的专业知识教学，放在全球不平等的知识生产地缘政治格局中展开考察，有助于避免无意识地复制和加强英语在学术语言和学术知识生产与传播中的国际霸权（Mbembe，2016；Mignolo，2005；Ndlovu-Gatsheni，2018）。如前所述，在全英语国际课程设计和教学过程中，本案例中的教师体现出了明显的去殖民化意识，而三人一组的学生讨论课设置则为学生提供了必要的本地语言支持，也与教师在课堂中的双语，甚至多语教学形成呼应。当师生将中文作为学科知识"天然"的组成部分时，就更加容易避免陷入英美和欧洲中心的学科知识教学（Alatas，1974）。这样由去殖民化意识指导下的教学实践，也使得师生能够共同构建一个以跨文化翻译、历地阐释学等策略为基础的去殖民化接触带，从而在不同知识参照系之间建立对话。就教学效果来看，这样的全英语授课国际项目，不仅没有加重英语的全球霸权，反而将课堂变为知识去殖民化的重要阵地。

在教学启示方面，尽管本案例里的三个去殖民化策略具有一定的情境特殊性，但它们可以为未来全英语授课项目的去殖民化设计提供一些思路和经验。这些思路与经验特别适合非英语国家一流高校里的全英语授课教师参考。这类教师群体通常在使用英语展开专业教学方面，没有太多语言方面的困难，并且已产出具有地方相关性和全球共鸣的知识。在这样的基本前提下，他们能凭借语言与知识的储备和敏感度来增强去殖民化的课程内容，探索更适合本地情境和国际生源情况的去殖民化教学策略。同时，虽然目前英语作为教学媒介语的相关文献鲜少关注语言和知识方面的去殖民化问题，但在原住民教育领域已经有不少去殖民化角度的批评性研究。后续研究可以在原住民教育和英语作为教学媒介语这两个领域之间展开对话与合作，为世界范围内全英语授课国际学位项目的语言政策、课程与教学设计等的去殖民化建设提供方向。

第十章　融汇的体验

最近的研究表明，超语实践作为知识建构过程，可以发挥去殖民化功能。本章的多案例研究，关注超语实践如何被授课教师、助教和来华留学生用于建设中国哲学与文化的全英语授课国际硕士学位项目，进而提升中国哲学在哲学学科中的国际地位。本章开头将首先介绍"全球南方"和"全球北方"的知识不平等、去殖民化和超语实践三者之间的关系，接着综述相关文献，并介绍本研究的背景和方法，本章的结语就目前全英语授课学位项目中普遍存在的知识公平问题展开讨论，并基于本章的研究发现，为去殖民化超语实践在全英语授课课程项目中的运用提出建议。

第一节　"南北"知识不平等、去殖民化和超语实践

在全球范围内，英语作为教学媒介语的实施情况受到本地社会政治语境的影响而呈现多元生态（Ou, Gu, and Hult, 2022）。批评性应用语言学指出，在"全球南方"不断增加的全英语授课项目很可能加剧高等教育国际化过程中的语言与知识不平等。在本章中，"全球南方"在宏观上囊括了"殖民主义、新帝国主义的整个历史，以及造成生存标准、寿命和资源可及性等不平等的经济与社会变迁"（Dados and Connell, 2012：13）。中国在历史上虽然并未被完全殖民，但"全球北方"的

知识霸权依旧对目前我国科学和人文社科各领域的学科知识生产构成了严峻挑战（Demeter，2020；Wen，Zhou，and Hu，2022；Xu，2020）。

在此背景下，本章的案例研究旨在提出去殖民化意识指导下的超语实践方法，从而探索其在全英语授课高等教育语境中构建知识公平的潜力和途径。本章案例中的中国哲学全英语授课国际硕士学位项目创立于2011年，其创立初衷是提高中国哲学在国际英语学界的地位。如前一章分析所示，中国哲学在以西方哲学为主导的国际哲学学界处于边缘地位，常被归入汉学或亚洲研究（Norden，2017）。这一案例非常明确的学科知识去殖民化目标，在"全球南方"的顶尖高校中具有一定代表性。

本章将超语实践看做去殖民化超知识实践的重要途径。超语实践是具有明确目标的超知识建构过程。社会主体通过调动"深渊线"两边的多元学科知识，实现"全球南方"和"全球北方"知识的平等共存，继而完成不同知识之间的跨文化翻译（Santos，2014）。以结点分析法为依托，本案例综合研究教师、学生助教和留学生如何看待和运用超语实践，在课内外教学活动中构建超语言、超文化的中国哲学学科知识，并将其置于全球哲学知识生态之中。

在方法论方面，本章将结点分析作为元方法（meta-methodology）来分析教师、讨论课学生助教、来华留学生是如何运用超语实践来共同展开学科知识的去殖民化建构（具体方法介绍请参本书第二章）。结点分析从多个维度研究"社会行动的单一时刻如何成为多重时空层级话语的连接点"（Hult，2017：91）。本章中作为节点的社会行动是超语实践。这一社会行动处在多个话语周期的交汇处，而这些话语生成与不同的历史背景和地理位置，构建了多层级的互动规范，并化为全英语授课国际项目中师生具身体验的组成部分。在这些话语周期中，去殖民化相关的话语周期同时嵌入不同的时间层级，包括专业的、教育的和个体的时间层级等。我们在分析中也着重关注全英语授课项目的师生如何理解知识去殖民化，并将这些理解转化为超语实践的社会行动。同时，学科演化的历史时间层级，可能影响了教师的学科认识论立场和学科知识实践，继而呈现在他们的全英语课程设计与授课过程中。从这个角度来看，结点分析有助于提供一种整体、动态的分析框架，来厘清这些不同时间层级和表现形式的话语周期之间的互动情况，进而帮助我们理解去殖民化意识是如何通过超语实践得以付诸行动的。本章的研究问题有：

（1）全英语授课项目中的参与者通过超语实践激活了哪些不同时间层级的话语及互动规范？

（2）全英语授课项目中的参与者如何基于去殖民化意识，在课堂内外通过超语实践展开学科知识协商与建构？

第二节　案例情况与分析方法

本案例基本情况与前一章相同，在此不再赘述（具体请参 10.4 节）。本章采用多种数据采集与分析方法，来帮助系统追踪教师、讨论课助教和来华留学生的互动方式，以及在不同时空流转的话语如何形成不同的实践结点（nexuses of practice）。对历史个体和课堂互动秩序的研究，主要基于半结构访谈文字稿的内容分析展开。考虑到本章研究对语言活动和参与者类型的追踪要求更高，我们在 2021 年 3 月到 2021 年 12 月间总共访谈了 6 位任课教师、1 位助教和 10 名来华留学生。受访人的详细信息请见表 10.1 和表 10.2。

表 10.1　受访来华留学生基本信息

学生化名	性别	年级	来源国	工作与学习经历
乔治	男	研二	瑞士	在瑞士同一所知名大学先后取得三年制心理学专业学士学位和三年制西方哲学专业学士学位
萨琳娜	女	研二	葡萄牙	在葡萄牙一所知名大学取得四年制人类学专业学士学位；在上海一所知名大学取得两年制人类学专业硕士学位（全英语授课国际学位项目）
路易斯安娜	女	研一	泰国（澳籍）	在泰国一所全英语授课大学取得四年制英语语言文学专业学士学位
佩德罗	男	研二	西班牙	在西班牙一所知名大学取得四年制西方哲学专业学士学位；在北京一所知名大学担任英语外教两年
卢卡斯	男	研二	西班牙	在英国一所知名大学取得四年制创意写作专业学士学位；在中国旅行半年
雨果	男	研二	巴西	在巴西一所知名大学取得四年制西方哲学专业学士学位
安东尼奥	男	研二	波多黎各	在美国一所知名大学取得四年制西方哲学专业学士学位

学生化名	性别	年级	来源国	工作与学习经历
约翰	男	研一	英国	在英国两所知名大学先后取得四年制西方哲学专业学士学位和一年制医学伦理哲学专业硕士学位；在中国华北和华中城市担任过三年大学英语外教
丹尼	男	研一	加拿大	在加拿大一所知名大学取得四年制西方哲学专业学士学位
菲利普	男	已毕业	德国	在德国一所知名大学取得四年制本科学位；在中国一所大学做过半年英语外教

表 10.2　受访教师基本信息

教师化名	性别	年龄段	国籍	语言掌握情况
张老师	男	50—60	中国	中文（第一语言）；英语（工作语言）
王老师	男	30—40	中国	中文（第一语言）；英语（工作语言）
黎老师	男	60—70	中国	中文（第一语言）；英语（工作语言）
严老师	女	40—50	中国	中文（第一语言）；英语（工作语言）
卢老师	男	60—70	法国	法语（第一语言）；英语、德语、意大利语、西班牙语、中文（工作语言）
金老师	女	30—40	中国	中文（第一语言）；英语（工作语言）；法语（工作语言）；德语（工作语言）
小兰（讨论课助教）	女	20—30	中国	中文（第一语言）；英语（工作语言）

为分析历史个体维度，教师访谈问题包括了他们的教育经历、参与全英语项目授课经历、课程设计中如何处理语言与学科知识的关系，以及学术发表中的语言选择和全球生产等；学生访谈问题包括了他们的生活和受教育轨迹、对学位项目中语言与学科内容的设计与教学的看法、他们在课堂和讨论课中的参与情况，以及此前和当下学习中文的情况等。

教师与学生访谈文字稿均采用循环往复的、演绎与推理相结合的内容分析方法。通过将教师和学生访谈中关于课堂教学设计、授课和参与情况的部分相互比对，我们试图还原课堂互动秩序的相关情况。讨论课中的教学秩序主要通过焦点小组的方法展开研究。我们选取受访学生中刚好在同一讨论课小组，而且在校上学的两位学生连同助教学生共同构成焦点小组。我们首先邀请该焦点小组学生对讨论课展开录音，并自主选择他们认为可以分享的片段供本文使用。该小组组员共提供105 分钟时长的小组讨论课录音。在听完录音后，我们又对焦点小组的三位学生展开约一个小时的小组访谈。访谈问题主要包括讨论课助教学生的课程设计与安排、讨论课和正式课程的关系、讨论课对他们专业学习的辅助作用，以及三位学生的个人学习轨迹及课外的交流情况等。我们将讨论课录音文字稿和小组访谈的文字稿与访谈数据一并展开内容分析。

此外，为了更好地分析在位话语，我们在访谈和录音文字稿之外，还搜集了国家级、校级和院系级的全英语课程政策文件、课程大纲、视频材料和受访师生提到的，与专业和教学紧密相关的 6 部专著和 18 篇论文，作为辅助材料帮助分析田野数据。这些多源数据的综合分析有助于厘清超语实践与去殖民化知识建构的交织关系。紧扣超语实践这一结点位置的核心社会行为，我们也特别关注受访师生对英语和中文的评价及在学科教学中的使用情况。结点分析为我们提供了一个全面、动态的分析视角，来理解政策实施者、教师、留学生在不平等的知识生产地缘政治中，如何通过超语实践展开去殖民化意识指导下的学科知识协商与建构。

第三节　作为话语间超语实践的跨文化翻译

第一类在位话语着力将英语用作中国哲学学科特定的学术国际通用语。在全英语授课国际学位项目中，授课教师带动来华留学生参与学习、反思、协商和生产以英语为媒介的学科话语体系，并强调这一话语体系应当和国际接轨，即能够被哲学不同分支的国际学者、学习者和爱好者所理解，并能够形成对话。这一在位话语也被写入该全英语授课课程大纲的教学目标部分——"构建国际学术话语体系，准确解释中国哲学，并为来华留学生提供符合学科逻辑，同时易于理解的中国哲学的系统介绍"。

2011 年也正是该全英语授课国际学位项目启动的时间。就项目成立初衷而言，这一在位话语与 2010 年和 2011 年推出的两项国家政策有契合之处。2010 年教育部关于印发《留学中国计划》的通知提出了旨在"加强中外教育交流与合作，推动来华留学事业持续健康发展，提高我国教育国际化水平"的留学中国计划。该通知附件第十二条提到，我国高校需"打造品牌专业，优化专业结构，建设对来华留学人员更有吸引力的专业课程体系。支持高等学校着力打造汉语授课品牌专业，开设一定数量的英语授课学位课程，重点支持具有中国特色和国际比较优势的学位课程，提高其国际影响力"。[①] 此外，2011 年《高等学校哲学社会科学繁荣计划（2011—2020 年）》的重点建设内容第六条强调，"坚持以推进学术交流与合作为主线，坚持'走出去'与'请进来'相结合，提升国际学术交流质量和水平，推动高等学校哲学社会科学走向世界，增强中国学术的国际影响力和话语权"。[②] 这两项国家政策在 2018 年"双一流"计划启动时进一步凸显（教育部和财政部，2018；教育部等，2018）；虽然这些政策强调"将中国知识推向世界"（Yang，2010：243），但在中国人文社会科学作为国际学术中的弱势"后来者"，以及在振兴国家本土传统与采用西方知识和方法赶超之间陷入紧张关系的背景下解读时，它们也可以被视为一种去殖民化的政策实践（Zheng and Wu，2022：630）。

为了将这一在位话语付诸实践，受访教师积极使用话语间超语实践，来还原和分析中国哲学文本的英语版本的社会历史情境过程，从而帮助学生理解其中的跨文化翻译过程（Santos，2014）。王老师谈到他教授儒家哲学中"心"的概念时说道：

访谈片段 1

我们有一个基本的文本，比如说就我而言的话《孟子》，我选的是 D. C. Lau，刘殿爵的一个中英双语对照本。这就很方便。他至少在看英语的时候，有一个汉字在旁边，至少能够知道这个汉字是什么意思，就让他对汉字没有那么陌生或者恐惧。虽然刘殿爵也是很有名的翻译家，但是他有一些概念，他的翻译其实有问题或者是不精确的，经常会遇到。特别是因为刘殿爵他是文学家，哲学的话，比如说那个概念，在孟子那边可能是一个意思，而刘殿爵可能翻译出了 70% 或者 80%，但是后世对它的理解是从剩下的 20%—30% 里面衍化而来。这个翻译如果没有考虑到后面宋明理学的一些考虑的话，它很显然还

① https://www.gov.cn/zwgk/2010-09/28/content_1711971.htm
② http://www.moe.gov.cn/ewebeditor/uploadfile/2011/11/09/20111109103051635.pdf

是不太够的。这样的话，学生就比较容易去介入到这些课程当中，一方面是语言文字，另外一方面是哲学义理，两个方面可以结合起来。在具体的教学中，我们除了文本之外，还有很多的二手文本。二手文本全部是发表在国际顶尖期刊的论文。比如说，《孟子》第一章《梁惠王上》，关于这章里面的一些核心概念、比较好的一些国外的经典论文，我们放上来一起读。前两节课是我上，然后后面我先给学生带一遍文本，再带他们读二手文献。第二周之后选课固定了，他们每个人选一个主题去看，大致就是这个样子。所以这个方式其实还是跟他们在海外比较像，所以他们基本上可以无缝对接。

如王老师所说，中国哲学中"心"的概念与心灵哲学中"心灵和物质""理性和情感"的二元对立不同。中国哲学中的"心"是一个综合性的术语，包含了思维、感受、判断、意志和意图等多个维度（Hall and Ames，1998）。在教学中，王老师将摸索与"心"对应的英语翻译作为学生理解中哲核心概念的起点。正如上述访谈片段的最后一句所示，王老师将话语间超语实践看做一种教学策略，通过讨论这些中国哲学概念不同英译版本的优劣，带领学生协商和理解不同哲学对人类生活的不同理解。这一教学策略与跨文化翻译的去殖民化目标产生共鸣，以实现来自"全球北方"（例如德国现象学和英美分析哲学）和"全球南方"（例如儒家和佛教哲学）的哲学知识在教学过程中的平等对话关系。

在比对不同版本的英语翻译的话语间超语实践过程中，一些受访教师还突出了翻译者的历史身份，还原当时的社会历史背景，以探讨译者的翻译实践如何受到他们的哲学偏好和语言语境的影响。例如，黎老师就采用了一种探究式的方法，帮助来华留学生将一位汉学家对中国古代哲学文本的翻译历史化和问题化。他的这一历史视角将汉学家的翻译过程，变成了来华留学生理解中国古代哲学流变史的中介性渠道。黎老师说：

访谈片段 2
外国学者，你要让他考证到像钱嘉学派的水平，深入到一些最最基本的问题，我觉得他们没有这个语境。在欧美都没有这样的语境来纯粹地研究一个中国学者感兴趣的问题。……现在我找到的方法就是做一些交涉性的文本，用一个跨文化的视角来读经学。以前我们只是就经学论经学。过去研究中国哲学、历史和文学都不是太重视外语，觉得只要看中文的就可以了。这种跨文化的角度以前就真的是没有。那么现在在一个英语的教学语境下，我就用一个跨文化的角度去讲。比如说，我会问，你们知道"中庸"是怎么翻译的吗？"中庸"翻译成英语的名词是什么？它第一次翻译成拉丁文是什么？那么拉丁文第一次翻译成是中国的一种政治伦理。但是理雅各（19世纪英国著名汉学家）翻译成英语的时候就把它理解成一种教育思想，the Doctrine of the Mean。那么不同的翻译就说明了他对经典的不同的阅读的方法。从这个角度和他们讲就比较容易理解。

这样的课堂讨论强调对语言和多样化学科知识的动态决策过程，让来华留学生代入译者的角色，从跨文化翻译的超语实践角度看待中哲经典英译，有利于培养他们去殖民化意识（Bayham and Lee，2019）。此外，黎老师的分析还突显了英国汉学家与中国哲学家之间的跨文化交流，揭示了以翻译为途径跨文化哲学知识生产的动态历史过程。

受访教师的"历史个体"也参与塑造他们对语言的理解，将其视为知识创造的必要资源，而不是可以在表示相同意义时切换的代码。例如，金老师在访谈中提到，她在中国读的本科和在美国读的硕士研究生学位都是英语语言文学专业，这样的语言文学训练培养了她在分析英语、法语和中文的哲学文本时的语言敏感性。此外，话语间超语实践也是她的去殖民化哲学学术工作不可或缺的组成部分，也自然地体现在她这个全英语授课国际学位项目的教学设计中。金老师这样说道：

访谈片段 3

　　我感觉这些学生是对中国有一定了解的留学生。在这种情况下，我就会在教学时给他们多一点中文的东西。但是，我不要求他们要掌握。比如说荀子，我就把荀子里面的一些 quotation 拿出来，然后对照一下荀子的英语翻译。其实我看翻译版本的时候，我就发现它的翻译是有错误的。我就会把中文原文和英语的不同翻译放在 PPT 上或者 Word 里，给学生看，然后解释翻译的问题在哪里。……所以我觉得这个解释的过程当中，我给他们的印象就是，这个英语版本不可靠。我觉得这个对他们来说是有一个很强的冲击的。他们突然就不相信他们手里面的英语材料了。我是希望他们能学好中文，因为我其实自己对哲学的认识是，如果你不能读懂那个国家的语言，你就不可能掌握那个国家的思想。这一直是我学习和研究哲学的一个基本的理念吧。

如金老师所说，这种教学方法鼓励学生在不同语言和社会历史背景中的哲学传统之间建立对话，挑战传统欧陆哲学和英美分析哲学在哲学领域的强势地位。全英语授课国际学位项目的相关课程设置，通过将跨语言和跨文化元素融入学习过程中，为来华留学生提供了更广泛和更包容的哲学理解，从而将中国哲学视为一种跨文化和跨语言互动的综合产物。

访谈片段 4

因为古代哲学已经有太多老师教了（笑）。我觉得他们其实既然在中国生活，应该有更多关于中国当代的一些思考，才能够促成中西方的这种所谓的交流。因为如果我们只仅仅就是让他看一个古老的，好像印象中很神秘的，然后又特别不一样的一个东方的中国，我觉得有点太单薄了。就应该结合我们现在更看重的一些，像康德、马克思，甚至后来的海德格尔，他们给中国思想带来的冲击，对中国现当代社会的影响也不应该忽视。他们也需要知道中国思想如何吸收和同化一部分西方哲学思想。

金老师的教学设计有助于培养学生对中国哲学当代性的认识，而不是将其定格在古代，通过打破不同哲学分支之间的规范界限，在这些分支之间通过话语间超语实践建立对话。同时，她的评论还强调了中国哲学文本的不可翻译性和可翻译性。正如 Santos（2014）所说，这两点都是跨文化翻译的重要方面。

受访留学生对授课教师的超语教学法表示赞赏。这样的正面评价，一定程度上根植于他们在过往生活经历中沉淀下来的去殖民化意识。例如，约翰、乔治、雨果和安东尼奥都曾遇到过英美分析哲学的教授将福柯和德里达等欧陆哲学家视为不合格哲学家，并拒绝在不同哲学分支间展开话语间超语实践。雨果和安东尼奥曾经在本科学习阶段感受过拉丁美洲本土哲学在专业课程设置中的学术边缘化地位。当时的哲学本科项目将欧陆哲学视为优秀的哲学传统，而拉美本土哲学传统的合法化，必须参照欧陆哲学的标准才能得以实现。这样的亲身经历，使得他们更加珍惜去殖民化的哲学学习体验，因此他们对中哲项目中的课堂讨论印象深刻。在课余自学过程中，这些留学生将《道德经》的部分章节翻译成英语，认为自主翻译是研习中国哲学的有效方法。从学生的角度来看，受访教师所采用的超语教学法为他们提供了一个去殖民化的元语言学习空间，使根植于不同语言和社会历史背景中的哲学话语之间产生对话。这是他们在之前的哲学教育中从未体验过的。

第四节　中国哲学作为超文化、跨符号和具身的生活方式

第一类在位话语主要以语言为中心，而第二类在位话语则将去殖民化意识的跨语言观扩展到具身实践中，强调中国哲学是一种超文化、跨符号和具身的生活方式。在中国哲学对"知识"的理解不是客观化的真理，而是在自我修养的过程中开展的精神身体实践。受访教师将这一在位话语体现为其历史个体不可或缺的一部分。卢老师是专攻灵性哲学的法国耶稣会学者。他于 20 世纪 80 年代末开始学习中国书法和水墨画，现在已是备受尊敬的书画家。绘画、书法、写作和公民参与都是他修行的方式。正如他在学术著作中反复提到的，中国书法作为一种视觉语言是过程和产物的艺术。墨笔在画纸上留下的痕迹可以显示出书法和绘画过程的速度、强度和精度。同时，作为一种书写风格的汉字在形式上涵盖了精神和审美的含义，观众可以通过"情感与场景之间的互动"来感受其美学意义（Li，2009：211）。

图 10.1 是卢老师在 2019 年上海画展中展出的书画作品之一。垂直排列的两个汉字可以翻译为"有光"，而法语部分则是赞美诗 139:11 中的一句话："黑夜在我周围变成了光明"（La nuitdevient lumière autour de moi）。这些中法字符在视觉上相互关联，因为法语的句子根据汉字书法的书写规范从上到下进行了调整。句子的首字母"L"也被去除了大写。法语句子的前两个词保持水平排列，因为卢老师将它们安置在了第一个汉字的水平笔画的上方，没有穿越其垂直中线。卢老师的篆书印章标志着法语句子的结束。同时，中法双语书写的视觉排列也完成了话语间超语实践。正如卢老师在访谈中解释的那样，"有光"来自圣经《创世记》，这句话的中文翻译是："上帝说，'要有光'，于是就有了光。"而法语句子象征着基督教灵修的自我探索之旅，其道路坎坷但充满希望。这种跨语言的艺术品体现了卢老师的具身灵修实践，在书法实践和基督教灵修实践间实现了超文化对话。卢老师将中国书法和绘画的视觉—身体语言视为全球同享的哲学具身实践方式，而不仅仅将其视为中国哲学独有的地方性知识。这也体现了第二类在位话语的去殖民化意识。

图 10.1　卢老师的中法双语书法作品

除了个人书画实践，卢老师还将他的跨语言、跨知识体系的具身哲学实践扩展到了他的课程和作业设计中。作为人类学家和中国哲学学者，卢老师的课程材料既包括学院派的哲学文本，也包括民间哲学文本，比如民间宗教仪式和中医的历史文献等。同时，他将哲学文本在历史上的跨地区流动作为古人哲学经验的一部分。例如，当卢老师允许卢卡斯选修他在全中文授课中国哲学硕士项目中的一门课程时，考虑到卢卡斯的学术中文水平在听课方面存在一定困难，卢老师便为他量身定制了课程作业，并要求他在不听课的情况下完成英语和其他语言的课程文献阅读。其中一个作业要求卢卡斯扮演历史上来华的欧洲传教士，对中欧交流进行了回顾性、比较性的神学分析。卢卡斯在英国大学读本科的时候主修的专业是创意写作，辅修宗教学。这样的作业设计使他能够综合自身掌握的神学知识和创意写作能力，综合跨知识和跨语言的具身经验参与中国哲学专业的学习。以发展对四个世纪前从欧洲来到中国的传教士心态和视角的全知觉理解。卢卡斯在访谈中也表示非常喜欢这样的作业，并在课程学习中收获良多。

其他几位教师也将第二类在位话语转化为课堂内外的教学实践。例如，在另一门审美哲学课程中，来华留学生与课程助教一起前往上海博物馆，现场赏析中国哲学传统影响下的祭祀用乐器、书法绘画作品和明清家具等。这一在位话语也体现在来华留学生的相关课程作业中。如图 10.2 中乔治的课堂报告课件截图所示，他通过参考一本解释相关中文词语"形势"的中国艺术哲学作品，分析了书法与身体和精神维度的关系。这样的艺术哲学理论指导下的课堂学习为他在博物馆和课堂讲座中的观察体验提供了一种基于哲学学术元话语的反思，也践行了中国哲学的具身体验特性。

形 (xing) and 势 (shi)
Shi (2019)

形
- Translated as "form"
- Conventional Chinese calligraphy (as Western formalism) holds that formal properties (形) are the subject of art

势
- Translated as "force, potential, dynamic configuration"
- The calligraphy must go beyond mere 形, it must achieve 势 (and produce the aesthetic effect) in order to become a successful calligraphic work

Bodily and spiritual dimensions of calligraphy
[George]

➔ 形 and 势 are mutually dependent

图 10.2　乔治的课堂报告幻灯片截图

此外，两类在位话语所体现的具身当代性和跨文化性有助于来华留学生树立对中国哲学的知识信赖，并为他们反思以前的哲学价值观和生活方式提供了知识参照系。例如，乔治在访谈中谈到，他在课堂上学习到的儒家"家庭"概念以及与之相关的人性观，如何激发他对以前受西方哲学中个人主义影响的家庭生活理解提出质疑：

访谈片段 5

西方现代性对个人的推崇容易让我们忽视家庭成员间的纽带和亲密感。我觉得儒家哲学在我的中国朋友们处理家庭生活过程中仍然扮演着重要角色。……这也使得我反思了自己和家人的关系，也希望和他们走得更近一些。

乔治借助中国哲学的分析，意识到儒家哲学将家庭纽带视为人性的一个定义特征（如"亲亲"），将课堂里学到的哲学文本知识与具身生活经验建立联系和比较，进而反思自身在处理家庭关系方面的可改进之处。其他来华留学生，比如路易斯安娜和卢卡斯，在接触中国哲学之前就已经学习并实践了东南亚佛教哲学，也非常认同和接受这样的在位话语。

第五节　师生在讨论课中借助超语实践建构去殖民化学习空间

与课堂中教师主导的互动秩序不同，讨论课的互动秩序是由中国学生助教和来华留学生共同动态构建的。受访留学生谈到，虽然讨论课的初衷是帮助来华留学生学习古代汉语的语法结构，但助教通常会将两个小时的辅导分为两个部分：第一部分侧重于分享个人经历、日常关注和对社会问题的看法，并在这过程中练习日常中文用语；第二部分则专注于教授和学习《论语》中的古代汉语语法和篇章。助教会根据留学生的具体需求，每次讨论课各部分的比例和顺序会有所变动。佩德罗谈到了他对助教学生小兰教学的看法：

访谈片段 6

小兰是非常灵活变通的老师。我们想学习古代汉语和现代汉语，也想自己翻译《论语》。约翰对古代汉语语法非常着迷，但我真的很讨厌语法（笑）。我对古典哲学的意义更感兴趣，也想学习当代中国哲学。小兰在讨论时结合了我提到的所有内容，而且我们三个一起摸索出一种讨论课的结构。我们每个人都能在讨论课中加入自己觉得重要的内容。

小兰是一名专攻中国哲学的中文授课中国哲学专业硕士一年级的学生。在下面的讨论课片段话轮 1 中，小兰将《论语·里仁》中的第四章第 21 节的讲解放在个人故事的讲述中自然展开。她在解释自己作为一名大陆交换生赴台湾高校求学时想到要远离父母时会感到紧张，并引用了《论语·里仁》中的句子——"子曰：'父母之年，不可不知也，一则以喜，一则以惧。'"小兰在解释这句话的意思时采用了中、英文混用的超语实践，并试图在话轮 4 和话轮 5 中引导佩德罗和乔治的情感共鸣。接着，小兰引入了一个描述紧张感的常见中文表达，并逐字解释了这个表达的含义。在访谈中，小兰说这是她经常采用的教学策略，通过逐字逐句的英译中练习来帮助佩德罗和乔治推断原文的语法结构和含义。在佩德罗重复了这个中文表达来确认正确的发音后，小兰强调了"见一次少一次"这个表达对时间的关注，而佩德罗则通过分享自己的经历和情感共鸣对《论语·里仁》中这句话进行了二度阐述。最后，小兰确认了佩德罗的理解，并使用"我们"一词来强调这种情感超越国界的共通性。

表 10.3　讨论课互动片段与翻译

话轮	说话人与说话内容
1	小兰：就是它说，you have to know your parents' age. First, you will feel happy for them, because they've lived until now, 对吧？They lived long lives, so you feel happy. Yet, you're also worried because they've lived long lives—it's close to the end of the game. 然后我就 quote 这一段（读《论语》第四章第 21 节）。我就说，"This is one of the reasons that I get nervous." "就是我会，我会因为这个'一则以惧'。"这个地方 get nervous. 翻译：就是它说，你应该知道你父母的年龄。首先，你会为他们感到高兴，因为他们生活至今，对吧？他们很长寿，所以你感到高兴。但是，你也很担忧，因为他们已经活了很长时间——也就是说离死亡近了。然后我就引用了这一段（读《论语》第四章第 21 节）。我就说，"这就是我会紧张的原因之一。就是我会，我会因为这个'一则以惧'"，这个地方感到紧张。
2	佩德罗：How old are your parents? 翻译：你父母多大年纪？
3	小兰：Over 50 years old. 翻译：五十多岁。
4	佩德罗：I have the same feeling towards my grandparents. 翻译：我对我的祖父母也有这种感觉。
5	乔治：Yes. 翻译：是的。
	……
12	小兰：In China, 我们会说，"见一次少一次。" "See you one time, minus one time." 翻译：在中国，我们会说，"见一次少一次"。"见一次少一次"（英语字面翻译）。
13	佩德罗：Oh, that's good. How do you say it? ［仔细听并重复］见一次少一次。 翻译：哦，这很好。你是怎么说的？（仔细听并重复）见一次少一次。
14	小兰：It's a counting thing. 翻译：这是个计数的问题。
15	佩德罗：It's very dark. Every time I see you, it's one less time. 翻译：真是挺黑暗的。每次我见到你，就少了一次。

话轮	说话人与说话内容
16	小兰：Yeah, yeah, yeah. But it's actually the truth, because sometimes you will think, "Oh, I can always meet them" ——但其实——meet them a few times. 翻译：是的，是的，是的。但这确实是事实，因为你有时会想，"哦，我总能够见到他们" ——但其实——只能见几次。

在这一片段中，小兰考虑到佩德罗和乔治的古代汉语能力有限，因此在英语表述中插入了中文的过渡词、副词和代词。这种超语学习空间为《论语·里仁》中的教训、日常用语和辅导参与者的具身经验提供了交叉认知的机会。而这些命名语言和语域之间的边界在学科知识的共同构建中是流动和模糊的。佩德罗对这种策略表示赞赏：

访谈片段 7

而且在这里能讨论中国当代哲学和政治，因为我们的老师在课堂上讲中国当代哲学的部分不太多。我们讨论《论语》里面的一些东西时，小兰也会讲到现在中国家庭是怎么样的。她和她的学生们对父母还是很尊敬的。这让我感觉到中国哲学在日常生活中有一种延续，是一种活生生的实践，而不是书本里的历史。

佩德罗认为，讨论课超语学习空间具有去殖民化属性，因为他们三人对中国哲学的讨论并没有停留在古代，而是通过讨论让他看到了中国古代哲学家的思想在当代中国生活中的延续和实践形式。而访谈片段 7 的最后一句话也与第二类在位话语产生共鸣。这一超语空间同时激活了儒家哲学经典的历史时间线、学生过往经历的个人时间线和中哲讨论课的课程大纲时间线，使得两类在位话语在超语实践过程中得以交汇共振。

第六节　分析与结语

本章运用结点分析来探讨在全英语授课国际学位项目中，授课教师和来华留学生如何用超语实践，对中国哲学学科知识展开去殖民化知识生产与协商。研究发现，该项目培养方案中就确立了改变中国哲学在国际哲学学术边缘地位的教学目标。与国家政策相呼应，这一学位项目旨在提高中国的全球地位，并在"双一流"大学的人文社会科学学科中获得国际话语权。因此，一类在位话语，重在通过话语间超语实践的教学策略，将中文为媒介的中国哲学文本及研究成果，跨文化翻译成英语为媒介的学术通用语。授课教师通过超语教学法的设计与实践，带领来华留学生共同参与这一去殖民化学科知识生产过程。

研究发现，教师在超语教学法方面非常重视提高学生的元语言意识，帮助学生通过习得一套理解中国哲学的分析性语汇和步骤，把中国哲学经典文本置于跨文化交流的历史语境中。课程设计也旨在调动学生的具身语言资源库，将话语间超语实践作为来华留学生学习中国哲学的重要形式和路径。这些提高学生元语言意识的教学活动，非常契合 Santos（2014）所提出的"跨文化翻译"这一概念，即通过超语实践在"全球南方"和"全球北方"的哲学话语（即知识体系）之间展开互译。教师与学生访谈的对照分析显示，受访师生都不同程度地接受并参与自发性的超语实践，以辅助自身的中国哲学研究与学习。

与 Heugh（2021）和 Santos（2014）的观点相呼应，受访教师并不因为该项目的语言政策默认全英语授课就将英语凌驾于中文之上。相反，授课教师通过强调原始中文文本中不可翻译和不精确的部分，鼓励来华留学生对自己中文哲学原始文本产生学科知识信赖（Song，2023；Fricker，2007）。本研究的发现，与关于全英语授课国际课程和项目中认知公正的最新研究结果相呼应。这些研究通过展示授课教师、研究生导师和来华留学生作为全英语授课课程语言管理的主体，积极运用超语实践来避免或破除学科课程中可能的英语霸权和欧洲中心主义（De Costa，Green-Eneix，and Li，2021；Fang and Liu，2020；Liu and Phan，2021；Ou，Gu，and Hult，2021；Paulsrud，Tian，and Toth，2021）。

第二类在位话语强调中国哲学作为跨符号化、具身化的生活方式存在于课堂内外。对中国哲学的这一独特理解，使得该项目师生共同创造了修身为目标的多感官话语循环（Bayham and Lee，2019；Lin，2015；Tai，2021a）。这样的多感官话语循环，将修身实践分散在课堂内外的多种活动中，但又以共通的哲学理念彼此联系，为修身的终极目标服务。而超语实践则在不同经验之间打通转化的通路，以计划或随机的方式帮助师生实现不同哲学知识体系和传统之间的经验互鉴与体悟。

中国哲学天然的本土属性使得全英语授课国际学位项目，可以将去殖民化更好地置于教学设计的核心地位。中文作为学科知识载体的天然地位，也使得超语实践在教学过程中得以发挥重要作用。然而，在英语作为教学媒介语文献中这类案例的罕见性，凸显了在全英语授课国际学位项目设计和实施过程中急需加强去殖民化意识，由此改善全球知识生产地缘政治带来的科学和人文社科各领域的知识不公平（Wen，Zhou，and Hu，2022；Xu，2020）。

"全球南方"的全英语授课国际学位项目需要解决学科特定知识产生的不平等地缘政治问题，而不是毫无批判地复制新自由主义商业模式，以及医学领域看似普遍的标准和实践。例如，在全英语授课商务学位项目课程中进行的案例研究，可以进一步强调跨国公司和当地特殊性的多语言和多文化特征。去殖民化为导向的全英语授课国际课程设计，可以使用本案例研究中的超语教学法策略作为初步模型，强调跨文化翻译和课外的经验性学习。研究者与实践者的合作也有利于提高教师对实施超语实践教学的去殖民化意识，以促进学生通过多语符和感觉性表意资源实现学科知识的生产。

第十一章　学科的差异

上一章中，我们主要讨论了中文作为教学媒介语的国际硕士学位项目中来华留学生的跨语言实践和面临的语言学习挑战。本章将继续上一章的讨论，进一步聚焦来华留学生在语言和内容学习上的交织关系。在具体分析中，我们在人类学家项飙提出的移民基础设施，和社会语言学家布隆马特（Blommaert）所提出的社会语言基础设施这两个概念之间建立对话，提出社会语言基础设施化（sociolinguistic infrastructuring）这一概念。通过对四个人文社科院系师生的访谈文字稿展开内容分析，我们发现，尽管该校国际学位项目默认采用单一语言作为教学媒介语，但一些来华留学生和授课教师积极运用超语实践来建构学科知识，同时对中国学术界的学科发展史带来的知识和语言不平等展开批评性协商，共同修正和充实所在中文授课国际学位项目的课程内容。从理论角度出发，我们发现超语实践起到了社会语言基础设施化的作用，体现了师生的主体地位与角色。在本案例中，授课教师和来华留学生共同调度和运用分散而多元的物质语符条件，在中文为教学媒介语的学位项目中构建去殖民化知识建构的超语空间。本章首先介绍现有中文为教学媒介语的应用语言学研究现状，接着综述关于国际中文教育的相关文献。第二节将介绍本章的理论框架。第三节将介绍本章研究背景与方法。后续三节将分别介绍研究结果、意义与结论。最后，本章将结合现有文献对全中文授课国际课程项目的去殖民化教学设计提出建议。

第一节　中文作为教学媒介语的知识政治问题

全球知识生产的不平等凸显了中文作为学术通用语的合法性所面临的重要挑战（Xu, 2020）。有关中国大学学术竞争力的实证研究采用了世界体系理论（World Systems Theory, WST）。基于不同地区所产生的知识在全球范围内的认可程度，有研究将世界各国划分为中心、半外围和外围（Mulvey，2021）。根据世界体系理论（Wallerstein，1974），英语国家和西欧国家构成了知识生产的中心，中国位于半外围，而经济欠发达的国家则处于外围。因此，中国学术界在生产与本土相关、在全球范围内引人共鸣的知识方面面临挑战（Marginson and Xu，2021）。在此背景下，本章借鉴了 Fricker（2007）提出的"认知不公平"（epistemic injustice）的概念来分析中文为教学媒介语国际授课项目中的知识生产与学习。"知识不公平"指的是"在认知（知识）商品（如信息或教育）的分配上的不公平"（p. 1）。当将中文作为教学媒介语的国际学位项目置于当代知识生产的地缘政治背景中时，我们会发现不同国籍和教育背景的来华留学生对学习中文为媒介的学科知识会采取不同的认知立场（epistemic stance）。这里的认知立场指的是在不平等的知识生产地缘政治中，个人将不同语言、传统和世界各地所产生的知识置于特定位置时所持的立场。

本章将通过多案例研究，考察在就读中文授课国际硕士学位项目的来华留学生在语言和学科知识学习方面面临的挑战。本章的研究问题如下：

（1）来华留学生在中文作为学术语言学习方面如何应对挑战？

（2）来华留学生在中文作为学术语言学习学科知识方面如何应对挑战？

为回答这两个研究问题，本章借鉴了超语实践和社会语言基础设施化的概念，以促进对来华留学生在中文作为教学媒介语项目学习过程中所动员的多语言和多符号资源的分析。这些资源来自不同的相互关联和网络，涉及（非）物质条件。研究结果预期将描绘人文社科不同专业开设的中文作为教学媒介语项目情况，并展示来华留学生在学科特定意义构建过程中所协商和调度的多语言和知识资源库。

第二节 超语实践和社会语言基础设施化分析框架

虽然相较于应用语言学的其他子领域，有关超语实践的研究相对较少，但近年来这一概念在对中文教学的研究中越来越多地被应用（Wang，2019，2020；Wu，2019）。一系列研究已经确认学生和教师在中文作为外语教学实际应用超语实践的做法（Wang，2019，2020；Zhang，Osborne，Shao，and Lin，2022）。他们的研究结果表明，尽管在研究中所调查的对外中文教学中，单语主义意识形态占主导地位，但教师和学生会采取超语实践来促进中文的教学与学习。Wang（2021）强调了学习中文时智性对话方法的重要性，这种方法通过超语实践的教学法得以实现，并得到新西兰的大学生所认可。一些基于教学的研究揭示了对外中文教师对超语实践教学法持有的不同观点，虽然他们认识到这种方法对学生有益，但由于缺乏用英语教授中文的经验，他们在实践中有所犹豫（Zhang，Osborne，Shao，and Li，2022）。此外，越来越多的研究开始关注学生在课外自主学习中的超语实践（Li and Ho，2018）。

现有的研究往往专注于超语实践的实践性。虽然有众多英语作为教学媒介语的研究关注师生超语实践和超语教学法的使用，但在国际中文教学和中文作为教学媒介语的研究语境中，教师和学生如何参与和处理超语实践作为知识构建的过程，仍然是一个尚待探索的领域。Wang（2021）研究了毛利教育哲学如何与超语教学法中的对话式教学方法产生共鸣，并探索土著智慧如何助力新西兰国际中文教学的去殖民化。目前，尚未有研究聚焦超语实践在中文作为教学媒介语的教学环境中如何发挥知识建构的去殖民化价值。基于这一现状，本章试图探讨全中文授课国际硕士课程项目中跨越时间和空间的物质—符号网络，如何支持和制约来华留学生的超语学科知识建构。

本章提出社会语言基础设施化的概念作为分析视角，为我们对中文作为教学媒介语项目中的教师和来华留学生进行的多地跨语言使用，作为一种主体性实践和知识构建过程提供了框架。在社会语言学中，Blommaert（2014）提出了"超多样性基础设施"（infrastructure of superdiversity）的概念，指的是灵活且动态的物质条件，在其中各参与者之间形成精细的相互联系和网络，同时这些条件又历史地嵌入到本地和全球政治经济系统中。该概念最初应用于语言景观的分析，这些语言景观服务于多民族和国际都市地区不同人口和社会阶层的观众。布隆马特强调，基础设施为社会行为者提供物质条件，进而使他们能够在社交互动中动员符号资源，遵循相关的道德准则进行意义构建。

Blommaert关于"超多样性基础设施"的概念，有助于揭示来华留学生在学科专业的内容与语言学习过程中获得的物质—符号意义构建潜力的系统相互联系和网络。为了在国际学生迁移背景下丰富布隆马特对"基础设施"这一多维度（非）物质条件概念的理解，本章借鉴了人类学中对移民基础设施的五个维度的研究。Xiang和Lindquist（2014）提出了"移民基础设施"这一概念，指的是"有助于和制约移民流动的系统性地相互链接的技术、机构与行为者"（p. S122）。受到Simone（2004）的理论启示，Blommaert，Xiang和Lindquist都强调了社会行为者可以灵活调配物质—符号条件以实现移民目标。移民基础设施涉及五个维度，包括社会维度（如移民网络）、技术维度（如通讯和交通工具）、人道主义维度（如非政府组织和国际组织）、常规维度（如国家机构和移民程序）和商业维度（如移民中介机构）。这五个维度构成了具有不同运作逻辑的分析类别，而不是在现实情况中互相排斥的。Xiang和Lindquist（2014）还认为，"移民基础设施不仅应该在共时情况下全面关注跨维度的连接，还应该作为一个演化过程展开历时考察"（p. S136）。他们关于移民基础设施的多维度分类体系是一个经过充分测试的分析框架，可用于分析不同移民人群子群体（包括国际学生）的社会、机构和个人联系和连接的协调（Hu，Xu，and Tu，2022）。

基于前述的研究，本章提出了"社会语言基础设施化"的概念，用以分析随着历史演化变迁的物质—符号条件如何为来华留学生使用和调度，在技术、人和社会系统之间构建多维度的联系网络，从而为他们在中文作为教学媒介语项目中的内容与语言学习所需的超语实践活动提供必要支持。换句话说，社会语言基础设施化是超语实践的一个定义性特征。它突出了来华留学生在跨国教育背景中的协调分散各处的多语符表意资源的主体性地位。

在高等教育国际化的背景下，作为一个分析框架，社会语言基础设施化包含历时和共时两个分析轴（见图11.1）。在历时分析轴上，通过与高等教育国际化的宏观、中观和微观层面相结合，提出了三个层次的历史嵌入（Johnson and Johnson，2015）。Saarinen和Taalas（2017）在对北欧大学国际教育中教学媒介语的语言政策分析基础上得出结论，大多数关于教学媒介语的研究没有"在知识密集环境中将知识生产问题化"（p. 609），而是将语言简单定位为促进跨国流动的工具。因此，现有的教学媒介语研究经常忽视学科中使用语言的差异及其地理历史基础（Kuteeva and Airey，2014）。与此相比，本章研究框架的历时维度特别关注教师和来华留学生对不同地理社会位置产生的中文、英语和其他语言中介的学科知识不平等地位的去殖民化意识和实践。鉴于全球知识生产的宏观地缘政治，中国大学人文学科和社会科学学科面临各种挑战，这与它们的发展历史有关。教师的个人历史塑造了他们对学科定位的理解，以及他们在研究中采取的语言和知识管理决策。在这个多层次的历史嵌入框架下，来华留学生对超语实践的感知和实践可以在多个维度上展开系统的分析。需要强调的是，多层次的历史嵌入并不是结构决定论。教师和来华留学生都被视为具有主体性的存在，他们对围绕学科教学、学习和研究的地缘政治的认识程度可能各不相同，并在宏观政策和中观课程实施中不断协商，甚至产生紧张关系。

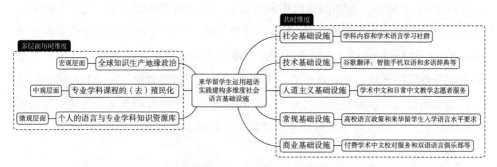

图 11.1　来华留学生运用超语实践建构多维度社会语言基础设施

就共时分析轴线来说，Johnson（2021）批评了语言政策研究的三重尺度模型，作为解释语言政策制定的结构和机构的确定性方式，强调"在社会语言学层级和各种社会文化背景层次上都存在多种结构来减轻机构的作用"（Johnson，2021：267）。教师和学生可以通过超语实践协调移民基础设施不同维度的语符和物质资源，为专业知识和语言教学服务。

第三节　案例情况与分析方法

由于学科演化史和自身特点各异，人文和社会科学不同专业在全球知识生产地缘政治中的角色和地位存在较大差异。本章选择将焦点放在主案例高校人文社科四个院系的全中文授课国际硕士学位上展开多案例对比研究。这些院系包括中国语言文学系、哲学系、新闻学系和高等教育研究所。每个院系在学科历史、国际课程设计和教学法方面具有独特和代表性。所选院系的中文作为教学媒介语学位项目每年注册入学的全日制来华留学生总数保持在 8 人至 22 人之间。

本章采用半结构化访谈作为主要的数据收集方法，因为这种技术允许被访者详细叙述他们在学科特定内容和语言学习以及教学方面的经验。共有 10 名来华留学生和 12 名教师参与了半结构化访谈（见表 11.1 和表 11.2）。作者在主案例高校担任一场面向来华留学生的视频拍摄比赛的评委时，通过便利抽样方式接触了 3 名来华留学生。后来通过滚雪球抽样方式，经由之前招募到的受访者介绍，又继续邀请到了 7 名受访者（详见表 11.1）。半结构化访谈问题，集中在他们入学前的语言使用情况和教育经验、选择当前中文作为教学媒介语硕士学位项目的动机，以及在中文作为教学媒介语项目中课堂内外的语言和内容学习经历。从 2019 年 9 月至 2021 年 9 月，每位受访学生参与了二至三次的单人半结构化访谈，其目的在于了解他们在中文作为教学媒介语项目不同阶段在学术语言和学科内容学习上所面临的不同挑战。每次访谈持续约 90 至 120 分钟，并在受访者知情同意的情况下进行了录音和后续文字转录。

同时，我们借助电子邮件和同事介绍等方式，邀请受访留学生的导师参加教师访谈，其中有 4 名教师同意参与。我们还选取了相关中文授课国际课程项目的另外 8 名中国教师参与教师访谈。他们既在项目中开设课程，又担任来华留学的硕士生导师。受访教师的选取采用目标抽样展开。我们综合考虑了受访教师在年龄、性别、学科专业、导师经验以及英语和中文在学科特定全球知识生产和传播中的角色等方面的最大变异多样性和代表性等因素展开抽样（Yin 2016）。半结构化教师访谈的问题集中在他们在学科特定知识生产、课程、中文作为教学媒介语项目的教学设计和教学政治的背景下，进行学科特定学术教学和研究时的语言选择，以及在新冠疫情前后促进来华留学生学术指导的策略。每次访谈持续约 90 至 150 分钟。在本章中，还使用了额外的资源，包括课程大纲、学生受访者的演讲幻灯片和社交媒体互动等，作为补充数据来促进访谈数据的分析。

我们采用内容分析法对访谈记录展开编码和主题提取。内容编码过程是循环往复的。首先，通过将学生与同一学科领域内的教师 / 导师配对，如实证语言学、文化语言学、中国高等教育研究、中国哲学和大众传播等。我们首先对访谈文字稿进行开放式编码，并将其综合归类到若干共享子主题之下，随后将这些子主题归入我们对社会语言基础设施化的概念和分析框架所对应的层次和维度相符的主题之下。

如前所述，来华留学生的学习经验最直接受到其导师在全球知识生产地缘政治背景下的学科知识定位和在实施的中文作为教学媒介语课程中的语言管理的影响。因此，历时轴的主题类别成为架构主题分析的基础类别。详细的编码方案和受访者类别见表 11.3 和表 11.4。在接下来的分析中，我们将历时轴上不同学科领域的差异，以及学生在中文作为教学媒介语项目中学习学科特定内容知识的语言选择，作为核心主题展开编码归类。这些主题包括：

表 11.1　受访来华留学生信息

学生化名	国籍	语言及自我评估能力	学科	学年	访谈轮次
安妮莎	约旦	阿拉伯语（母语），英语（熟练），中文（一般工作能力，HSK 6 级）	广播与电视广播	研一	3
阿米娜	哈萨克斯坦	哈萨克语（母语），中文（一般工作能力，HSK 5 级），英语（日常阅读，非常有限口语能力）	新闻学	研一	3
智皓	韩国	韩语（母语），中文（一般工作能力，HSK 5 级），英语（熟练）	修辞学	研二	2
阿查拉	泰国	泰语（母语），中文（一般工作能力，HSK 5 级），英语（学术阅读能力，初步口语能力）	手语	研二	3
卡塔日娜	波兰	波兰语（母语），英语（熟练），德语（熟练），中文（一般工作能力，HSK 5 级）	中国语言与文化	研二	2
潘	越南	越南语（母语），英语（熟练），中文（一般工作能力，HSK 6 级）	中国古文字学	研二	2
吉娜	韩国	韩语（母语），中文（一般工作能力，HSK 6 级），英语（阅读和口语用于一般用途）	民间学	研二	2
徐延	韩国	韩语（母语），中文（一般工作能力，HSK 5 级），英语（阅读能力）	高等教育学	研一	3

学生化名	国籍	语言及自我评估能力	学科	学年	访谈轮次
莱昂纳多	意大利	意大利语（母语），英语（熟练），中文（一般工作能力，HSK 5 级）	中国哲学	研二	2
弗兰克	德国	德语（母语），英语（熟练），中文（一般工作能力，HSK 5 级）	中西比较哲学	研三	2

表 11.2　受访教师信息

教师化名	职称	年龄范围	性别	自评语言能力	部门/学院	指导学生信息
赵老师	教授	50—60	女	中文（母语）；英语（用于学术阅读）		智皓
钟老师	教授	50—60	男	中文（母语）；泰语（熟练）；手语（熟练）；英语（熟练）	中国语言文学系	阿查拉
钱老师	教授	60—70	男	中文（母语）；英语（阅读能力）		卡塔日娜
王老师	教授	40—50	男	中文（母语）；英语（熟练）	哲学系	
孙老师	教授	50—60	男			莱昂纳多
明老师	教授	60—70	男			
李老师	副教授	40—50	女			
周老师	副教授	50-60	男	中文（母语）；日语（熟练）；英语（用于学术阅读）	新闻与传播学院	
林老师	教授	40-50	男	中文（母语）；英语（熟练）		
姜老师	副教授	40-50	女			
吴老师	副教授	40-50	女	中文（母语）；英语（熟练）；日语（熟练）	高等教育研究所	
刘老师	副教授	40-50	女			

表 11.3　依据历时坐标轴的主题类别以及受访师生分类

主题类别	编码示例	教师信息	来华留学生信息
中心定位于中心地位的学科	"在我的指导下,他们(来华留学生)遵循中国本土方法展开研究。"	钱	卡塔日娜
双极/多极学科定位	"手语学科起源于美国,而中国也有自己的手语种类和独特的手语系统。"	赵;钟;王;孙;明;李;姜	安妮莎;阿米娜;智皓;阿查拉;莱昂纳多;弗兰克;徐延;吉娜;潘
美国中心学科定位	"中国高等教育研究领域的理论大多来自美国,并在中国背景下进行实证研究。"	周;林;吴;刘	

表 11.4　依据共时坐标轴的编码定义及示例

编码家族	定义	示例(访谈摘录)
社会基础设施	在导师引领的学习社群和同门学术实践共同体开展的超语实践	"在每周的研讨会上,如果论文是用英语写的,我们的总结性展示也会用英语,但小组讨论大多是用中文进行的,有时也会用英语。"
技术基础设施	通过技术设备和平台媒介开展的超语实践	"在新冠疫情期间,我的导师组织线上和线下的每周研讨会,讨论的论文语言包括中文、英语和日语。"
人道主义基础设施	在志愿辅导和朋友提供的学术写作校对与修改活动中开展的超语实践	"同门师兄师姐会通过微信帮忙纠正我的学术中文。"
规范基础设施	全中文授课国际学位项目课堂中的超语实践	"我们学院组织了一系列研讨会,教研生如何用学术中文写作,也比较日常中文和学术中文的差异。这对我很有帮助。"
商业基础设施	由学术写作修改和校对的商业服务机构或个人提供的超语实践	"用中文写论文很难。我有时会用英语,然后雇佣翻译和校对人员帮助我做学术中文的修订。"

（1）以中国为中心的学科定位和中文作为学术通用语的主导地位。

（2）两极或多极的学科定位与在学术目的下同时使用英语和中文。

（3）以美国为中心的学科定位和学术目的下的多语言实践。

在每个主题类别下，对共时维度与个体学生和教师协调配置多语符表意资源的超语实践以及他们在现有社会语言基础设施多个维度中的运用进行分析。访谈录音被转录并以中文进行编码。此外，我们还使用了补充数据，如课程作业、学术报告课件快照等作为相关超语实践分析的佐证材料。

第四节　以中国为中心的学科定位和中文作为学术通用语的主导地位

以中国为中心的学科定位指的是在某些学科中，研究生导师将生产与"西方"大学产出的学术知识不同的本土学术知识视为自己的使命，并将他们的学术知识用中文传播给世界其他国家和地区。钱教授是一位专攻中国文化语言学的教授。他是以中国为中心的学科定位的坚定支持者，并在对来华留学生的指导中将这种知识立场付诸教学实践：

访谈片段 1

在我的指导下，他们（来华留学生）正在遵循完全中国本土的方法进行研究，他们对此非常感兴趣……来自越南的一个学生非常坚信要建立与西方传统不同的语言学理论。"我知道你们是如何学习中文的，当我回越南时，我也可以做到同样的事情。"

在钱教授的指导下，来华留学生的学科知识学习中，中文作为学术语言的主导地位得以体现。卡塔日娜在本科阶段就读的是国际中文专业，在波兰和中国的大学都有过学习经历，但她当时主要学习的是一般用途的中文，而不是用于学术目的的中文。在访谈中，她描述了她在尝试学习学术中文时采用的超语实践策略。随着她对中文的理解逐步提高，她逐渐放弃了跨语言翻译作为一种学习策略，因为她能够理解自己写作的原文和翻译版本之间微妙的差异。她的导师和学生组成的学术学习社区为她提供了跨语言支持，这对提高她在学科特定目的上的学术中文水平至关重要。

在新冠疫情期间，在线会议和聊天平台成了钱教授在线指导来华留学生和进行教学的技术基础设施。在这个多语言学习社区中，钱教授的中国文化语言学本土理论起到了主导作用。图11.2显示了一个腾讯会议支持的虚拟研讨会的学生演讲的幻灯片快照。在钱教授的指导下，一位来自泰国的留学生分析了一部著名中国小说的泰语翻译（图中的前两行），并比较了泰语翻译和原著中文的句子结构（图中的第四行）。蓝色和红色（因印刷原因无法显示）表示跨语言比较中对应和不同的部分。通过将泰语翻译的直译回到中文（图中的第三行），这位泰国学生认为，泰语版本的短语结构是分割的，而原著的中文四字短语是整合的。在这个例子中，腾讯会议提供的技术基础设施为钱教授的来华留学生（如泰国学生）提供了多模态的呈现平台，使他们能够跨语言地构建和传递学科知识。

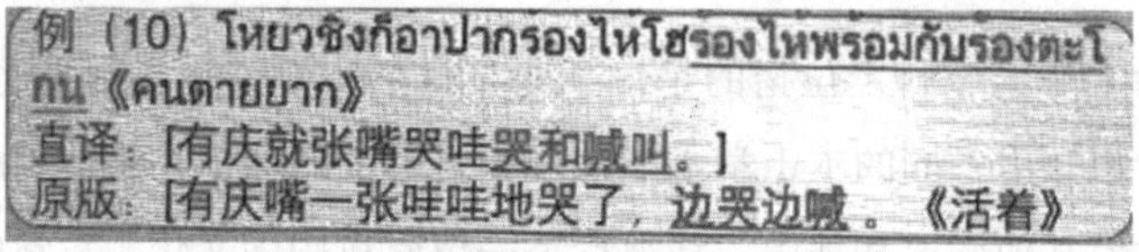

例（10）โหยวชิงก็อาปากรองไห่โฮ่รองไห่พร้อมกับรองตะโ
กน《คนตายยาก》
直译：[有庆就张嘴哭哇哭和喊叫。]
原版：[有庆嘴一张哇哇地哭了，边哭边喊。《活着》

图11.2　钱教授指导的一位泰国留学生在腾讯会议学术报告中使用的幻灯片截图

对卡塔日娜来说，钱教授的语言学理论提供了一种可选择的视角，来反思自己在波兰以英语为教学媒介语的国际中文教学课程中，受西方语言学理论指导的中文学习经历。这种回顾性的视角使她将先前认为放之四海普遍适用的西方语言学知识地区化，即认识到这些知识的解释力局限和其区域的代表性，并将钱教授理论中提出的把中文句法语法中的独特语言单元和特征，作为分析以中文为代表的非西方语言时优先考虑的知识体系。如访谈片段2所示，在这个跨知识实践过程中，"西方"这个标签被用做知识适用性判别的重要范畴，直接影响了卡塔日娜的跨语言比较分析时所采用的学科知识体系：

访谈片段2

对我来说，只有通过学习我导师提出的中国文化语言学，我才理解了我在学习中文时遇到的挑战，特别是关于句子结构及其功能单元。我导师的理论帮助我理解了为什么我在波兰英语授课的情况下学到的中文语法会呈现出那种句法结构，以及当时的分析与用他的理论展开的句法结构分析有什么不同。确定这些功能单元成为了我研究的先决条件。

超语实践在卡塔日娜及其学生的学术实践中既充当社会基础设施，也是技术基础设施，用来本土化以英语为中心的语言学视角，并在中、英语言学理论之间灵活穿梭，以分析涉及中文和其他非英语语言的双语和多语数据。

第五节　两极或多极的学科定位及双语或多语学术资源的共同使用

在以中国为中心和以美国为中心的两极性知识立场定位之间，存在一系列相对平衡的中国—美国两极和多极知识中心定位立场。持这类立场的授课教师和留学生通常都强调双语和多语的学科超语实践。该类受访教师选择将全球范围内不平衡的学科发展历史化，并批判性地定位西方不同国家和地区所产出的学科知识在中国相关学科研究中的独特地位。如访谈片段 3 所示，钟教授详细解释了他的去殖民化认识如何塑造他为学生提供的社会语言基础设施。尽管与欧洲国家和美国相比，中国对手语的研究起步较晚，但钟教授并不认为学科发展需要沿袭西方学术传统的线性模式，即产生通用理论。他强调了语言学不同子领域之间对实证研究的共同兴趣和多元的侧重点，并认为扎实的实证是任何理论构建的基础。同时，钟教授等导师强调英语的学术阅读和写作，并已有机地融入来华留学生所修课程的必读内容中：

访谈片段 3

早期在中国大陆对手语的研究并不多……因此，我要求我的学生要读这个领域中的经典文献和最新文献，有些是英语的，也有些是中文的……然而这并不意味着中国的手语研究需要像西方那样追随通用理论的路线。在中国，我们有那么多种类的手语。因此，根本任务是进行实地调查……就像我们系里的方言研究一样，我们强调以实证研究为基础的理论构建。中国庞大的手语语料库需要我们进行系统的大规模实证研究。

来自泰国的学生阿查拉是钟教授的研究生，她描述了超语实践如何成为学术研讨会和她的论文写作不可或缺的部分。在前两轮访谈中，阿查拉表示，钟教授鼓励她阅读中文和英语的论文，因为她的学科最初是在美国发展起来的。

智皓、潘、吉娜、莱昂纳多和弗兰克也提到了类似的课程阅读语言管理方式，这使他们能够将超语实践作为常规基础设施，促进他们学习中国手语。在这方面，学科历史各有差异。吉娜也提到，她的导师专攻民俗学，将中文、英语和日语的文献纳入她的研讨会阅读清单，因为民俗学受到殖民历史的影响，而日本是亚洲最早建立这一学科的国家之一。对这些学生来说，导师主导的研究研讨会是培养学术目的的超语实践的重要社会基础设施。在访谈片段4中，阿查拉还谈到了双语手语分析词汇表在她的数据分析中的巨大帮助，以及学生学习社群和微信提供的社会和技术支持如何让她从学生中获得学术语言支持。

访谈片段4

阿查拉（第三轮访谈）：我们用中文分享自己的毕业设计进度，并用英语或中文讨论相关的论文。作报告的语言通常与讨论的论文的语言相同。

研究者：你的论文项目现在进行得怎样？

阿查拉：现在我正在根据我的导师（钟教授）提供的中、英双语词汇表对手语样本进行编码，我的中国高年级学生通过微信帮助我解决相关的技术问题。

研究者：你是如何学会用中文写论文的？

阿查拉：主要是通过阅读我同门师兄师姐的毕业论文，并在遇到写作问题时向我的学长请教。我们有一个微信群，在群里我们可以讨论不同类型的问题。

在哲学的中文授课研究生项目中，常规性基础设施为学科学习提供了一个超语实践的空间。莱昂纳多和弗兰克都获得了哲学课程的双语（中英）翻译版本的哲学文本和研究论文。鉴于阅读《论语》等经典中文哲学文本的挑战，教师们常常以原始中文文本和不同英语翻译之间的比较为出发点，在中文授课研究生课堂上启动讨论。在访谈中，明老师和李老师都指出了中国哲学作为哲学的一个分支的独特地位。该分支一直在进行自我去殖民化的过程，早期学者通过模仿古希腊和德国哲学的模式建立了现代中国哲学学科，然后逐渐开始探索更为自我独立和独特的哲学传统，该传统在全球的不同研究方法中占据了一席之地。这些探索也被纳入了中文授课研究生课程。正如莱昂纳多在访谈片段5中所说的那样：

访谈片段 5

中国学者正在努力为中国哲学找到一种与西方哲学传统不同的声音。我认为这是探索学科身份的一部分。在这里，我们有诸如"古代中国哲学中是否存在科学与宗教"之类的主题，我们在课堂上讨论早期时代提出的那些问题。早在 19 世纪初期，当西方概念被用作理解中国的唯一途径时……这些探索为中国哲学提供了活力和动力。

在论文写作方面，莱昂纳多利用他的意大利语专业知识，分析了 17 世纪中国儒学者与欧洲传教士之间的历史交流。这是由中文作为教学媒介语教师（如明和李）鼓励的常规性超语实践基础设施。然而，由于社会基础设施不足，莱昂纳多和弗兰克都借助商业基础设施来解决在中文学术写作方面的挑战。

第六节　以美国为中心的学科定位和学术目的的多语实践

受访师生认为，中文作为教学媒介语项目，由于学科本身在发展初期就主要依赖来自英语国家的理论资源，尤其是美国的学科特定理论和概念，所以不可避免呈现出依赖英语阅读材料和美国理论资源的现状。这些课程通常选用英语版和中文翻译版的理论书籍作为必读书目，并在课程中大量探讨如何将它们应用于分析本学科的实证案例，如媒体产业和高等教育发展模式等。来华留学生的受访者通常面临同时学习"陌生"的学科内容知识和学术中文的双重压力。访谈片段 6 包括三轮访谈中安妮莎的三个子节选，用于说明她在应对学科和语言挑战时所调用的不同超语实践策略和相关基础设施。

访谈片段 6

［第一轮访谈］

研究者：你这学期的学习总体感觉怎么样？

安妮莎：用中文写作非常具有挑战性。幸运的是，我的中国朋友帮我纠正写作（错误）。他以前在约旦学习阿拉伯语，现在在广州工作。在他学阿拉伯语的时候，我帮了他很多忙。现在很感谢他一直帮我修改我的中文作业和论文。

［第二轮访谈］

研究者：关于课程阅读，你认为有挑战吗？

安妮莎：我看不懂中文的新闻学作品……所以如果有英语版，我会读英语原版。我也读阿拉伯语书籍了解阿拉伯世界的新闻学……我还观看抖音和微信公众号上的小讲座，以更好地理解一些理论概念……老师们没有涉及阿拉伯世界的新闻学，但我会自愿分享我们在约旦的案例。

研究者：当前阶段的课程作业情况如何？

安妮莎：是的，我过去习惯先用英语写，然后翻译成中文。现在我已经开始直接用中文写，还和一位留学生组队，我们互相帮助修改对方的写作。

［第三轮访谈］

研究者：你的论文写作进展如何？

安妮莎：因为我对中国媒体了解不多，无法为现有的文献贡献新的东西，所以我决定研究约旦的真人秀节目。由于新闻学在约旦不是一个重要的学科，所以这很具有挑战性，关于这个主题在阿拉伯文献中几乎没有研究。英语文章对阿拉伯媒体有很多错误描述。但我认为至少我可以在我的论文中贡献一些新的东西。

图 11.3　安妮莎分享的学生小组演示幻灯片截图

在访谈中，安妮莎展示了对美国中心课程的去殖民化意识，并对英语相关文献表现出批判性认识，将其视为与她所在地区特定研究课题相关的可信来源。她和学生们自发分享不同于美国和中国的案例，是一种从下到上去殖民化中文作为教学媒介语课程的方式，这受到了学生和教师的欢迎，正如第二轮访谈中所提到的。例如，在一门有关电视广播的课程中，安妮莎与一位国际学生合作，在新冠疫情期间通过腾讯会议创建了一个名为"全球化与真人秀"的演示，并通过微信进行虚拟讨论，以修正彼此的中文文章和演示幻灯片。虽然他们的 PowerPoint 幻灯片大多是中文的，但图 11.3 中的幻灯片包括一个保加利亚娱乐节目作为案例研究。通过组建一个两人的课程学习社区，安妮莎和她的同学使用超语实践作为人道主义和社会基础设施，为课程提供了丰富的内容，并在学术写作中缓解挑战。安妮莎在访谈中提到的技术基础设施包括微信、抖音、中国知网、百度和谷歌。这些多重资源的共同动员帮助她以多模式的方式理解相关理论，并为她的课程作业提供思路和结构。

值得强调的是，尽管课程没有充分认知知识生产地缘政治的不均衡性，但安妮莎在丰富课程内容方面扮演了非常积极的角色，无论是在课程作业还是论文写作方面，她都注重地域覆盖和语言资源的使用（如阿拉伯语和保加利亚语）。

对那些无法阅读英语学术作品的来华留学生来说，迅速掌握学术中文以完成课程作业和论文写作的压力可谓前所未有。主修高等教育的韩国留学生徐延就面临着这样的挑战。虽然高等教育学院有中国学生志愿者帮助来华留学生提高中文水平，但这些自愿的"一对一"或"一对二"的中文辅导主要集中在日常用语而不是学术中文上。因此，徐延不得不依赖自己的努力，使用谷歌翻译来协助阅读中文的学术论文，以达到课程教师的要求，并写作中文课程作业。

访谈片段 7

［第二轮访谈］

研究者：你的论文主要挑战是什么？

徐延：关于这个主题在中文中几乎没有研究。大部分研究文章都是关于西方大学的法规。我认为这是因为中国的研究者更感兴趣从西方学习。但对我来说，写这个题目是有意义的，以增进我们这两个亚洲邻国之间的知识交流。阅读中文论文对我来说仍然很困难。我过去常常用谷歌翻译来帮助浏览中国知网文章的标题和摘要，然后决定哪些需要详细阅读。

徐延展示了对中文作为教学媒介语课程中体现的对西方大学不同方面主题的支配性的去殖民化意识。他的观点得到了刘老师相关访谈片段的佐证。刘老师指出，现代中国高等教育研究背后的发展逻辑，即优先考虑的高等教育模式和理论，起源于美国和其他发达国家，主要是英国和西欧国家，因此长期以来高等教育领域着力于引进和借鉴这些国家的理论模型和教育案例。尽管徐延主要依赖超语实践作为技术基础设施来缓解他在学术中文方面的学习困难，但他巧妙地利用了自己在韩国的知识和语言能力，进行了一项比较研究，有助于促进更多的亚洲之间的知识交流（Song，2021）。

第七节 分析与结语

本章运用超语实践作为社会语言基础设施的分析视角，探究了超语实践如何参与中国高校"双一流"计划中的中文授课项目来华留学生的学习经历。研究发现，在中文作为教学媒介语项目的教学过程中，教师和来华留学生对全球知识生产中学科定位的多层历史嵌入有了不同的认知。大多数受访者采取了多极学科定位，这比世界系统理论中"半边缘"的粗放分类来得更为细致多样（Marginson and Xu，2021；Yang，2020）。

中文作为教学媒介语，教师采取的两种主要去殖民化策略是学科发展的历史化和与学生的反思讨论，以探讨中国在学科特定的全球知识生产中的位置（García and Solorza，2021；Mignolo and Walsh，2018）。这种以中心为本的学科定位鼓励来华留学生在省视英语中介知识的同时，也了解中国产生的本土知识既具地方特色又具全球意义。两极和多极学科定位将英语和中文作为合法的知识生产语言同等对待，同时还考虑了其他的语言，这受制于学科历史和教师的语言库。以美国为中心的学科定位更加强调从美国引入的中国中介的知识，及其在中国背景下的应用。

在多层历史嵌入的背景下，来华留学生在中文作为教学媒介语项目的不同阶段努力应对在学习学术中文和学科知识方面面临的挑战。他们的主观能动性在学习过程中通过策略性地使用超语实践得到显著体现，这些超语实践作为社会语言基础设施，由机构、参与者、技术和网络在时间—空间中提供和限制（Xiang and Lindquist，2014）。我们的发现不同于以往超语实践的研究，突出了它在多种物质条件下的分布性，这些条件可能基于教师和来华留学生的视角，根据其可用性和可访问性进行协调（如安妮莎和阿查拉）。

移民基础设施迁移的五个维度，为我们绘制了个性化的超语实践生态，这些生态因学生而异。我们的多案例研究显示，社会基础设施（通常与微信等技术基础设施整合）使得一些教师能够在教师主导的学术学习社区中灵活地运用双／多语言管理。例如，钟老师在师门内构建了一个中、英双语的学科知识学习社群，并将学科发展史和当前发展现状纳入课程设计与研究生培养过程中。这样的学习社群有助于在师门内部创建一个超语实践空间，帮助来华留学生应对在内容和语言学习中遇到的挑战（Song，2021；Wang，2019，2020）。导师们采取的去殖民化态度，是他们在与他们培养的来华留学生共同构建知识时，采取超语实践的重要出发点和动机，并使学生认识到他们在华所学到的学科知识的产生不仅仅来自中国，还包括学科演化交流过程中所涉及的世界不同区域与语言。

然而，缺乏导师领导的社会基础设施支持，并不意味着来华留学生不会参与超语实践作为去殖民化的知识构建过程。相反，安妮莎和徐延的案例表明，由来华留学生自己发起的超语实践，也可以丰富认知不平等的课程；并且，从地缘政治和认识论立场两方面使知识来源多样化。这些学生策略性地协调社会、技术、商业和人道主义基础设施，为自己或与他们的朋友和同学一起培养学习超语实践空间，从而扮演了去殖民化的知识生产者的角色，挑战以美国为中心的中文作为教学媒介语的课程。

从理论上讲，本章提出的分析框架有助于考察全中文授课国际课程项目中的来华留学生和授课教师如何反思学科发展史，调用多维度的移民基础设施所承载的多语符表意资源，为应对专业学术中文和学科知识学习展开超语实践。该框架的分析优势在于两个主要方面。首先，它涉及超语实践的历时和共时维度，既关注了塑造相关项目学科定位的宏观、中观和微观历史维度，也关注了机构、参与者、技术和网络作为知识构建过程的主体角色（Heugh，2021；Li and Ho，2018）。其次，该框架摆脱了在媒介语研究中常见的多层级语言政策框架，将分析焦点转向了中观和微观层面之间多主体的动态联动关系。

在教学媒介语的政策和实践方面，本章结论表明，在全中文授课国际学位项目的课程中有必要强化培养来华留学生的去殖民化意识，创造一个知识公平的国际化专业学习环境。中文作为教学媒介语课程中使用的内容和语言需要关注全球知识公平，并将中文作为具有全球影响力的重要学科知识媒介，而不仅仅是传递在英语或西欧大学产生的英语知识的辅助媒介（Wang，2020；Xu，2020）。未来的相关项目也应当更为系统地围绕学科目的为来华留学生提供学术中文学习支持，这将有助于学生应对语言和内容学习方面的挑战。这种系统性依赖于有效协调不同类型的基础设施，其中超语实践可以嵌入并有机融入来华留学生的学习方式。

第十二章　结论

　　高等教育国际化的核心目标之一，就是通过促进师生和教育资源的全球流动，为学生带来更加丰富多元的学习体验，开拓视野，扩展知识，与世界不同背景的学生相遇相知。本书通过对上海一所"双一流"建设高校为期六年多的多案例民族志研究，结合社会语言学多种研究方法和理论视角，力图展现留学生在华学习期间的跨文化学习体验。在对"跨文化"理论概念的界定方面，本书采用多维度、动态浮现的文化观，在观照宏观和中观政策话语、文化相关话语的同时，将研究重点放在来华留学生、中国学生和授课教师的个体能动性方面，揭示他们如何协商文化、语言、知识的交织关系，应对全球知识生产地缘政治不平等和英语语言霸权等挑战，创造性地参与构建超语言和超文化的学习空间。同时，本书也重点关注我国一流高校在全球高等教育生态中的独特地位，力图构建和提出适合解释半边缘国家高等教育国际化场景中跨文化交际的理论框架和研究视角，摆脱"全球北方"在本领域研究中的主导地位，为"全球南方"国家的跨文化交际研究提供参考。本章将按研究视角和主题分别总结全书的研究发现，并为"双一流"建设高校的跨文化交际教育和来华留学生管理政策提出建议与意见。最后，本章也将反思本书研究的局限与未来工作方向。

第一节　研究结论

一、校园中跨文化话语的分析与讨论

本书第三章采用多维视角，结合民族志和批评话语分析，关注"跨文化"和"文化"在不同高校子机构、行政活动、教师、留学生和本地学生互动中的构建情况，探究这些话语如何受到城市宣传海报和高校国际化政策的影响。在这里，"话语建构"中的"话语"指特定群体中被接受的行为方式、价值观、思维方式等。通过"跨文化"一词强调多重话语体系，探讨其中的复杂动态关系。

校园宣传视频旨在展示上海的文化特点，以吸引留学生。通过视频中留学生的描述，展现了上海存在的两对文化的"二元对立"。视频中，上海被描绘为一个融合西方和传统中国文化的城市，其中的西式建筑和外滩代表着西方影响，而佛教寺庙和传统遗产区则呈现了中国传统文化。视频强调了国际与本地之间的对立，来华留学生提到了中国现代化的"新四大发明"，但也表达了一种批判的世界主义立场，认为这些创新体现了全球化的特征。学校通过国际文化节和才艺比赛等活动，试图构建中国与非中国、东方与西方之间的对比，以促进跨文化交流。然而，在这些活动的组织和宣传中，也突出了地域性特征，如外国学生和本地学生的区别，以及特定国家文化相对应的表演特色。

在全英语授课国际硕士项目中，文化的"二元对立"在课程设计和实施中也较为明显。例如，比较亚洲政治和中国政府政策的课程使用跨文化比较来解释政治研究方法，强调儒家传统/亚洲文化与西方文化的对立。然而，学生的批判性思维在这方面发挥了作用，帮助避免陷入文化本质主义的陷阱，例如有学生质疑将苏联归类为西方代表是否合适。在讨论社会商业模式和治理机制时，课程强调了中国语境的特殊性，但也保持了对普遍性的关注，从而避免了东西方"二元对立"的偏见。课堂讨论反映出学生对文化的特殊性和普遍性有着更为深入的认识，有助于避免单一的文化本质化观点，从而更好地理解和比较不同文化与社会机制。

在校园环境中，跨文化互动中的他者化现象表现在多个方面。一是政治经济层面的他者化在中国学生与来华留学生之间存在显著差异。这种现象与中国学生普遍认为来自北美和欧洲的学生在政治经济地位上具有特殊地位，导致了不平等和政治经济意识形态的认知差异有关。二是在语言或学术方面，他者化现象普遍存在，以英语为母语的学生更受关注，导致非英语母语学生产生自我排斥感。三是经验差异方面的他者化源于生活方式和教学风格的差异，导致两个群体形成了"小圈子"，难以自发地进行互动。四是一些来华留学生培养了批判性的世界主义取向，通过跨文化经验和反思，减少了对"他者"的排斥，以开放的心态融入文化多样性，展示了不同的生活视角，并在校园中寻求认同和多样性。

通过培养批评世界主义理念，学生能够更好地理解、尊重并促进文化间的交流，从而在跨文化环境中实现更积极和有效的互动。这种多元文化的认知和尊重对培养全球公民和跨文化领导能力具有重要意义。这些研究将有助于更好地理解学生跨文化体验的复杂性和多样性，以及如何培养更加包容和开放的跨文化交流。

二、空间视角下来华留学生的语言意识形态与语言实践

本书的第四章着重分析来华留学生在校内和上海城市中跨文化交际的过程中，体现出的语言意识形态和语言实践。在校园的跨文化经历方面，沿海"双一流"建设高校的受访留学生，大量依赖英语作为主要交际语言开展跨文化交际。其主要原因包括：（1）在校园和周边空间有大量国际化餐饮和休闲学习空间与设施，而在该校学习的中国学生也大多有较多的国际生活方式的先期知识和体验，所以可以很自然地顺应留学生的生活餐饮方式，利用校内和周边资源来开展跨文化互动，而不需要留学生必须适应中式餐饮习惯或必须到中式餐馆就餐等。（2）受访留学生提到，在校的中国学生英语水平普遍较高，只有在留学生中文水平足够高的情况下才会与他们用中文开展交流。因为中外学生都希望能够在知识和经验层面展开有一定深度的交流，所以一旦发现中国学生的英语足够支持这样的交流需要，英语就变成了双方都认可的交际语言。（3）如前所述，由于英语授课国际项目授课教师的英语水平较高，加上受访学生此前的英语环境或英语授课学习经历，他们自然而然会觉得英语是学术交流的语言而用它展开专业知识学习。有受访学生自主组织英语论文工作坊，并强调这样水平的高校无论中外研究生都应当努力提高学术英语水平，并以工作坊为平台增进中外学生的英语学术交流机会。（4）即便都是会说英语的中国学生，受访的留学生也提到自己的隐性筛选跨文化交际伙伴的标准。认为留学生和一些中国学生在人生目标上有明显差异——留学生一般有不同的人生目标，会寻找生活的多元可能性；而本地生更关注学业分数和比较大众的就业机会。这一看法和此前相关研究极为类似，即留学生会认为本地生更具有实用和功利的考量。

值得指出的是，虽然有的受访学生会对本地生有这样的思维定式，但他们不是认为所有本地生都会这么思考。更为准确地说，他们认为拥有国际流动经验，对不同生活方式的接纳度和好奇心才是筛选自身认同群体的标准。只要符合这个基本界定，无论中外学生都可以纳入自身文化认同的群体范围。

然而，具备一定中文基础或愿意学习中文的学生有不同体验。英语、中文和德语对他们而言并不是层级划分，而是情感连接的媒介。中文在建立亲密联系和语言归属感方面起到重要作用。留学生积极学习中文，愿意融入当地文化，体现了平等、包容的态度，质疑英语至上观念。通过中文交流，他们了解当地情况，认识到语言不平衡的背后因素。露西的经历表明掌握中文有助于了解中国社会问题、新闻差异等。这一发现补充了以往研究。

尽管英语在国际社群中被广泛使用，但许多留学生也认识到学习中文的重要性，因为这有助于他们更深入地融入当地生活和社会。中文不仅在社交互动中发挥作用，也在职业发展方面产生影响。留学生通过参与语言俱乐部、课外中文学习等方式不断提升自己的语言能力。一些留学生强调多语言能力在全球竞争中的优势，尤其是掌握中、英双语的重要性。他们认为，这种双语能力有助于更好地理解和沟通不同国家和文化之间的差异，为未来职业发展打下坚实的基础。

总的来说，这些跨文化体验让留学生更加了解和尊重当地文化，促进了国际交流与合作。通过积极参与各种活动，留学生能够拓宽自己的视野，提升语言能力，为未来的职业选择做好充分准备。这些经历将成为他们宝贵的财富，不仅在学术领域，也在更广泛的社会交往中产生积极影响。

三、全英语与全中文授课国际项目中的超语实践

从语言使用角度出发，超语实践为全英语和全中文授课国际项目中的师生提供了突破单一授课语言，调动自身多语资源和多文化背景把握专业学习的机会。第五章分析显示，全英语授课学位项目中的中外学生在城市、校园和网络空间中展开了多种形式的超语实践，积极参与跨文化交际和跨知识协商活动。尽管一些来华留学生的中文水平有限，但他们在城市和校园环境中依然积极调动自己的中、英文语言资源，用以理解在上海这个国际大都市的生活经验，并与校内留学生管理机构进行有益的沟通。网络空间中，这些学生参与以英语为国际通用语的学术讨论，进行高度反思性的超语实践，基于不同知识溯源和立场展开协商行为，丰富了跨文化交际

的层面。这一超语实践对培养学生的跨文化交际能力和跨知识体系协商能力至关重要，同时也提升了他们在全英语授课环境中的学术表达能力。超语实践还促进了跨文化知识协商的发展。

第六章研究发现，在全中文授课国际项目中，受访留学生并未被单一语言范式所束缚，而是灵活运用母语学术语言进行跨语比对，同时主动构建了学术中文互助社群，利用电脑、手机、网络、社交媒体以及学生朋友的资源。这一超语实践为他们建立了跨语符的学术中文学习生态系统，减轻了学术中文学习的压力，提高了学术中文水平。基于对课程国际化水平问题的认识，一些学生积极运用自身的多语优势，在课堂报告中增加了其他地区和国家的相关专业知识和案例，从下而上地丰富了课程内容的国际化视角。总的来说，超语实践在全中文授课的国际项目中发挥了关键作用，不仅促进了学生的语言学习和学术水平提升，还帮助他们认识到学术语言与日常语言的连续性，以及课程国际化不足的问题。这一实践拓展了学生的知识视野，鼓励他们积极参与课程内容的国际化构建，丰富了他们的学术经验。

四、批评认识论视角下来华留学生作为跨文化知识生产主体

本书第七章从批评认识论视角，分析来华留学生作为跨文化与超语知识生产主体的课内外实践。通过基于质性访谈的分析，我们发现来华留学生在英语作为学术通用语，全球知识生产地缘政治背景下知识框架的互相参照，以及借用文化整合来重新想象中国及现代性等三个方面，做出了多样化的跨文化和超语实践。

第一，英语作为学术通用语。英语是本案例中国际硕士项目的授课语言，而且受访的来华留学生，均将英语作为"自然而然"的课堂交流和学科学习语言。尽管他们在这一点上达成了基本共识，但不同学习背景的来华留学生，在同一个英语授课课堂中的体验却有着非常显著的差异。由于这些课程本身是基于美国大学的教学模式展开设计的，所以对课堂讨论、口头课堂报告等的要求比较多。对东南亚和拉美国家的受访留学生来说，这种对英语口头表达和互动的"高要求"是他们没有想到的。由于本研究中的授课教师大多将这种互动式的授课方式作为"自然而然"的要求，这些没有相关互动式课堂学习经验的留学生，只能通过观察其他学生的课堂互动方式再自己总结，来逐步适应这样的课堂学习要求。但是，有一些比较隐性的课堂表现的标准是无法单单通过自学完成的。就课程设计而言，这样的差异带来了课堂体验的差别，也带来了隐性的学习不平等。因为课程所要求的语言和知识资源

对不同背景的留学生来说是分布不均的，所以需要课程设计者给予更多精细的考量来尽量抚平这种"隐性不平等"，特别是对"后进"留学生提供相关支持。

第二，全球知识生产地缘政治背景下知识框架的互相参照。英语授课国际硕士项目的课程设置和来华留学生的学习体验，也需要放在全球知识生产不平等的地缘政治格局中展开考察。本研究中的"双一流"建设高校很注重课程内容设计中的"中国定位"。也就是说，同样是讲授国际关系和东亚政治，英语授课硕士项目会比较有意识地考虑中国的战略地位和东亚政治内部的细分格局，给留学生提供在欧美国家大学就读类似专业不太有机会学到的相关专业知识。这样的课程内容安排，帮助留学生修正和调整自己先前的相关知识框架，并对自身的相关专业知识框架进行扩充，使其多元化。

第三，借用文化整合来重新想象中国及现代性。在上海这所"双一流"建设高校的学习经历也离不开在上海这座城市的生活体验。受访留学生基于自身在上海的观察和生活体验，以及日常在网络上观看的历史纪录片等，重新理解了中国发展逻辑和现代性的相关问题，进而重塑了对中国的文化想象。

总体而言，批评认识论的分析视角帮助研究者理清跨文化、跨语言和跨知识体系三者的交织关系，并发现不同层面的知识参照系统对来华留学生在本案例中的英语项目中学习体验的综合影响，进而凸显留学生的多样性、个体能动性以及知识框架在跨文化交际中的关键作用。

五、跨文化思辨自我形成的分析与讨论

本书的第八章运用福柯的自我形成轴心理论分析中外留学生的跨文化身份认同。这一分析框架使得我们能够重新思考思辨能力发展这一跨文化交际的核心议题，并脱离固有的中西"二元对立"的分析思路。研究揭示了留学生在跨文化自我构建方面呈现出的多样特征。案例一中的德国留学生以多元文化信源为支撑，借助长期跨国学习经历，形塑了批评自我。在课堂互动中，他灵活采取多种对话策略，展现出批判性思维，以实现未来外交家的目标。案例二中的新加坡留学生受儒家思想与剑桥制教育影响，构建了建设性对话主观意识。在课堂中，他运用多样对话策略平衡对抗与合作的批评实践，为成为新加坡公务员做准备。案例三中的中国留学生将反思性协商视为批评自我的实质，受专业学习影响，通过学科逻辑思考课堂和专业议题的分歧，展开协商对话。研究强调避免简单二元对立，而是分析跨文化体

验对高校学生的影响。沉默并非缺乏思辨能力，而是基于思辨自我认知的交际策略。思辨能力和自我构建研究需考虑多维度跨文化影响。总之，通过深入分析不同背景留学生的跨文化自我构建，我们能更好地理解个体在多元文化环境中的自我塑造和互动方式，为高校跨文化教育和国际化政策制定提供有益启示。

而这些极具多元性的对批评自我的认识和权威信源，都值得英语授课国际学位项目设计者和授课教师就相关问题展开专题讨论，帮助不同背景的来华留学生共同参与理解思辨课堂实践的具体参与方法和举措，以避免一些缺乏思辨实践策略和资源的中外学生无法很好地参与课堂互动，也可以为来华留学生的跨文化身份建构提供更多自上而下的话语资源和讨论空间。自上而下的支持可以非常系统而具体：

（1）在机构层面，建设面向留学生的跨文化思辨讨论的圆桌会议室，或开设主题课程，为留学生提供讨论相关议题的场所和机会，并邀请中国学生一起参加，也为中外学生的跨文化交际提供具有明显对话式目标的机会。

（2）在课程建设方面，需要在专业课程中对专业学科的不同研究传统提供更为系统的教学，并就中国目前相关领域的研究的国际定位提供开放新的讨论空间和专题介绍。英语授课项目中的来华留学生学习和生活背景十分多元，特别是有些留学生并没有相关的学科知识基础。这也直接导致在专业课程讨论中有些学生保持沉默。并不是如美国大学研究所说的对亚洲留学生的思维定式的抵抗，而是由于缺乏相关学科知识无法有效参与讨论。这时，如果授课教师能够对学科逻辑和研究传统作初步介绍，可以为这些来"双一流"建设高校学习的留学生提供更好的学科指引。这些学生本身学习能力和语言能力都比较强，可以通过有效的引导自主开展学习，较快地找到学科学习的路径，自主提升相关的学科知识。

（3）在教学设计方面，讨论课是英语授课国际项目的重要形式之一。但为保证讨论的质量，需要就讨论议题和形式做更为详细的设计，尽量提供每一位学生发言的机会。同时，让学生就具有国际共鸣和中国相关性的议题展开讨论，会更有利于调动学生的参与度和积极性。其原因在于让学生能够调动自己所积累的相关知识，协同参与讨论。如果这个话题仅仅是关于中国，而对其他地区不具有相关性，或者教师没有有意识地指出其相关性，则非常容易使一部分留学生缺乏课堂参与的机会和意愿。

（4）在研究方法上，以福柯自我形成轴心理论为基础设计的质性访谈，以及学生自主提供的课外互动材料，为思辨能力研究提供了动态的基于实践的分析角度。

这一理论框架也可以用于其他主题的跨文化身份认同研究。

六、去殖民化视角下国际研究生学位项目建设促进全球知识公平

第十章和第十一章聚焦一项名为"中国哲学与文化"的全英语授课国际硕士学位项目,旨在分析该项目师生如何体现对学科知识和语言的去殖民化意识与策略。第十章通过结点分析,研究了该项目授课教师和来华留学生如何通过超语实践进行去殖民化知识生产与协商。教师通过培养学生的元语言意识和跨文化翻译策略,将中国哲学纳入全球哲学对话中。师生的超语实践有助于跨越知识体系的边界,促进多元对话和知识体验。教师在教学中强调中文原始文本的重要性,鼓励学生建立对中文哲学文本的信赖。此外,师生共同创造了以修身为目标的多感官话语循环,将修身实践融入课堂内外活动,实现跨符号化的哲学生活方式。该项目的成功表明,去殖民化意识在全英语授课项目中具有重要作用,能够促进全球知识生产的公平性。

第十一章以超语实践作为社会语言基础设施的分析视角,探究了中国高校"双一流"计划中的中文授课项目对来华留学生知识和语言学习经历的影响。研究发现,教师和学生对全球知识生产中学科定位的认知存在差异,多数采取多极学科定位。教师在教学中采用历史化和反思讨论等去殖民化策略,探讨中国在学科全球知识生产中的地位。来华留学生在不同阶段应对学术中文和学科知识挑战时,使用超语实践作为社会语言基础设施,通过社会、技术、商业和人道主义基础设施协调,进行策略性的知识构建。研究框架突出了超语实践的历时和共时维度,同时关注机构、参与者、技术和网络的角色。该框架有助于理解中文授课国际课程中的学术中文和学科知识学习,并摆脱传统多层级语言政策框架,关注中观和微观层面的动态关系。

总体而言,这两章通过深入案例研究,探讨了全英语授课国际项目在知识和语言去殖民化方面的实践策略。这不仅为非英语国家的批评性课程国际化提供了参考,还为全球知识生产地缘政治格局的重塑提供了可能性。通过明确的去殖民化意识,教师和学生共同构建了一个知识平等的学习环境,促进了学科知识的多元对话。这种成功实践对扭转全球知识不平等现象具有积极意义。

第二节　研究启示

本书结论的启示主要包括理论建构和应用两个方面。

在理论建构方面，一要强调跨文化交际和身份认同理论建构的理论视角的选取，要避免直接套用英美国家留学生跨文化交际的相关研究理论视角和结论，因为面对的研究对象和国情都有较大差别。"一带一路"教育倡议和新冠疫情使得来华留学生的来源日渐多元，而且线上教育成为常态。如何理解来华留学生的群体特征和跨文化交际方式，成为研究设计阶段最需要考虑的因素。因此，本书提出从微观角度入手，通过以民族志方法为依托的跨文化身份认同案例研究，来分析跨文化身份认同的动态属性和实践属性，也避免陷入东西二元的文化本质主义分析框架。二要注意对他们跨知识和跨语言实践的分析，本书提出在研究来华留学生跨文化身份实践的时候，要特别注意对他们跨知识和跨语言实践的分析，并将微观层面的分析嵌入到国际、国家和学校的多层面交织中展开。本书将批评认识论视角和社会空间相关联的语言层级理论，引入来华留学生跨文化身份认同研究，通过对来华留学生跨知识和跨语言实践的分析，了解其在不同社会空间中的文化经历与身份认同的关联。三要在案例分析方法上通过增加对比案例研究，来探讨沿海地区"双一流"建设高校和城市语言资源配置提供对来华留学生跨文化交际体验的影响，从而进一步发现本案例结果的代表性和独特性，为相关政策制定提供更有针对性的参考。

在应用方面，本书对"双一流"建设高校来华留学生英语授课国际硕士项目建设和跨文化交际教育提出以下政策建议：

首先，相关政策制定要充分考虑"双一流"建设高校和普通高校在师资配备、生源英语水平和城市环境等各方面的差异，给予"双一流"建设高校更有针对性的授课语言政策弹性。

中文水平较高的留学生，即使是在英语授课项目中学习，也可以提供他们在中文授课硕士项目中听课和修学分的机会，以求进一步增加和中国学生交流的机会，并有更多的可能性提高学术中文和以中文为媒介的专业知识。

建议英语授课项目中的国际中文必修课采取更加灵活和接地气的授课方式，在教授留学生"标准"中文的同时提供他们和日常生活相关，尤其是和本地相关的语言知识，例如上海方言和沪语区"不太正宗"的普通话变体的相关知识，以帮助他们更好地将课堂上学到的中文学以致用，同时采取少量多次的方式开展授课，以获得更好的教学效果。

英语授课国际硕士项目在建设和筹备时应当给予所在院系充足的支持和规划论证。本书研究中的专业课程项目在建设初期凭借本院已开设的中日韩三方授课课程和其他英语授课课程，并在人才引进方面充分考虑了师资的英语授课水平，从而能够为来华留学生提供高质量的专业课程指导，实际地丰富他们的学科知识参照系，对上海乃至中国有更加深入和多角度的理解。

英语授课国际硕士项目需要在课程建设方面有更多的本土意识和中国知识全球传播的意识，以防止照搬照抄英美课程体系和课程内容设置。本土编写英语专业课教材和以授课教师团队英语著作和论文发表等为依托的课程内容建设将更有利于提高我国在高等教育国际化方面的国际地位，并吸引真正想来中国学习专业知识，而不仅仅是为了了解中国风土人情的留学生来华学习。

其次，基于跨文化交际和身份认同的动态性和实践性，"双一流"建设高校需要在校园管理方面提供更利于中外学生有机交流的学习空间和跨文化交际机会。这里的"有机"是指不仅仅依托官方组织的活动来增进中外学生的交流，还要在校园内建设更多符合中外留学生学习习惯和生活习惯的学习空间和生活空间，如自修区域和活动区域等，让中外学生通过日常习惯自然而然展开交流，在人际交流中展开跨文化对话。在研究中我们也发现，本案例这所"双一流"建设高校的中国学生不是太乐于和留学生用中文展开交流。因为中国学生的英语水平一般都远超留学生的中文水平，所以为了交际的方便而不太乐于转为中文。我们建议在"双一流"建设高校开展更为系统的跨文化交际课程，提高中外双方学生的跨文化和跨语言交际意识，给予留学生更多的耐心和机会来提高中文水平，增进相互了解。除了语言方面，这些系统的跨文化交际课程应当基于我国的国际地位，打破东西二元的文化思维方式，从语言、社会政治和学科知识体系等多个方面协助来华留学生和中国学生共同拓展自身原本相对狭义的"跨文化"界定。这些跨文化交际课程应当帮助中文水平在不同层次的学生了解"跨文化"的多元内涵，并更具批判性地看待自己的一些文化思维定式，基于生活经验和学习经验，发展更多实际的跨文化交流策略，以适应英语授课课程的教学方式，并了解自己可以有效运用哪些校园资源来提升自己的跨文化经验，在实践中提高。

在推动中文授课的国际课程项目方面，我们提出以下五点建议：（1）应关注学术中文的系统教学，将其与学科内容有机结合，为学生提供更深入的语言支持。（2）

在教学媒介语言政策方面，应采用多语语言观和多元知识观，打破英汉教学媒介语的隔阂，鼓励教师运用超语教学方法，培养学生多语学术素养。（3）课程国际化建设应摆脱中西二元或以西方为参照的专业知识格局，纳入来自世界各区域的知识，强化中文话语权，同时促进来华留学生参与多语言知识分享和创造。（4）提升学术中文教学在国际中文教育规划中的地位，整合国际中文教学研究成果，参考其他国家的学术语言教学模式，深化和完善学术中文的国际教学。（5）强调在全中文授课国际学位项目中，有必要培养来华留学生的去殖民化意识，创造公平的国际化学习环境。中文作为教学媒介语需要关注全球知识公平，将其视为具有全球影响力的学科知识媒介，而非仅是传递英语或西方知识的辅助工具。未来的项目应系统地为来华留学生提供学术中文学习支持，有效协调不同基础设施，将超语实践融入学生的学习方式。因此，建议加强学生的去殖民化意识，强调中文作为全球学科媒介，提供系统的学术中文学习支持，并将超语实践融入教学实践。

除了为中外学生开设相关课程，教育部在"双一流"建设高校的国际化政策制定方面需要考虑对英语授课国际硕士项目提供实质的建设支持，包括师资培训和经费资助。虽然所调研的案例中，大多数教师在英语授课方面并没有太大的语言困难，但在授课方式上，尤其是讨论课的安排方面，一般都是基于自身此前的授课经验或国外学习经验来摸索尝试。而本书的调研结果显示，来华留学生因为语言、文化和学习经历比英美高校留学生更为多元，教师在授课时需特别考虑不要简单运用自己在某个留学国家或本地的学习经验来展开教学，而是需要较为系统的限期培训和交流，逐步达到综合和灵活运用不同教学方法来帮助不同背景学生尽快进入专业学习状态。

在本书的后续调研中，该校不同院系的英语硕士项目教师和负责人均反映，在全英语授课国际硕士项目建设中缺乏充足的来华留学生奖学金支持和教师绩效支持。虽然该校的来华留学生奖学金覆盖率并不低，但在吸收个别优秀来华留学生时依旧会遇到奖学金无法覆盖的瓶颈，希望教育部在来华留学生奖学金申请上给"双一流"建设高校提供少量弹性配置，帮助英语授课国际项目招生工作中能够招到更多优秀的来华留学生。此外，本项目后续调研的不同院系教师和负责人都提到，在英语授课国际课程建设上，需要更多的绩效激励政策来鼓励更多海外归来的年轻教师，在繁重的科研和教学工作中有更强的意愿来开设相关的英语授课课程，并能够与自身的科研工作结合起来，达到良性循环，而不是增加授课负担。

最后，针对部分公派来华留学生英语水平欠佳的情况，相关的院系需要额外配备针对不同英语水平的学术英语或专业英语课程，也可以考虑在大学英语部开设针对来华留学生的学术英语课程。这样的课程建设有助于众多来自非英语国家的来华留学生提高英语学术口头交流和书面写作的能力，以适应相关的专业学习。对有专业发展需求的高阶中文学习者，应该有针对性地为他们提供选择中文授课课程并取得学分的机会。在"双一流"建设高校先就读一个英语授课的硕士学位，再通过中文水平的逐步提高，申请博士学位是比较常见的情形。对这些有意愿在中国继续攻读博士学位的留学生群体，应当为他们提供跨语言的选课可能，进而为他们在华深造创造机会。

第三节　研究贡献与不足

对应第一章中所提出的现有文献不足，本书的研究贡献主要包括以下四个方面：（1）理论视角多元化：本书的研究回应了当前批判性跨文化交际研究在理论资源选取上的不足，引入了五种批评性跨文化理论视角，包括话语视角、空间视角、超语实践视角、批评性后现代视角和去殖民化视角。这样的多元视角不仅有助于深入理解来华留学生的跨文化体验，还能解释其中的文化、知识和语言不平等问题的根源性因素，并基于当下情境寻找创造性的解决方案。（2）多层面动态分析：本书强调来华留学生跨文化交际研究不仅需要关注来华留学生个体生命轨迹，还需要关注高校留学生管理政策与实践、校园与城市的语符与文化资源分配等因素。这有助于提供更全面的研究视角，深入剖析宏观、中观、微观多元主体及各种因素的互动关系，及其对留学生跨文化体验的影响。（3）语言、知识、文化等多重因素交互关系的梳理：本书的案例研究借鉴了社会语言学的相关研究对高等教育国际化语言政策的关注，重视国际学位项目类型和相关的媒介语使用情况在来华留学生跨文化交际中的影响。（4）去殖民化理论视角下的跨文化研究理论探索：去殖民化是跨文化交际的新兴理论视角，因此本书在引入这一视角时展开了一系列的理论创新实践，具体提出了基于社会语言学基础设施化概念的分析框架和去殖民化重构的概念整合型分析框架等，从知识与语言的地缘政治不平等角度为跨文化交际研究提供观照全球历史流变的分析路径。总的来说，本书从理论视角多元化、跨层次研究语言—知识—文化—时空纠缠互塑的关系，引入了历史化地缘政治不平等角度，有望为来华留学生的跨文化交际研究提供有用的思路和方法。

　　本书的不足之处主要是：（1）虽然本书引用的案例具有很强的典型性，但单一高校的案例研究在学科的覆盖面上不太理想，不能全面覆盖不同地区和类型的高校来华留学生的跨文化体验情况。（2）虽然本书研究的"双一流"建设高校在综合类"双一流"建设高校中具有很强的代表性，但由于该校位于上海市，而本书的研究结果也只显示东部城市环境对来华留学生的跨文化体验有重要影响，因此本案例研究结果有些部分无法推广解释地处我国中西部地区的"双一流"建设高校的相关国际硕士项目建设情况。（3）需要注意的是，机构话语和教育政策对塑造跨文化体验的影响，仍需进一步深入研究。此外，对学生在跨文化互动中扮演的角色和主体性也需要更详细的探讨。

　　就以上缺陷，本书正在展开的后续研究做出了如下的改进，并就尚未能完成的改进做出相关计划：一是在研究方法上，会采取更多元的调研方法，如通过问卷调查来了解相关内容的调查结果，是否也适用于其他城市的"双一流"建设高校。二是在理论视角上会通过理论化的整合，提出更加系统的跨文化身份认同理论，以分析来华留学生在"双一流"建设高校的学习生活体验和更全面系统的政策和管理建议。

参考文献

蔡文伯，闫佳丽."一带一路"沿线国家来华留学生与中国对外直接投资关系的实证研究 [J]. 华东师范大学学报（教育科学版），2020, 38(4): 30-39. DOI: 10.16382/j.cnki.1000-5560.2020.04.003.

蔡宗模，杨慷慨，张海生，吴朝平，谭蓉. 来华留学教育质量到底如何——基于 C 大学"一带一路"来华留学教育的深描 [J]. 清华大学教育研究，2019, 40(4): 104.

柴省三，刘涛，万莹等. 基于预科汉语教学与测试的来华本科招生考试体系研究 [J]. 语言教学与研究，2021(2): 15-25.

陈光兴. 去帝国：亚洲作为方法 [M]. 台北：行人出版社，2006.

陈丽，伊莉曼·艾孜买提."一带一路"背景下新疆高等教育来华留学生变化趋势研究——基于 2001—2015 年统计数据的分析 [J]. 新疆师范大学学报（哲学社会科学版），2018, 39(6): 89-95. DOI:10.14100/j.cnki.65-1039/g4.20180622.001.

陈强，文雯."一带一路"倡议下来华留学生教育：使命、挑战和对策 [J]. 高校教育管理，2018, 12(3): 28-33. DOI:10.13316/j.cnki.jhem.20180423.009.

陈秀琼，林赞歌. 来华安哥拉青年跨文化心理适应相关因素研究——以在厦一百多名安哥拉留学生为例 [J]. 西北人口，2017, 38(6): 36-43. DOI:10.15884/j.cnki.issn.1007-0672.2017.06.005.

陈钰. 第二语言学习者在汉语学术写作中的身份认同研究 [M]. 北京：世界图书出版公司，2019.

程立浩，刘志民. 来华留学生对高校科研产出具有促进效应吗？[J]. 高校教育管理，

2023, 17(2): 87-103.DOI:10.13316/j.cnki.jhem.20230306.009.

崔希亮. 汉语国际教育的若干问题 [J]. 语言教学与研究，2018(1): 1-7.

崔希涛，何俊芳. 来华非洲留学研究生学术适应问题探究——以坦桑尼亚为例 [J]. 民族教育研究，2021, 32(2): 158-165. DOI:10.15946/j.cnki.1001-7178.2021.02.020.

丁安琪. 目的语环境下汉语学习动机增强者动机变化分析 [J]. 语言文字应用，2015(2): 116-124. DOI:10.16499/j.cnki.1003-5397.2015.02.015.

丁笑炯. 高校来华留学生支持服务满意度调查与思考——基于上海高校的数据 [J]. 高校教育管理，2018, 12(1): 115-124. DOI:10.13316/j.cnki.jhem.20180104.014.

方宝，武毅英. 高等教育来华留学生的变化趋势研究——基于近十五年统计数据的分析 [J]. 高等教育研究，2016, 37(2): 19-30.

付京香，叶翠英. 来华留学生跨文化适应分析——以在京高校的渥太华大学留学生为例 [J]. 现代传播（中国传媒大学学报），2014, 36(12): 144-145.

官翠玲，高山. 媒介接触对中医药跨文化传播的影响——基于中医药院校留学生中医药文化认同的实证分析 [J]. 湖北大学学报（哲学社会科学版），2021, 48(2): 164-171. DOI:10.13793/j.cnki.42-1020/c.2021.02.018.

顾莎莎. 法治逻辑与进路："一带一路"教育共同体图景与来华留学生培养 [J]. 比较教育研究，2019, 41(12): 3-11. DOI:10.20013/j.cnki.ice.2019.12.001.

郭熙. 新时代的海外华文教育与中国国家语言能力的提升 [J]. 语言文字应用，2020(4): 16-25. DOI:10.16499/j.cnki.1003-5397.2020.04.004.

哈巍，陈东阳. 孔子学院与来华留学生规模的实证研究——基于 135 个国家面板数据（1999-2015）[J]. 教育发展研究，2019, 39(1): 55-62. DOI:10.14121/j.cnki.1008-3855.2019.01.010.

侯磊. 汉语国际教育硕士留学生文化体验培养模式探索 [J]. 学位与研究生教育，2016(4): 41-45. DOI:10.16750/j.adge.2016.04.009.

胡炯梅，李小青. 新疆高校外国留学生教育现状的分析与思考 [J]. 民族教育研究，2016, 27(2): 133-139. DOI:10.15946/j.cnki.1001-7178.2016.02.019.

胡瑞，朱伟静. 南亚国家来华留学生教育发展状况与优化策略 [J]. 西南大学学报（社会科学版），2019, 45(2): 88-95.DOI:10.13718/j.cnki.xdsk.2019.02.010.

贾兆义. 新时代来华留学教育事业的路径指向 [J]. 中国高等教育，2021(7): 22-24.

姜可雨. 移情、反思、质疑：美食类纪录片跨文化传播的解码分析——基于一项对武汉来华留学生的质性研究 [J]. 现代传播（中国传媒大学学报），2019, 41(1): 118-123.

教育部. 2010 年教育部发布《来华留学项目》计划. http://www.moe.gov.cn/srcsite/ A20/moe_850/201009/t20100921_108815.html（访问日期：2022 年 8 月 28 日）

教育部. 2011 年教育部发布《高等教育国际学生质量管理规范（临时）》通知. http:// www.moe.gov.cn/srcsite/A20/moe_850/201810/t20181012_351302.html

教育部. 2020 年中国语言文字事业和语言生活状况. http://www.moe.gov.cn/fbh/ live/2021/53486/sfcl/202106/t20210602_534898.html

教育部和财政部. 高等学校哲学社会科学繁荣计划（2011—2020）. http://www.moe. gov.cn/srcsite/A13/s7061/201111/t20111107_126304.html

教育部、财政部和国家发展和改革委员会. 2018 年关于加快高等学校"双一流"建设的指导意见. http://www.gov.cn/xinwen/2018 08/27/content_5316809.html

孔兰兰, 李新朝, 李瑾. 导师跨文化适应性指导对来华留学研究生学业成就的影响机制 [J]. 高校教育管理, 2022, 16(3): 68-79.DOI:10.13316/j.cnki.jhem.20220426.006.

匡文波, 武晓立. 跨文化视角下在华留学生微信使用行为分析——基于文化适应理论的实证研究 [J]. 武汉大学学报（哲学社会科学版），2019, 72(3): 115-126. DOI:10.14086/j.cnki.wujss.2019.03.012.

李加军. 来华留学生中国文化接触路径构建与比较 [J]. 当代青年研究, 2022(3): 35-42.

李洁, 孙进. 中国高校全英语授课项目留学生的就读体验调查——北京师范大学的个案研究 [J]. 教育学报, 2014, 10(6): 110-117. DOI:10.14082/j.cnki.1673-1298.2014.06.018.

李雅. 来华塔吉克斯坦留学生跨文化适应问题研究 [J]. 民族教育研究, 2017, 28(4): 92-98. DOI:10.15946/j.cnki.1001-7178.2017.04.013.

李泉. 中国对外汉语教学七十年 [J]. 语言战略研究, 2019(4): 49-59.

李宇明, 唐培兰. 论汉语的外语角色 [J]. 语言教学与研究, 2020(5): 17-30.

李玉琪, 崔巍. 语言社会化进程中来华留学生跨文化交际能力培养——以南亚留学生为例 [J]. 语言与翻译, 2017(2): 93.

李嵬, 沈骑. 超语实践理论的起源、发展与展望 [J]. 外国语, 2021(4): 2.

刘宏宇, 贾卓超. 来华留学生跨文化适应研究——以来华中亚留学生为个案 [J]. 中央民族大学学报（哲学社会科学版），2014, 41(4):171-176.DOI:10.15970/j.cnki.1005-

8575.2014.04.025.

刘继红. 汉语国际教育视域下的跨文化传播 [M]. 上海：中西书局，2021.

刘进. 来华研究生因何质量不高？——基于结构-功能-环境的深度访谈研究 [J]. 学位与研究生教育，2020a, (12): 53-60. DOI:10.16750/j.adge.2020.12.009.

刘进. "一带一路"背景下如何提升来华留学生招生质量——奖学金视角 [J]. 高校教育管理，2020b, 14(1): 29-39. DOI:10.13316/j.cnki.jhem.20191231.004.

刘凯，宋紫倩. "留学中国"的经济红利：来华留学生如何促进了中国的 OFDI[J]. 教育与经济，2021, 37(2): 21-30.

刘志敏，唐佳璐，林泳连等. 来华留学生的文化适应与高校国际化的现状省思——基于上海市 E 校的个案研究 [J]. 教育学术月刊，2020(7): 42-51. DOI:10.16477/j.cnki.issn1674-2311.2020.07.006.

柳茜，李泉. 方言接触对留学生汉语学习影响实证研究——基于兰州高校的调查 [J]. 语言文字应用，2017(3): 115-124. DOI:10.16499/j.cnki.1003-5397.2017.03.013.

刘涛，黄思雨. 来华留学生预科汉语教材的出版刍议——以"学在中国"汉语强化系列教材为例 [J]. 出版广角，2020(19): 52-54. DOI:10.16491/j.cnki.cn45-1216/g2.2020.19.015.

刘学蔚. 文化间性：发展来华留学生教育的跨文化之思 [J]. 华中师范大学学报（人文社会科学版），2016, 55(1): 160-167.

刘运红. 新疆中亚留学生跨文化适应现状调查 [J]. 民族教育研究，2015, 26(3): 64-69. DOI:10.15946/j.cnki.1001-7178.2015.03.011.

陆俭明. 汉语国际传播方略之我见 [M]. // 北京语言大学汉语国际教育研究院. 汉语应用语言学研究（第 8 辑）. 北京：商务印书馆，2019: 1-11.

陆菁，凌慧，潘修扬. 全面开放格局下的中国高等教育服务国际化——高等教育服务出口与留学生来华因素的实证分析 [J]. 中国高教研究，2019(1): 22-27. DOI: 10.16298/j.cnki.1004-3667.2019.01.05.

陆晓静. 来华留学生省级政府资助政策动因研究 [J]. 高校教育管理，2021, 15(5): 76-89 .DOI:10.13316/j.cnki.jhem.20210824.008.

卢鹏. 来华留学生向世界讲好中国故事的议题方略与实践路径 [J]. 思想教育研究，2022(2): 154-159.

卢炜. 南亚国家留学生跨文化适应压力问题及相应策略——以扬州大学 MBBS 专业

留学生为例 [J]. 中国教育学刊，2015(S2): 204-206.

吕越，王梦圆."一带一路"倡议与海外留学生来华：因果识别与机制分析 [J]. 教育
　　与经济，2022, 38(1): 11-20.

马红，刘巍. 新媒体在留学生跨文化适应中的独特优势 [J]. 人民论坛，2018(10): 134-
　　135.

马佳妮. 来华留学生学习经验是否有"轨迹"可循？——基于扎根理论的研究 [J].
　　国家教育行政学院学报，2020(4): 88-95.

马佳妮."一带一路"沿线国家来华留学生就读经验研究 [J]. 比较教育研究，2018,
　　40(4): 19-28.

毛芳才，方宝. 高等教育学生跨境流动的现状与特点——基于全球八个主要国家
　　相关统计数据的分析 [J]. 西藏民族大学学报（哲学社会科学版），2020, 41(6):
　　189-198+212.

牟蕾，吴勇毅，李婷."一带一路"国家来华留学生对中国形象的认知及传播 [J]. 青
　　年研究，2019(5): 86-93+96.

潘晓青. 美国在华留学生跨文化人际适应质性研究 [J]. 比较教育研究，2014, 36(8):
　　74-81. DOI:10.20013/j.cnki.ice.2014.08.013.

彭增安，张梦洋. 传播学视阈下的国际中文教育主体研究 [J]. 河南社会科学，2021,
　　29(2): 118-124.

曲如晓，董敏. 来华留学教育对生源国技术进步的影响——基于发展中国家的数据 [J].
　　高校教育管理，2023, 17(3): 111-124. DOI:10.13316/j.cnki.jhem.20230504.011.

曲如晓，李婧，杨修. 文化认同对来华留学生规模的影响 [J]. 经济经纬，2016, 33(3):
　　48-53. DOI:10.15931/j.cnki.1006-1096.2016.03.010.

舒笑梅，董传礼. 来华留学生短视频接受与中国国家形象认知 [J]. 现代传播（中国
　　传媒大学学报），2021, 43(7): 50-55.

史兴松. 来华留学生跨文化语言社会化研究 [M]. 北京：对外经济贸易大学出版社，
　　2017.

史媛媛，佐斌，谭旭运等. 来华留学生中国人刻板印象研究 [J]. 青年研究，2016(5):
　　85-93.

宋海燕. 中国国家形象的"他者"传播：来华留学生的中介机制 [J]. 新闻爱好者，
　　2021(8): 27-30. DOI:10.16017/j.cnki.xwahz.2021.08.007.

苏洋."一带一路"背景下来华留学博士生科研现状及其影响因素研究 [J].《高教探索》，2020(2): 89-92.

谭旭虎. 来华留学生跨文化教育中的问题及其对策 [J]. 高等教育研究，2020, 41(1): 37-43.

谭旭虎. 来华留学生跨文化交际课程教学探索 [J]. 黑龙江高教研究，2014(7): 4-6. DOI:10.19903/j.cnki.cn23-1074/g.2014.07.002.

唐静. 留学生选择来华学习的行为意向研究——基于计划行为理论的解释框架 [J]. 高教探索，2017(8): 90-94+116.

田海龙. 实践结点研究的批评视角 [J]. 外语与外语教学，2007(3): 1-4.

田美，陆根书. 来华留学生感知的在线学习环境对学习成效的影响——学习方式的中介效应分析 [J]. 江苏高教，2023(4): 70-76. DOI:10.13236/j.cnki.jshe.2023.04.009.

汪长明. 文化调试　制度供给　社会支持——跨文化视野中的在华留学生 [J]. 当代青年研究，2014(4): 5-13.

王丹萍. 去殖民化理论视角下的新西兰语言生活研究 [J]. 语言战略研究，2021, 6(5): 38-48.

王松. 基于积极学习策略的翻转课堂有效性探究——以国际留学生中国文化与跨文化沟通课程为例 [J]. 外语电化教学，2018(4): 23-29.

王文文，王文玲，刁训刚. 面向来华理工科留学生英语课程建设的探索与实践 [J]. 中国大学教学，2019(1): 74-77.

王祖嫘. 北京高校留学生跨文化适应实证研究 [J]. 中国高教研究，2016(1): 91-96. DOI:10.16298/j.cnki.1004-3667.2016.01.24.

魏浩，袁然，赖德胜. 中国吸引留学生来华的影响因素研究——基于中国与全球172个国家双边数据的实证分析 [J]. 教育研究，2018, 39(11): 76-90.

文雯，刘金青，胡蝶等. 来华留学生跨文化适应及其影响因素的实证研究 [J]. 复旦教育论坛，2014, 12(5): 50-57. DOI:10.13397/j.cnki.fef.2014.05.009.

吴勇毅. 国际中文教育"十四五"展望 [J]. 国际汉语教学研究，2020(4): 9-15.

杨华，刘飞兵. 教学语言与文化主权——对来华留学生教育的教学语言选择问题的思考 [J]. 现代大学教育，2022, 38(2): 99-103+113.

杨力苈. 约翰为什么来中国学习？——一位美国留学生的叙事研究 [J]. 教育学术月刊，2016(2): 77-80.

杨启光，王伟豪. 学生全球流动网络国家格局的变化与中国选择 [J]. 比较教育研究，2021, 43(2): 33-40.

杨瑞，沈裕挺（2020 年 4 月 21 日）. 融会中西知识体系是我国高等教育的重要追求. 光明日报 [N]. https://news.eol.cn/xueshu/202004/t20200421_1722435.shtml.

杨瑞玲. 留学生"中国概况"课程文化隐喻教学探析 [J]. 中国大学教学，2020(7): 47-49.

俞玮奇，曹燕. 教育国际化背景下来华留学生的教育需求与体验分析——基于上海市八所高校的实证研究 [J]. 高教探索，2015(3): 90-95.

张琳琳，赵俊峰. 文化维度视阈下我国来华留学生教育政策的历史迁移与现实选择 [J]. 现代教育管理，2016(5): 113-118. DOI:10.16697/j.cnki.xdjygl.2016.05.021.

张琳琳，赵俊峰. 来华留学生跨文化教育课程研究 [J]. 外语学刊，2014(5): 121-123. DOI:10.16263/j.cnki.23-1071/h.2014.05.038.

张巍，薛璟. 来华留学生双文化认同整合的影响机制研究 [J]. 学海，2022(3): 113-120. DOI:10.16091/j.cnki.cn32-1308/c.2022.03.023.

张轶，周茜，苟朝莉. "一带一路"背景下重庆市来华留学教育发展政策研究——基于政策比较分析视角 [J]. 重庆高教研究，2021, 9(5): 13-25. DOI:10.15998/j.cnki.issn1673-8012.2021.05.002.

赵彬，朱志勇. 来华留学生的自我呈现：途径与机制 [J]. 比较教育研究，2019, 41(8): 99-106. DOI:10.20013/j.cnki.ice.2019.08.013.

赵世举. 全球竞争中的国家语言能力 [J]. 中国社会科学，2015(3): 105-118.

赵焱，张旗伟，徐蕊，张玮. 超语及认同建构作为双语者的学习手段 [J]. 现代外语，2021(3): 258.

赵杨. 汉语国际教育学术话语权构建 [J]. 世界汉语教学，2019. 33(4): 435-442. DOI:10.13724/j.cnki.ctiw.20190927.001.

周丽华. 在桂高校东盟留学生跨文化教育策略探析——以广西民族大学为例 [J]. 民族教育研究，2018, 29(1): 123-128. DOI:10.15946/j.cnki.1001-7178.2018.01.019.

朱国辉，谢安邦，许美德. 高校来华留学生跨文化适应问题研究 [J]. 高等教育研究，2013, 34(9): 94.

朱敬，苏岩，朱艺华等. 教育对外开放进程中"互联网+"跨文化学习研究——以东盟来华留学生为例 [J]. 民族教育研究，2019, 30(2): 144-151. DOI:10.15946/j.

cnki.1001-7178.2019.02.018.

宗晓华，李亭松. "一带一路" 沿线国家来华留学生分布演变与趋势预测 [J]. 高教探索，2020(4): 91-99.

AGHA A. Language and social relations [M]. Cambridge, UK: Cambridge University Press, 2007.

AHENAKEW C, ANDREOTTI V D O, COOPER G, HIREME H. Beyond epistemic provincialism: De-provincializing Indigenous resistance [J]. AlterNative: an international journal of indigenous peoples, 2014. 10(3): 216.

AKHTAR N, PRATT C B, BO S. Factors in the cross-cultural adaptation of African students in Chinese universities [J]. Journal of research in international education, 2015. 14(2): 98.

ALATAS S H. The captive mind and creative development [J]. International social sciences journal, 1974. 26(4): 691.

ALCOFF, L. Philosophy and philosophical practice: Eurocentrism as an epistemology of ignorance. In Ian James Kidd, Jos José Medina, and Gaile Pohlhaus, Jr. (eds.), The Routledge handbook of epistemic injustice (pp. 397-408). Routledge, 2017.

ALLPORT G W. The nature of prejudice [M]. Massachusetts: Addison-Wesley Publishing Company, 1954.

ALTBACH P G, DE WIT H. Internalization and global tension: Lessons from history [J]. Journal of studies in international education, 2016. 19(1): 4.

AMAN R. Decolonising intercultural education: Colonial differences, the geopolitics of knowledge, and inter-epistemic dialogue [M]. London: Routledge, 2018.

ANDERSON T. The doctoral gaze: Foreign PhD students' internal and external academic discourse socialization [J]. Linguistics and education, 2017. 37: 1.

AN R, CHIANG S-Y. International students' culture learning and cultural adaptation in China [J]. Journal of Multilingual and Multicultural Development, 2015. 36(7): 661.

ANDREOTTI V. An ethical engagement with the Other: Spivak's ideas on education [J]. Critical literacy: theories and practices, 2007. 1(1): 69.

APPIAH K A. The ethics of identity [M]. Princeton: Princeton University Press, 2005.

APPLE M W. Official knowledge: Democratic education in a conservative age (3rd edition)

[M]. New York: Routledge, 2014.

ARTHUR N. Supporting international students through strengthening their social resources [J]. Studies in higher education, 2017. 42(5): 887.

ATKINSON D. A critical approach to critical thinking in TESOL [J]. TESOL quarterly, 1997. 31(1), 71.

BADWAN K, SIMPSON J. Ecological orientations to sociolinguistic scale: Insights from study abroad experiences [J]. Applied linguistics review. 2022. 13(2): 267.

BAKER W. Culture and identity through English as a Lingua Franca [M]. Berlin: De Gruyter Mouton, 2015.

BAKHTIN M M. The dialogic imagination [M]. Austin: University of Texas Press, 1982.

BALLARD B, CLANCHY J. Teaching students from overseas [M].Melbourne: Longman, 1991.

BARNETT R. The purposes of higher education and the changing face of academia [J]. London review of education, 2004. 2(1): 61.

BAYHAM M, LEE T K. Translation and translanguaging [M]. London: Routledge, 2019.

BECK U, SZNAIDER N. Unpacking cosmopolitanism for the social sciences: A research agenda [J]. The British journal of sociology, 2010. 57(1): 381.

BLOMMAERT J. Sociolinguistic scales. Intercultural pragmatics, 2007. 4(1): 1.

BLOMMAERT J. The sociolinguistics of globalization [M]. Cambridge, New York: Cambridge University Press, 2010.

BLOMMAERT J. Infrastructures of superdiversity: Conviviality and language in Antwerp neighborhood [J]. European journal of cultural studies, 2014. 17(4): 431.

BLOMMAERT J, DONG J. Ethnographic fieldwork: A beginner's guide [M]. London: Multilingual Matters, 2020.

BLOMMAERT J, GARCÍA O, KRESS G, LARSEN-FREEMAN D. ADAMI E, SHERRIS A. Communicating beyond diversity: A bricolage of ideas [M]. In A. Sherris and E. Adami (Eds.), Making signs, translanguaging ethnographies: exploring urban, rural, and educational spaces (pp. 9–35). London: Multilingual Matters, 2018.

BLOMMAERT J, WESTINEN E, LEPPÄNEN S. Further notes on sociolinguistic scales [J]. Intercultural pragmatics, 2015. 12(1): 119.

BOLTON K, BOTHA W. English in China's universities: Past and present [J]. World Englishes, 2015. 34(2): 190.

BOTHA W. English and international students in China today [J]. English today, 2016. 32(1): 41.

BRAUN V, CLARKE V. Using thematic analysis in psychology [J]. Qualitative research in psychology, 2007. 3(2): 77.

BROWN A N, DENSON N. The integral role of emotion in interracial interactions and college student outcomes [J]. Journal of diversity in higher education, 2011(4): 223.

BROWN P, LEVINSON S. Universals in language use: Politeness phenomena [M]. In E. Goody (Ed.), Questions and Politeness: Strategies in Social Interaction (pp. 56-310). Cambridge: Cambridge University Press, 1978.

BUCHOLTZ M, HALL K. Identity and interaction: A sociocultural linguistic approach [J]. Discourse studies, 2005. 7(4-5): 585.

BUCKNER E, STEIN S. What counts as internationalization? Deconstructing the internationalization imperative [J]. Journal of studies in international education, 2020. 24(2): 151.

CARROLL K S, MAZAK C M. Language policy in Puerto Rico's higher education: Opening the door for translanguaging practices [J]. Anthropology and education quarterly, 2017. 48(1): 4.

CANAGARAJAH S. Translingual practice: Global Englishes and cosmopolitan relations [M]. Abingdon: Routledge, 2013a.

CANAGARAJAH A S. Literacy as translingual practice: Between communities and classrooms [M]. New York: Routledge, 2013b.

CANAGARAJAH A S. Translingual practices and neoliberal policies: Attitudes and strategies of African skilled migrants in Anglophone workplaces [M]. New York: Springer, 2017.

CANAGARAJAH S. Diversifying academic communication in anti-racist scholarship: The value of a translingual orientation [J]. Ethnicities, 2023. 23(5): 779.

CENOZ J, GORTER D. Teaching English through pedagogical translanguaging [J]. World Englishes, 2020. 39(2): 300.

CENOZ J, GORTER D. Pedagogical translanguaging. Cambridge University Press, 2021.

CHAKRABARTY D. Provincializing Europe: Postcolonial thought and historical difference [M]. Princeton University Press, 2000.

CHEN H. Between North and South: Historicizing the indigenization discourse in Chinese sociology [J]. Journal of historical sociology, 2021. 34(1): 103.

CHEN K-H. Asia as method: Toward deimperialization [M]. Durham, NC: Duke University Press, 2010.

CLARKE M. The ethico-politics of teacher identity. Educational philosophy and theory, 2009. 41(2): 185.

CLARKE M. Motivation as ethical self-formation. Educational philosophy and theory, 2013. 45(1): 77.

COLLINS H. Interculturality from above and below: Navigating uneven discourses in a neoliberal university system [J]. Language and intercultural communication, 2018. 18(2): 167.

CONNELL R. South theory: The global dynamics of knowledge in social science [M]. Sydney, Australia: Allen and Unwin, 2007.

CONNELL R. Southern theory and world universities [J]. Higher education research and development, 2017. 36(1): 4.

CORTAZZI M, JIN L. Cultures of learning: Language classrooms in China [M]. In H. Coleman (ed.), Society and the Language Classroom (pp. 169–206). Cambridge: Cambridge University Press, 1996.

COUPLAND N. "Other" representation. In Jef Verschueren et al. (eds.), Handbook of pragmatics (pp. 1–24). Amsterdam and Philadelphia: John Benjamins, 1999.

CORBIN J M, STRAUSS A. Basics of qualitative research: Techniques and procedures for developing grounded theory [M]. Los Angeles: Sage Publications, 2008.

CRĂCIUN D. National policies for higher education internationalization: A global comparative perspective [M]. In A.Curaj, L.Deca, and M.Pricopie (eds), European Higher Education Area: The Impact of Past and Future Policies (pp. 95–106). Cham: Springer International Publishing, 2018.

CRESWELL J W, CRESWELL J D. Research design: Qualitative, quantitative, and mixed methods approaches (5ᵗʰ Ed.)[M]. London: Sage, 2018.

DADOS N, CONNELL R. The Global South [J]. Contexts, 2012. 11(1): 12.

DAFOUZ E, SMIT U. Towards a dynamic conceptual framework for English-medium education in multilingual university settings [J]. Applied linguistics, 2016. 37(3): 397.

DAFOUZ, E, SMIT U. English-medium education revisited: Arguing for a comprehensive conceptualization in the age of internationalized universities [J]. European journal of language policy, 2021.13(2): 141.

DE COSTA P I, GREEN-ENEIX C, LI W W. EMI-TNHE: Towards a social justice-centered reframing of English language teaching [J]. RELC journal, 2021. 52(2): 228.

DE COSTA P I, JOU Y-S. Unpacking the ideology of cosmopolitanism in language education: Insights from Bakhtin and Systemic Functional Linguistics [J]. Critical inquiry in language studies, 2016. 13(2): 73.

DE WIT H, HUNTER F, EGRON-POLAK E, HOWARD L. Internationalisation of higher education: A study for the European parliament (eds.)[M]. 2015[2023-02-25]. https://www.europarl.europa.eu/RegData/etudes/STUD/2015/540370/IPOL_STU(2015)540370_EN.pdf

DE WIT H. JONES E. A new view of internationalization: From a western, competitive paradigm to a global cooperative strategy [J]. Journal of higher education policy and leadership studies, 2022. 3(1): 142.

DELANTY G. The cosmopolitan imagination: Critical cosmopolitanism and social theory [J]. The British journal of sociology, 2006. 57(1): 25.

DEMETER M. Academic knowledge production and the Global South: Questioning inequality and under-representation [M]. Cham, Switzerland: Palgrave Macmillan, 2020.

DERVIN F. A plea for change in research on intercultural discourses: A 'liquid' approach to the study of the acculturation of Chinese students [J]. Journal of multicultural discourses, 2011. 6(1): 37.

DERVIN F. Interculturality in education: a theoretical and methodological toolbox [M].

London: Palgrave Macmillan, 2016.

DERVIN F, DU X, HÄRKÖNEN A. International students in China: Education, student life and international encounters [M]. London: Springer, 2018.

DERVIN F, MACHART R. Cultural essentialism in intercultural relations (eds.) [M]. London: Palgrave, 2015.

DERVIN F, YUAN M. Revitalizing interculturality in education: Chinese Minzu as a companion [M]. London: Routledge, 2022.

DHAMOON R. Identity/Difference politics: How difference is produced, and why it matters [M]. Vancouver, Canada: University of British Columbia Press, 2010.

DIMOVA S, HULGREN A K, JENSEN C. English-Medium Instruction in European Higher Education (eds.) [M]. London: De Gruyter Mouton, 2014.

DING X J. Exploring the experiences of international students in China [J]. Journal of studies in international education, 2016. 20(4): 319.

DIPPOLD D. Classroom interaction: The internationalised Anglophone university [M]. Springer, 2015.

DONG J. Discourse, identity and China's internal migration [M]. London: Routledge, 2011.

DONG J. Space, signs, and legitimate workers' identities: An ethnography of a Beijing "urban village" [J]. Social semiotics, 2020. 30(2): 151.

DUFF P A. Case study research in applied linguistics [M]. New York: Lawrence Erlbaum, 2008.

DUFF P, DOHERTY L. Learning "Chinese" as heritage language: Challenges, issues, and ways forward [M]. In C-R. Huang, Z. Jing- Schmidt, and B. Meisterernst (Eds.), Routledge handbook of Chinese applied linguistics (pp. 14-164). New York: Routledge, 2019.

DURKIN K. The middle way: East Asian master's students' perceptions of critical argumentation in U.K [J]. universities. Journal of studies in international education, 2008. 12(1): 38.

DUSSEL E. Anti-Cartesian Meditations: On the origin of the philosophical anti-discourse of modernity [J]. Journal for Culture and Religious Theory, 2014. 13(1): 11.

ELLIOT D L, VBAUMFIELD, K REID, K A MAKARA. Hidden treasure: Successful international doctoral students who found and harnessed the hidden curriculum [J]. Oxford review of education, 2016. 42(6): 733.

ENNIS R H. John McPeck's teaching critical thinking [J]. Educational studies, 1992. 23(4): 462.

ERICKSON F. Talk and social theory: Ecologies of speaking and listening in everyday life [M]. London: Polity Press, 1984.

FAIRCLOUGH N. Intertextuality in critical discourse analysis [J]. Linguistics and education, 1992a. (3–4): 269.

FAIRCLOUGH N. Language and social change [M]. Cambridge, UK: Polity, 1992b.

FAIRCLOUGH N. Critical discourse analysis: The critical study of language [M]. London: Longman, 1995.

FAIRCLOUGH N. Language and power [M]. London: Pearson Education, 2001.

FAIRCLOUGH N. Critical discourse analysis and critical policy studies [M]. In Wodak, R., and Meyer, M. (Eds.), Methods of critical discourse analysis (pp. 121-138). London: Sage, 2013.

FANG F, LIU Y. 'Using all English is not always meaningful': Stakeholders' perspectives on the use of and attitudes towards translanguaging at a Chinese university [J]. Lingua, 2020. 247: 1.

FOUCAULT M. The use of pleasure: The history of sexuality (vol. 2)[M]. London: Penguin, 1984a.

FOUCAULT M. The case of the self: The history of sexuality (vol. 3)[M]. London: Penguin, 1984b.

FRICKER M. Epistemic injustice: Power and the ethics of knowing [M]. Oxford, the UK: Oxford University Press, 2007.

GAO X. 'Floating elites': Interpreting mainland Chinese undergraduates' graduation plans in Hong Kong [J]. Asia pacific education review, 2014. 15: 223.

GALLOWAY N, NUMAJIRI T, REES N. The 'internationalization', or 'Englishisation', of higher education in East Asia [J]. Higher education, 2020. 80: 395.

GARCÍA O, FLORES N, SELTZERK, LI W, OTHEGUY R, ROSA J. Rejecting abyssal thinking in the language and education of racialized bilinguals: A manifesto [J]. Critical inquiry in language studies, 2021. 18(3): 203.

GARCÍA O, KLEIFGEN J A. Translanguaging and literacies [J]. Reading research quarterly, 2020. 55(4): 553.

GARCÍA O, LI W. Translanguaging: Language, bilingualism, and education [M]. New York: Palgrave MacMillan, 2014.

GARCÍA O, SOLORZA C R. Academic language and the minoritization of U.S. bilingual Latinx students [J]. Language and Education, 2021. 35(6): 505.

GLASER B, STRAUSS A. The discovery of grounded theory: Strategies for qualitative research [M]. Chicago: Aldine, 1967.

GU M M. Identity construction and scale making of migrant university students in multilingual settings: A scalar analysis [J]. International journal of bilingual education and bilingualism, 2021. 24(3): 357.

GU M M, LEE J C. "They lost internationalization in pursuit of internationalization": Students' language practices and identity construction in a cross-disciplinary EMI program in a university in China [J]. Higher education, 2019. 78(3): 389.

GUO Y, GUO S, YOCHIM L, LIU, X. Internationalization of Chinese higher education: Is it westernization? [J]. Journal of studies in international education, 2021. https://doi. org/10.1177/1028315321990745

HALL S. Cultural studies and its theoretical legacies [M]. Oakland, California: University of California Press, 1992.

HALL D L, AMES R T. Xin (heart-and-mind)[OL]. In The Routledge encyclopedia of philosophy. London: Taylorand Francis, 1998 [2022-06-22]. https://www.rep. routledge.com/articles/thematic/xin-heart-and-mind/v-1

HAN Y, DONG J. Reproducing inequality while celebrating diversity: An ethnographic study of international students' EMI learning experiences in China [EB/OL]. Critical issues in language planning, 2023. https://doi.org/10.1080/14664208.2023.2170622

HANNERZ U. Cosmopolitanism [M]. In David Nugent and Joan Vincent (eds.), A companion to the anthropology of politics (pp. 69-85). London: Blackwell, 2009.

HAWKINS M R. Transmodalities and transnational encounters: Fostering critical cosmopolitan relations [J]. Applied linguistics, 2018. 39(1): 55.

HAYES A. "We loved it because we felt that we existed there in the classroom!" International students as epistemic equals versus double-country oppression [J]. Journal of studies in international education, 2019. 23(5): 554.

HE J, CHIANG S. Challenges to English-medium instruction (EMI) for international students in China: A learners' perspective [J]. English today, 2016. 32(4): 63.

HENDRICKSON B. Intercultural connectors: Explaining the influence of extra-curricular activities and tutor programs on international student friendship network development [J]. International journal of intercultural relations, 2018. 63: 1.

HENG T T. Different is not deficient: Contradicting stereotypes of Chinese international students in US higher education [J]. Studies in higher education, 2018. 43(1): 22.

HEUGH K. Southern multilingualisms, translanguaging and transknowledging in inclusive and sustainable education [M]. In Philip Harding-Esch and Hywel Coleman (Eds.), Language and the Sustainable Development Goals (pp. 37–47). London: British Council, 2021.

HERITAGE J. Territories of knowledge, territories of experience: Empathic moments in interaction [M]. In T. Stivers, L. Mondada, and J. Steensig (eds.), The Morality of Knowledge in Conversation (pp. 159-183). Cambridge, UK: Cambridge University Press, 2011.

HERITAGE J. Action formation and its epistemic (and other) backgrounds [J]. Discourse Studies, 2013. 15(5): 551.

HOLLIDAY A. Small cultures [J]. Applied linguistics, 1999. 20(2): 237.

HOLLIDAY A. Intercultural communication and ideology [M]. London: Sage, 2011.

HOLLIDAY A. Understanding intercultural communication: Negotiating a grammar of culture [M]. London: Routledge, 2013.

HOLLIDAY A. PhD students, interculturality, reflexivity, community and internationalization [J]. Journal of multilingual and multicultural development, 2017. 38(3): 207.

HOUNTONDJI P. Knowledge of Africa, Knowledge by Africans: Two perspectives on African studies [M], 2008.

HU G. The craze for English-medium education in China: Driving forces and looming consequences [J]. English today, 2009. 25(4): 47.

HU G, LEI J. English-medium instruction in Chinese higher education: A case study [J]. Higher education, 2014. 67: 551.

HU Y, XU C L, TU M. Family-mediated migration infrastructure: Chinese international students and parents navigating (im)mobilities during the Covid-19 pandemic. Chinese sociological review, 2020. https://doi.org/10.1080/21620555.2020.1838271

HULT F M. Nexus analysis as scalar ethnography for educational linguistics [M]. In M. Martin-Jones and D. Martin (eds.), Researching multilingualism: Critical and ethnographic perspectives (pp. 89-104). London: Routledge, 2017.

JABLONKAI R R, HOU J. English medium of instruction in Chinese higher education: A systematic mapping review of empirical research [J]. Applied linguistics review, 2021 [2022-05-28]. https://doi.org/10.1515/applirev-2021-0179

JENKINS J, MAURANEN A. Linguistic diversity on the EMI campus: Insider accounts of the use of English and other languages in universities within Asia, Australia and Europe [E]. London: Routledge, 2019.

JIN L, CORTAZZI M. Changing practices in Chinese cultures of learning [J]. Language, culture and curriculum, 2006. 19(1): 5.

JIN L, CORTAZZI M. Practising cultures of learning in internationalising universities [J]. Journal of multilingual and multicultural development, 2017. 38(3): 237.

JOHNSON D C. Agency in language policy and planning: critical inquiries [J]. Current issues in language planning, 2021. 22(1-2): 264.

JOHNSON D C, JOHNSON E J. Power and agency in language policy appropriation [J]. Language policy, 2015. 14(3): 221.

JONES E. Problematising and reimagining the notion of 'international student experience' [J]. Studies in higher education, 2017. 42(5): 933.

JONES E, DE WIT H. Globalized internationalization: Implications for policy and practice [J]. IIenetworker, 2014(Spring): 28.

KESTER K, CHANG S-Y. Whither epistemic (in)justice? English medium instruction in conflict-affected contexts [J]. Teaching in higher education, 2022. 27(4): 437.

KIM J. The birth of academic subalterns: How do foreign students embody the global hegemony of American universities?[J]. Journal of studies in international education, 2012. 16(5): 456.

KIM J, CHOI J, TATAR B. English-Medium Instruction and Intercultural Sensitivity: A Korean Case Study [J]. Journal of studies in international education, 2017. 21(5): 467.

KIM Y Y. Intercultural personhood: Globalisation and a way of being [J]. International journal of intercultural relations, 2008. 32: 359.

KIMURA D, CANAGARAJAH S. Translingual practice and ELF [M]. In D. Kimurai and Suresh Canagarajah (eds.), The Routledge handbook of English as a Lingua Franca (pp. 295-308). London: Routledge, 2018.

KNIGHT, J. Updating internationalization definition [J]. International higher education, 2003. 33: 2.

KNIGHT J. Internationalization remodelled: Definition, approaches, and rationales [J]. Journal of studies in international education, 2004. 8(1): 5.

KIRKPATRICK A. The languages of Higher Education in East and Southeast Asia [M]. In B. Fenton-Smith, P. Humphreys, and I. Walkinshaw (eds.), English medium instruction in higher education in Asia Pacific: From Policy to Pedagogy (pp. 21-36). London: Springer, 2017.

KUBOTA R. The multi/plural turn, postcolonial theory, and neoliberal multiculturalism: Complicities and implications for applied linguistics [J]. Applied linguistics, 2016. 37(4): 474.

KUDO K. Social representation of intercultural exchange in an international university [J]. Discourse: studies in the cultural politics of education, 2016. 37(2): 256.

KUDO K, VOLET S, WHITSED C. Development of intercultural relationships at university: A three-stage ecological and person-in-context conceptual framework [J]. Higher education, 2019. 77: 473.

KURODA C. The new sphere of international student education in Chinese higher education: A focus on English-medium degree programs [J]. Journal of studies in international education, 2014. 18(5): 445.

KRAMSCH C. Language as symbolic power [M]. Cambridge, the UK: Cambridge

University Press, 2021.

KRIPPENDORFF K. Content analysis: An introduction to its methodology (4th edition)[M]. London: Sage, 2018.

LEASK B. Internationalizing the curriculum [M]. London and New York: Routledge, 2015.

LEE Y. A critical dialogue with "Asia as method": A response from Korean education [J]. Educational philosophy and theory, 2019. 51(9): 958.

LEE J W. The politics of translingualism: After Englishes [M]. New York: Routledge, 2018.

LEWIS G, JONES B, BAKER C. Translanguaging: developing its conceptualization and contextualization. Education research and evaluation, 2012. 18(7): 655.

LEWIS J S. Releasing a tradition [J]. The Cambridge journal of anthropology, 2018. 36(2): 21.

LI C, LI W, REN W. Tracking the trajectories of international students' pragmatic choices in studying abroad in China: A social network perspective [J]. Language, Culture and Curriculum, 2021. 34(4): 398.

LI J, AI B, XU C L. Examining Burmese students' multilingual practices and identity positioning at a border high school in China [J], 2021. 22(2): 233.

LI J, ERYONG X. New directions towards internationalization of higher education in China during post-COVID 19: A systematic literature review [J]. Educational Philosophy and Theory, 2022. 54(6): 812.

LI M, YANG R. Enduring hardships in global knowledge asymmetries: A national scenario of China's English-language academic journals in the humanities and social sciences [J]. Higher education, 2020. 80(2): 238.

LI X. International students in China: Cross-cultural interaction, integration, and identity construction [J]. Journal of language, identity, and education, 2015. 14: 237.

LI W. Moment analysis and translanguaging space: Discursive construction of identities by multilingual Chinese youth in Britain [J]. Journal of pragmatics, 2011. 43: 1222.

LI W. Translanguaging as a practical theory of language. Applied Linguistics, 2018. 39(1): 9.

LI W, HO W J. Language learning sans frantiers: A translanguaging view. Annual review of applied linguistics, 2018. 38: 33.

LI Z. The Chinese aesthetic tradition [M]. Honolulu: University of Hawaii Press, 2009.

LIM L. Knowledge, control and critical thinking in Singapore: State ideology and the politics of pedagogic recontextualization [M]. London and New York: Routledge, 2015.

LIM L, APPLE M W. The politics of curriculum reforms in Asia: Inter-referencing discourses of power, culture and knowledge [J]. Curriculum inquiry, 2018. 48(2): 139.

LIN A M Y. Towards transformation of knowledge and subjectivity in curriculum inquiry: Insights from Chen Kuan-Hsing's "Asia as Method" [J]. Curriculum inquiry, 2012. 42(1): 153.

LIN A M Y. Egalitarian bi/multilingualism and trans-semiotizing in a global world [M]. In Wane E. Wright, Sovicheth Boun and Ofelia García (Eds.), The handbook of bilingual and multilingual education (pp. 19–37). New York: John Wiley and Sons, Inc. 2015.

LIN A M Y. Academic Languages and Literacies in Content-Based Education in English-as-an-Additional-Language Contexts [EB/OL]. Oxford Research Encyclopedia of Education, 2020 [2021-06-26]. https://oxfordre.com/education/view/10.1093/acrefore/9780190264093.001.0001/acrefore-9780190264093-e-224.

LIN A M Y, HE P. Translanguaging as dynamic activity flows in CLIL classrooms [J]. Journal of language, identity and education, 2017. 16(4): 228.

LIN A M Y, WU Y, LEMKE J L. 'It takes a village to research a village': Conversations between Angel Lin and Jay Lemke on contemporary issues in translanguaging [M]. Plurilingual pedagogies: Critical and creative endeavors for equitable language in education (pp. 47-76). London: Springer, 2020.

LIN S. To speak or not to speak in the new Taiwanese university: Class participation and identity construction in linguistically and culturally diverse graduate classrooms [J]. Language and intercultural communication, 2018. 18(2): 184.

LIN Y, KINGMINGHAE W. Intimate relationships and mobility intentions of Thai international students in Chinese universities [J]. Population, space and place, 2018. 24(5): e2120.

LIU M, PHAN L H. "We have no Chinese classmates": International students, internationalization, and medium of instruction in Chinese universities [J]. Australian Review of Applied Linguistics, 2021. 44(2): 180.

LUGONES M. On complex communication [J]. Hypatia, 2006. 21(3): 75.

LYOTARD J-F. The postmodern condition: a report on knowledge [M]. Minneapolis: University of Minnesota Press, 1991.

MA J, ZHAO K. International student education in China: Characteristics, challenges, and future trends [J]. Higher education, 2018. 76(4): 735.

MACARO E, CURLE S, PUN J, AN J, DEARDEN J. A systematic review of English medium instruction in higher education [J]. Language teaching, 2018. 51(1): 36.

MACARO E, HAN S. English medium instruction in China's higher education: Teachers' perspectives of competencies, certification and professional development [J]. Journal of multilingual and multicultural development, 2020. 41(3): 219.

MACARO E, SAHAN K, ROSE H. The profiles of English medium instruction teachers in higher education [J]. International journal of applied linguistics, 2021. 31(3): 458.

MACHART R, DERVIN F, GAO M. Intercultural masquerade: new orientalism, new occidentalism, old exoticism [M]. London: Springer, 2015.

MADGE C, RAGHURAM P, NOXOLO P. Conceptualizing international education: From international student to international study [J]. Progress in human geography, 2016. 39(6): 681.

MARGINSON S. The world-class multiversity: Global commonalities and national characteristics [J]. Frontiers of education, 2008. 12(2): 233.

MARGINSON S. National/Global synergy in the development of higher education and science in China since 1978 [J]. Frontiers of education in China, 2018. 13(4): 486.

MAGINSON S. Student self-formation in international education [J]. Journal of studies in international education, 2014. 18(1): 6.

MARGINSON S. Research on international and global higher education: Six different perspectives [J]. Oxford review of education, 2022. 48(4): 421.

MARGINSON S, XU X. Moving beyond centre-periphery science: Towards an ecology of knowledge [J]. Oxford University Center for Global Higher Education working paper series, 2021. 63: 1.

MARSHALL C, ROSSMAN G B. Designing qualitative research [M]. London: Sage publications, 2014.

MARTIN J N, NAKAYAMA T K. Intercutlural communication in contexts 5th edition [M]. New York: McGraw-Hill, 2010.

MARTIN J R, WHITE P R. The language of evaluation: Appraisal in English [M]. London: Springer, 2005.

MBEMBE A J. Decolonizing the university: New directions [J]. *Arts and* humanities in higher education, 2016. 15(1): 29.

MCPECK J. Teaching critical thinking: Dialogue and dialectic [M]. New York: Routledge, 1990.

MENDOZA-DENTON N. Homegirls: Language and cultural practice among Latina youth gangs [M]. London: Wiley, 2008.

MIGNOLO W D. Local histories/global designs: coloniality, subaltern knowledges, and border thinking [M]. Princeton, New Jersey: Princeton University Press, 2000.

MIGNOLO W D. The idea of Latin America [M]. London: Wiley-Blackwell, 2005.

MIGNOLO W D. Geopolitics of sensing and knowing: On (de)coloniality, border thinking and epistemic disobedience [J]. Postcolonial Studies, 2011. 14(3): 273.

MIGNOLO W, WALSH C E. On decoloniality: concepts, analytics, praxis [M]. Durham, US: Duke University Press, 2018.

MOHANTY C T. "Under western eyes" revisited: Feminist solidarity through anticapitalist struggles [J]. Signs: Journal of women in culture and society, 2003. 28(2): 499.

MOK K H. Questing for internationalization of universities in Asia: Critical reflections [J]. Journal of studies in international education, 2007. 11(3-4): 433.

MOK K H, MONTGOMERY C. Remaking higher education for the post-COVID-19 era: Critical reflections on marketization, internationalization and graduate employment [J]. Higher education quarterly, 2021. 75(3): 373.

MONTGOMERY C. Surfacing "Southern" perspectives on student engagement with internationalization: Doctoral theses as alternative forms of knowledge [J]. Journal of studies in international education, 2019. 23(1): 123.

MOORE T. Critical thinking and language: The challenge of generic skills and disciplinary discourse [M]. London: Bloomsbury, 2011.

MORITA N. Negotiating participation and identity in second language academic communities [J]. TESOL quarterly, 2004. 38: 573.

MORITA N. Language, culture, gender, and academic socialization [J]. Language and education, 2009. 23(5): 443.

MORTENSEN J. Epistemic stance marking in the use of English as a lingua franca: A comparative study of the pragmatic functions of epistemic stance [M]. Roskilde: Roskilde Universitet, 2010.

MORTENSEN J. Notes on English used as a lingua franca as an object of study [J]. Journal of English as a Lingua Franca, 2013. 2(1): 25.

MULVEY B. Participatory parity as a way forward for critical internationalisation studies [J]. Studies in higher education, 2022. 47(12): 2417.

MULVEY B. Conceptualizing the discourse of student mobility between "periphery" and "semi-periphery": The case of Africa and China [J]. Higher education, 2021. 81(3): 437.

MULVEY B, MASON M. 'It's kind of becoming a culture': how habitus influences the migration trajectories of African students in China. Journal of ethnic and migration studies, 2022. 48(12): 3005.

NAIDOO R. The competition fetish in higher education: varieties, animators and consequences [J]. British journal of sociology of education, 2016. 37(1): 1.

NDLOVU-GATSHENIS J. Epistemic freedom in Africa: Deprovincialization and decolonization [M]. London: Routledge, 2018.

NUSSBAUM M C. Liberal education and global community [J]. Liberal education, 2004. 90(1): 42.

NEUENDORF K A. The content analysis guidebook [M]. London: Sage, 2017.

NORDEN B W. Taking back philosophy: A multicultural manifesto [M]. New York: Columbia University Press, 2018.

NYE JR J S. Public diplomacy and soft power [J]. The annals of the American academy of political and social science, 2008. 616(1): 94.

OU W A, HULT F M, GU M M. Language policy and planning for English-medium instruction in higher education [J]. Journal of English-medium instruction, 2022. 1(1): 7.

OU W A, GU M M. Language socialization and identity in intercultural communication: Experience of Chinese students in a transnational university in China [J]. Journal of bilingual education and bilingualism, 2021. 24(3): 419.

OU W A, GU M M. Negotiating language use and norms in intercultural communication: Multilingual university students' scaling practices in translocal space [J]. Linguistics and education, 2020. 57: 1.

OU W A, GU M M, HULT F M. Discursive ripple effects in language policy and practice: Multilingualism and English as an academic lingua franca in transnational higher education. Australian review of applied linguistics, 2021. 44(2): 155.

PAN T. Historical memory, community-building and place-making in neighborhood Shanghai [M]. In Laurence J. C. Ma and Fulong Wu (Eds.), Restructuring the Chinese City: Changing Society, Economy, and Space (pp. 122-137). London: Routledge, 2005.

PANIKKAR R. Myth, faith and hermeneutics [M]. New York: Paulist Press, 1979.

PATON M. Is critical analysis foreign to Chinese students? [M] In E. Manalo and G. Wong-Toi (eds.), Communication skills in university education: The international dimension (pp. 1-11). Auckland, New Zealand: Person Education New Zealand Limited, 2005.

PAUL R. Critical thinking: What every person needs to survive in a rapidly changing world [M]. Rohnert Park, CA: The Center for Critical Thinking and Moral Critique, Sonoma State University, 1993.

PAUL R, ELDER L. Critical thinking competency standards [M]. Tomales, CA: Foundation for Critical Thinking, 2005.

PAULSRUD, B, TIAN Z, TOTH J. English medium instruction and translanguaging [M]. Multilingual Matters, 2021.

PENNYCOOK A. Global Englishes and transcultural flows [M]. London: Routledge, 2007.

PENNYCOOK A. Posthumanist applied linguistics [M]. London: Routledge, 2018.

PERNA LW, OROSZ K, GOPAUL B, JUMAKULOV Z, ASHIRBEKO A, KISHKENTAYEVA M. Promoting human capital development: A typology of international scholarship programs in higher education. Educational researcher, 2014. 20(10): 1.

PETERS M A, BESLEY T. China's double first-class university strategy: 双一流 [J]. Educational philosophy and theory, 2018. 50(12): 1075.

PHAN L-H. Transnational education crossing 'Asia' and 'the West': Adjusted desire, transformative mediocrity, neo-colonial disguise [M]. London: Routledge, 2018.

PIETIKÄINEN S, COMPTON S E, DLASKE K. Putting resources into practice: A nexus analysis of knowledge mobilization activities in language research and multilingual communities [J]. Current issues in language planning, 2015. 16(3), 187.

PILLER I. Intercultural communication: A critical introduction (2nd edition)[M]. Edinburgh: Edinburgh University Press, 2017.

PRATT M L. Arts of the contact zone [J]. Profession, 1991(1): 33.

PREECE S. Elite bilingual identities in higher education in the Anglophone world: The stratification of linguistic diversity and reproduction of socio-economic inequalities in the multilingual student population [J]. Journal of multilingual and multicultural development, 2019. 40(5): 404.

QU M. The idea of an international university shaped by students: An ethnographic study in a Chinese university [J]. Frontiers of education in China, 2018. 13(3): 375.

RAMASWAYMY M, MARCINIUK, D D, CSCONKA V. et al. Reimagining internationalization in higher education through the United Nations Sustainable Development Goals for the Betterment of Society [J]. Journal of studies in international education, 2021. 25(4): 388.

REAR D. Reframing the debate on Asian students and critical thinking: Implications for western universities [J]. Journal of contemporary issues in education, 2017. 12(2): 18.

ROOTHOOFT H. Spanish lecturers' beliefs about English medium instruction: STEM versus Humanities [J]. International journal of bilingual education and bilingualism, 2022. 25(2): 627.

ROSE H, MCKINLEY J, XU X, ZHOU S. Investigating policy and implementation of English medium instruction in higher education institutions in China [M]. London: British Council, 2020 [2020-10-14]. https://www.teachingenglish.org.uk/sites/teacheng/files/Investigating_EMI_in_HEIs_China.pdf.

SAARINEN T, NIKULA, T. Implicit policy, invisible language: Policies and practices of international degree programmes in Finnish higher education. In A. Doiz, D. Lasagabaster and J. M. Sierra (eds.), English-Medium-Instruction at Universities: Global Challenges (pp. 131-150). Bristol: Multilingual Matters, 2012.

SAARINEN T, TAALASP. Nordic language policies for higher education and their multi-layered motivations [J]. Higher education, 2017. 73: 597.

SAID E. Orientalism [M]. London: Penguin, 1978.

SAID E. Culture and imperialism [M]. New York: Knopf, 1993.

SANTOS B S. Beyond abyssal thinking: From global lines to ecologies of knowledge [J]. Review (Fernand Braudel Center), 2007a. 30(1): 45.

SANTOS B S. Cognitive justice in a global world: prudent knowledges for a decent life [M]. Pennsylvania, US: Lexington Books, 2007b.

SANTOS B S. Epistemologies of the South: Justice against epistemicide [M]. London: Paradigm Publishers, 2014.

SANTOS G N D, WINDLE J. The nexus of race and class in ELT: From interaction orders to orders of being [J]. Applied linguistics, 2021. 42(3): 473.

SCOLLON R. Mediated discourse as social interaction: A study of news discourse [M]. London: Longman, 1998.

SCOLLON R, SCOLLON S W. Intercultural communication: A discourse approach [M]. London: Wiley, 2001.

SCOLLON R, SCOLLON S W. Nexus analysis: Discourse and the merging internet [M]. London: Routledge, 2004.

SCOLLON R, SCOLLON S W. Nexus analysis: Refocusing ethnography on action [J].

Journal of sociolinguistics, 2007. 11(5): 608.

SHAHJAHAN R A, MORGAN C. Global competition, coloniality, and the geopolitics of knowledge in higher education [J]. British journal of sociology of education, 2016. 37(1): 92.

SH-ITALENT. Shanghai introduces global talents to key fields [N] (2019-02-27)[2019-05-20]. http://www.chinadaily.com.cn/m/safea/2019-02/27/content_37441776.htm.

SHEN Y, YANG L, YANG R. Integrating Chinese andWestern Knowledge: a case of scholar Fei Xiaotong [J]. Higher education, 2023. https://doi.org/10.1007/s10734-023-01054-4.

SIMONE A. People as infrastructure: Intersecting fragments in Johannesburg [J]. Public culture, 2004. 16(3): 407.

SILVERSTEIN M, URBAN G. Natural histories of discourse [M]. Chicago: University of Chicago Press, 1996.

SONG J. Creating world-class universities in China: Strategies and impacts at a renowned research university [J]. Higher education, 2018. 75: 729.

SONG X. 'Critical thinking' and pedagogical implications for higher education [J]. East Asia, 2017. 33: 25.

SONG X, MCCARTHY G. Governing Asian international students: The policy and practice of essentializing 'critical thinking' [J]. Globalisation, societies and education, 2018. 16(3): 353.

SONG Y. English language ideologies and students' perception of international English-Medium-Instruction (EMI) Master'sprogrammes: A Chinese case study [J]. English today, 2019. 35(3): 22.

SONG Y. Translingual strategies as consumer design: A case study of multilingual linguistic landscapes of urban China [J]. Multilingua: journal of cross-cultural and interlanguage communication, 2018. 37(5): 455.

SONG Y. "Uneven consequences" of international English-medium-instruction programs in China: A critical epistemological perspective [J]. Journal of multilingual and multicultural development, 2021. 42(4): 342.

SONG Y. "Does Chinese philosophy count as philosophy?": Decolonial awareness and practices in international English-Medium-Instruction programs in China [J]. Higher education, 2023. 85: 437.

SONG Y, LIN A M Y. Translingual practices at a Shanghai university [J]. World englishes, 2020. 39(2): 249.

SPENCER-OATEY H, Z XIONG. Chinese students' psychological and sociocultural adjustments to Britain: An empirical study [J]. Language, culture and curriculum, 2006. 19(1): 37.

SPIVAK G G. Selected works of Gayatri Chakravorty Spivak (eds) [M]. New York and London: Routledge, 1996.

SPIVAK G G. A critique of postcolonial reason: Toward a history of the vanishing present [M]. Harvard university press, 1999.

STEIN S. Internationalization for an uncertain future: Tensions, paradoxes, and possibilities [J]. The review of higher education, 2017a. 41(1): 3.

STEIN S. The persistent challenges of addressing epistemic dominance in higher education: Considering the case of curriculum internationalization [J]. Comparative education review, 2017b. 61: S26.

STEIN S. What counts as internationalization? Deconstructing the internationalization imperative [J]. Journal of studies in international education, 2020. 24(2): 151.

STEIN S. Critical internationalization studies at an impasse: Making space for complexity, uncertainty, and complicity in a time of global challenges [J]. Studies in higher education, 2021. 46(9): 1771.

STEIN S, ANDREOTTI V O. Cash, competition or charity: International students and the global imaginary [J]. Higher education, 2015. 72(2): 225.

STEIN S, ANDREOTTI V O. Higher education and the modern/colonial global imaginary [J]. Cultural studies↔Critical methodologies, 2017. 17(3): 173.

STEIN S, ANDREOTTI V, AHENAKEW C, HUNT D. The complexities and paradoxes of decolonization in education [M]. In Fazal Rizvi, Bob Lingard and Risto Rinne (Eds.), Reimagining globalization and education (pp. 198–213). London: Routledge, 2022.

STEIN S, ANDREOTTI O, SUŠA R. 'Beyond 2015,' within the modern/colonial global imaginary? Global development and higher education [J]. Critical studies in education, 2019a. 60(3): 281.

STEIN S, ANDREOTTI O, SUŠA R. Pluralizing frameworks for global ethics in the internationalization of higher education in Canada [J]. Canadian journal of higher education, 2019b. 49(1): 22.

STRAUSSA, CORBIN J. Basics of qualitative research: procedures and techniques for developing grounded theory. London: Sage Publications, 2005.

TAI K W H. Translanguaging as inclusive pedagogical practices in English-medium instruction science and mathematics classrooms for linguistically and culturally diverse students [J]. Research in science education, 2021a. 52: 975.

TAI K W H. Researching translanguaging in EMI classrooms [M]. In Jun K. H. Pun and Samantha M. Curle (Eds.), Research methods in English medium instruction (pp. 119–132). London: Routledge, 2021b.

THAYER-BACON B. Caring and its relationship to critical thinking [J]. Educational theory, 1993. 43(3): 323.

THIONG'O N W. Decolonising the mind: The politics of language in African literature [M]. Zimbabwe Publishing House, [1986]1994.

TIAN M, DERVIN F, LU G. Academic experiences of international students in Chinese higher education [M]. London: Routledge, 2020.

TIAN M, LOWE J A. Intercultural identity and intercultural experiences of American students in China [J]. Journal of studies in international education, 2014. 18(3): 381.

TIAN J, LOW G D. Critical thinking and Chinese university students: A review of the evidence [J]. Language, culture and curriculum, 2011. 24(1): 61.

TIAN, M, LU. G. Intercultural learning, adaptation, and personal growth: A longitudinal investigation of international student experiences in China [J]. Frontiers of education in China, 2018. 13: 56.

TOULMIN S E. Return to reason [M]. Cambridge, MA: Harvard University Press, 2001.

TRAN, L. T. Mobility as 'becoming': A Bourdieuian analysis of the factors shaping international student mobility [J]. British Journal of Sociology of Education, 2016. 37(8): 1268.

TSOU W, BAKER W. English-medium instruction translanguaging practices in Asia: Theories, frameworks and implementation in higher education [M]. London: Routledge, 2021.

TURNER M, LIN A M Y. Translanguaging and named languages: Productive tension and desire [J]. International journal of bilingual education and bilingualism, 2020. 23(4): 423.

VERTOVEC S, COHEN R. Introduction: conceiving cosmopolitanism [M]. In Steven Vertovec and Robin Chen (eds.), Conceiving cosmopolitanism: Theory, context and practice (pp. 1-22). Oxford: Oxford University Press, 2002.

WALLERSTEIN I. The modern world-system [M]. New York: Academic Press, 1974.

WALLERSTEIN I. World-systems analysis: An introduction [M]. Durham, US: Duke University Press, 2004.

WAN Z, GAO X. English or Chinese as medium of instruction? International students' perceptions and practices in Chinese universities [J]. English today, 2020. 36(1): 37.

WANG D. Multilingualism and translanguaging in Chinese language classrooms [M]. Cham, Switzerland: Palgrave Millan, 2019.

WANG D. Studying Chinese language in higher education: The translanguaging reality through learners' eyes [J]. System. 2020. 95: 1.

WANG W, CURDT-CHRISTIANSEN X L. Teaching Chinese to international students in China: Political rhetoric and ground realities [J]. The Asia-Pacific education researcher, 2016. 25(5-6): 723.

WANG W, CURDT-CHRISTIANSEN X L. Translanguaging in a Chinese-English bilingual education programme: A university-classroom ethnography [J]. International journal of bilingual education and bilingualism, 2018. 22: 322.

WANG Y. Language policy in Chinese higher education: A focus on international students in China [J]. European journal of language policy, 2017. 9(1): 45.

WEN, D. HU D, HAO J. International students' experiences in China: Does the planned reverse mobility work? [J]. International journal of educational development, 2018. 61: 204.

WEN W, ZHOU L, HU D. Navigating and negotiating global science: Tensions in China's national science system [J]. Studies in higher education, 2022. https://doi.org/10.108 0/03075079.2022.2081680

WILLIAMS C. Arfarniad o Ddulliau Dysgu ac Addysguyng Nghyd-destun Addysg Uwchradd Ddwyieithog [An evaluation of teaching and learning methods in the context of bilingual secondary education][D]. Unpublished doctoral thesis, University of Wales, Bangor, 1994.

WILLIAMS J, CHESTERMAN A. The map: a beginner's guide to doing research in translation studies [M]. Manchester: St. Jerome Publishing, 2002.

WU D B, HOU S. International student mobility as "aspiration on the go": stories from African students at a Chinese university [J]. Higher education, 2023. https://doi. org/10.1007/s10734-022-00864-2.

WU H. China's outward-oriented higher education internationalization: A new typology and reflections from international students [M]. Singapore: Springer, 2021.

WU H. Three dimensions of China's 'outward-oriented' higher education internationalization [J]. Higher education, 2019. 77: 81.

WU H, ZHA Q. A new typology for analyzing the directions of movement in higher education internationalization [J]. Journal of studies in international education, 2018. 22(3): 259.

WU Q. Re-examining the 'Chinese learner': A case study of mainland Chinese students' learning experiences at British universities [J]. Higher education, 2015. 70: 753.

XIANG B, LINDQUIST J. Migration infrastructure [J]. International migration review, 2014. 48(51): S122.

XINHUA. China's 'four great new inventions' in modern times [N]. China daily, 2018 [2019-01-05]. http://www.chinadaily.com.cn/bizchina/tech/2017-08/08/ content_30370096_2.htm.

XU L, MONTGOMERY C. Educating China on the move: A typology of contemporary Chinese higher education mobilities [J]. Review of education, 2019. 7(3): 598.

XU W. International higher education and the pursuit of 'Chinese' capitals: African students and families' strategies of social (re) production [J]. British journal of educational studies, 71(3): 307.

XU W, STAHL G, CHENG H. The promise of Chinese: African international students and linguistic capital in Chinese higher education [J]. Language and education, 2023. 37(4): 516.

XU X. China 'goes out' in a centre-periphery world: Incentivizing international publications in the humanities and social sciences [J]. Higher education, 2020. 80: 157.

YANG L. Higher education, state and society: Comparing the Chinese and Anglo-American approaches [M]. London: Bloomsbury Academic, 2023.

YANG P. Compromise and complicity in international student mobility: The ethnographic case of Indian medical students at a Chinese university [J]. Discourse: Studies in the cultural politics of education, 2018. 39(5): 694.

YANG P. China in the global field of international student mobility: An analysis of economic, human and symbolic capitals [J]. Compare: A journal of comparative and international education, 2022. 52(2): 308.

YANG R. The third delight [M]. London: Routledge, 2002.

YANG R. Soft power and higher education: An examination of China's Confucius Institutes [J]. Globalisation, societies and education, 2010. 8(2): 235.

YANG R. China's strategy for the internationalization of higher education: An overview [J]. Frontiers of education in China, 2014. 9(2): 151.

YANG R. Foil to the west? Interrogating perspectives for observing East Asian higher education. In J. Jung et al. (eds.), Researching higher education in Asia (pp. 37-51). London: Springer, 2018.

YIN R K. Case study research: Design and methods [M]. London: Sage, 2016a.

YIN R K. Qualitative research from start to finish [M] 2nd edition. The Guilford Press, 2016b.

YU H, CHEN X, ZHONG X. Commercial development from below: The resilience of local shops in Shanghai [M]. In S. Zukin, P. Kasintzand X. Chen (eds.), Global Cities, Local Streets: Everyday Diversity from New York to Shanghai (pp. 59-89). New York: Routledge, 2016.

YU Y, MOSKAL M. Missing intercultural engagements in the university experiences of Chinese international students in the UK [J]. Compare: A journal of comparative and international education, 2019. 49(4): 654.

YUAN M, SUDE B, CHEN N, DERVIN F. "Here you have to face the real China!": International students' experiences at a Chinese superdiverse university [J]. International journal of educational research, 2021. 109: 1.

ZAPPA-HOLLMAN S. Academic presentations across post-secondary contexts: The discourse socialization of non-native English speakers [J]. Canadian modern language review, 2007. 63(4): 455.

ZAPPA-HOLLMAN S, DUFF P A. Academic English socialization through individual networks of practice [J]. TESOL quarterly, 2015. 49(2): 333.

ZHANG H, CHAN P W K, KENWAY J. Asia as method in education studies [M]. New York, NY: Routledge, 2016.

ZHANG Q, OSBORNE C, SHAO L, LIN M. A translanguaging perspective on medium of instruction in the CFL classroom. Journal of multilingual and multicultural development, 2022. 43(5): 359.

ZHANG Z. English-medium instruction policies in China: Internationalisation of higher education [J]. Journal of Multilingual and Multicultural Development, 2018. 39(6): 542.

ZHAO H, COOMBS S. Intercultural teaching and learning strategies for global citizens: A Chinese EFL perspective. Teaching in higher education, 2012. 17(3): 245.

ZHAO J, DIXON L Q. English-medium instruction in Chinese universities: Perspectives, discourse and evaluation [M]. New York: Routledge, 2017.

ZHENG J, WU H. Translating rhetoric into reality: Using the internationalization of humanities and social sciences in Chinese universities as the case [J]. Higher education, 2022. 84: 611.

ZHOU S, MCKINLEY J, ROSE H, XU X. English medium higher education in China: challenges and ELT support [J]. ELT Journal, 2021. 76(2): 261.

ZHU H. Exploring intercultural communication: Language in action [M]. London: Routledge, [2014] 2019.

ZHU H, HANDFORD M, YOUNG T J. Framing interculturality: A corpus-based analysis of online promotional discourse of higher education intercultural communication courses [J]. Journal of multilingual and multicultural development, 2017. 38 (3): 283.

ZHU H, JONES R H, JAWORSKA S. Acts of distinction at times of crisis: an epistemological challenge to intercultural communication research [J]. Language and intercultural communication, 2022. 22(3): 312.

ZHU H, LI W, JANKOWICZ-PYTEL D. Whose Karate? Language and cultural learning in a multilingual karate club in London [J]. Applied linguistics, 2020. 41(1): 52.